U0519238

地域特征与企业行为：

企业社会责任的理论与实践

郑　棣 / 著

西南财经大学出版社

中国·成都

图书在版编目(CIP)数据

地域特征与企业行为:企业社会责任的理论与实践/郑棣著.—成都:
西南财经大学出版社,2023.10
ISBN 978-7-5504-5885-7

Ⅰ.①地…　Ⅱ.①郑…　Ⅲ.①企业责任—社会责任—研究—中国
Ⅳ.①F279.23

中国国家版本馆 CIP 数据核字(2023)第 141875 号

地域特征与企业行为:企业社会责任的理论与实践
DIYU TEZHENG YU QIYE XINGWEI:QIYE SHEHUI ZEREN DE LILUN YU SHIJIAN

郑　棣　著

策划编辑:李　琼
责任编辑:李　琼
责任校对:李思嘉
封面设计:墨创文化
责任印制:朱曼丽

出版发行	西南财经大学出版社(四川省成都市光华村街 55 号)
网　　址	http://cbs.swufe.edu.cn
电子邮件	bookcj@swufe.edu.cn
邮政编码	610074
电　　话	028-87353785
照　　排	四川胜翔数码印务设计有限公司
印　　刷	成都市火炬印务有限公司
成品尺寸	170mm×240mm
印　　张	13.75
字　　数	317 千字
版　　次	2023 年 10 月第 1 版
印　　次	2023 年 10 月第 1 次印刷
书　　号	ISBN 978-7-5504-5885-7
定　　价	78.00 元

1. 版权所有,翻印必究。
2. 如有印刷、装订等差错,可向本社营销部调换。

序

改革开放 40 多年来，我国经济转轨、社会转型、文化发展，崛起的中国正奋力推进中国式现代化，实现中华民族伟大复兴。郑棣博士的《地域特征与企业行为：企业社会责任的理论与实践》是一本研究企业行为的经济学著作，正好关涉了"经济""社会""文化"三个关键词，对企业社会责任进行了多学科和多维度的阐发。

企业是市场经济活动的主体力量，也是社会发展的重要参与者。经济社会的高质量发展，必然要求企业更加注重承担社会责任。早在 2006 年，《中华人民共和国公司法》就将"社会责任"纳入法规表述，标志着我国企业社会责任实践逐步法治化和规范化，后来脱贫攻坚、碳达峰、碳中和等政策赋予了企业社会责任更为深远的内涵和意义。进入新发展阶段，企业社会责任是国家治理体系的重要组成部分，为增加社会整体福利与构建新发展格局提供了动力，与国家着力推进高质量发展的理念和目标具有天然契合性。

随着新经济地理学的兴起，经济活动主体所处空间维度的特征备受关注，地域特征成为解释经济现象时不可忽视的影响因素。企业作为构建区域间生产关系的主体，也是联系区域间供需关系的重要载体。我国广袤的地域和数千年历史、政治与文化的积淀，形成了地理风貌、人文习俗、经济形态各异，层次多元的地域特征，对企业战略决策行为和生产经营活动都可能产生深刻的影响。

空间格局和区域结构变化所释放的巨大需求，使越来越多的企业突破原有地理边界，向外扩张构建分散式经营网络。随着空间边界的拓展，企业和众多利益相关者构建了具有本土地域特色的契约组合。此时，企业不仅需要加强与利益相关者的沟通渠道建设，也需要理顺不同地域文化和经济环境中利益相关者之间的复杂关系。这种新的空间特征，给现代企业的经营管理带来了新的机遇和挑战。

本书以地域特征为研究视角，以企业社会责任行为及优化为核心问题，构建了统一的理论框架，依据现代地理学关于地域特征的层次划分，聚焦区位特征、文化特征和经济特征三个维度，探究地域因素影响企业社会责任行为的理论逻辑。在此基础上，该书以我国上市企业作为主要研究对象，依据手工收集和整理的数据，实证检验了地域特征对企业社会责任的影响程度和作用机制。优质的企业总是能顺应国家发展趋势，结合不同区位、文化、经济特征，在探寻有利于自身发展路径的同时，主动承担社会责任，积极履行企业义务。

在理论层面，作者聚焦区域经济与公司治理，推导地域特征与企业社会责任之间的理论逻辑，检验其实现路径，努力拓展和丰富空间经济领域的企业行为研究；在实践层面，作者力图为企业制定合理有效的跨区域发展战略，为其优化生产经营空间布局、促进规模成长、创造多维社会共享价值提供经验借鉴。由此可见，该书的对症性研究具有较为重要的理论价值和现实意义。

郑棣博士毕业于西南财经大学，2022年来到我院区域经济研究所工作。他基础扎实，作风踏实，勤奋谦逊，好学善思，已发表10多篇高质量学术论文，初步展现了一个青年才俊的理论素养、思想气质和科研才华。我相信，只要他坚定目标，兢兢业业，定能实现自己的学术抱负。因此，我乐于向广大读者推荐这位青年学者的第一部学术专著。

（向宝云，研究员，博士生导师，四川省人民政府参事，四川省委省政府决策咨询委员会委员，四川省社会科学院原院长。）

目　录

1 研究缘起与问题提出

1.1 研究背景

1. 社会责任是新时代实现经济、社会和环境可持续发展的必然选择

改革开放以后,我国综合实力日益增长,不断跃上新台阶。在经历了较长时期的经济高速增长后,我国经济发展进入新常态,发展目标转向高质量发展。在新的发展阶段,依靠人口红利和资本投入的传统增长方式不再具有可持续性,经济发展目标不再是以不顾和损耗自然环境为代价的高速发展,而是兼顾经济增长质量、增长效率的高质量发展,更加重视经济发展与社会和环境的平衡。因此,作为承载宏观经济增长目标的微观经济个体——企业,理应顺应时代要求调整自身发展模式,与利益相关者一起创造和分享企业价值,企业社会责任已成为企业价值目标的重要内容。

回顾我国经济社会的发展历程,企业社会责任在其中发挥了不可忽视的作用。第一,履行社会责任是新时代一个优质企业对国家深化改革的深层次回应和全方位支持。新时代深化改革的谋篇布局正是为了构建经济、社会、生态可持续发展的新目标。我国企业履行社会责任是企业发展实体经济与主动回报社会的有机结合,回应了深化改革的要求,促进了经济、社会和环境协同发展。第二,企业履行社会责任有益于自我革新和对外开放。富有社会责任感的企业在把对社会的关怀化为行动决策的同时,本质上也在不断革新内部文化和制度。同时,履行社会责任有益于提升企业声誉,有益于吸引资金进入企业。其原因在于,履行社会责任有助于塑造相对公平、诚信和仁爱的营商环境,在文化共享和责任分担方面为资金的进入创造更为有利的外部条件。此外,履行社会责任是优质企业的通行证,必将为企业融入当地环境、降低沟通成本和发挥协同效应提供有效的助力。第三,企业履行社会责任间接促进了社会创新。从初期的朴素慈善行为到如今履行社会责任的多方位行为，企业把社会需求融入企业行为，推动了企业创新文化的发展和成果共享理念的传承。例如，环境保护责任要求企业不断升级技术设备，优化生产工艺流程，严格执行环境监控标准；安全生产管理责任要求企业提升技术水平，实现信息化、自动化和智能化操作；关心员工成长责任要求企业优化激励机制，改善内部管理模式；关注社会民生责任要求企业创新产品和服务，形成共同创造和共享社会财富的机制。第四，企业履行社会责任为保障就业和增进民生福祉提供了支撑。在发展过程中，我国企业为社会创造了大量的就业岗位，提供了丰富的物质财富和优质的服务，为了绿水青山选择降低能耗，在遭遇自然灾害时提供大量的慈善捐赠和救助等，这些都是我国企业履行社会责任的现实体现。

2. 我国企业社会责任的历史传承和现实体现

在颇具伦理特色的中国思想史上，"利"与"义"的关系问题是众多哲学家长久以来探讨的重要议题。"不义而富且贵，于我如浮云"①"义以生利，利以丰民"②"君子喻于义，小人喻于利"③ 等都倡导先义后利、义为利本的儒家思想，体现出一种胸怀社会的"大我"气概。现代意义上的社会责任则交织和融入了随着改革开放进程而引入的现代企业理论。改革开放战略的实施对中国市场经济的自由化发展和现代企业制度的建立完善起到了决定性作用。20世纪90年代，中国具有丰富的廉价劳动力资源、相对宽松的环保标准和特殊的招商引资政策，一批跨国公司被这些优厚条件吸引，开始将产业链中端的商品制造环节转移到中国。这一时期，供应链管理责任作为多维度社会责任之一被引进了中国。

随着全球化进程的持续推进，面对国际企业社会责任理念的冲击和国家经济发展、文明提升的需求，我国企业对社会责任的认知不断提升，积极从履行社会责任演变为企业经营活动中的重要行为。2006年，《中华人民共和国公司法》（以下简称《公司法》）首次将"社会责任"纳入法规表述，我国企业社会责任实践开始逐步向法治化和规范化迈进。2010年以来，我国企业社会责任实践开始加速发展，根据润灵环球责任评级机构（RKS）④的统计数据，

---

① 出自《论语·述而》。
② 出自《国语·晋语》。
③ 出自《论语·里仁》。
④ 润灵环球（Rankins ESG Ratings, RKS）是中国企业社会责任权威第三方评级机构，致力于在上市公司社会责任报告评级、中国上市公司 ESG 可持续发展评级和社会责任投资者服务三大领域开展专业工作，自主研发了国内首个上市公司社会责任报告评级系统。

我国披露企业社会责任报告的 A 股上市公司数量从 2009 年的 335 家（占比 19.50%）增长到 2019 年的 942 家（占比 24.94%），其中自愿披露企业社会责任报告的 A 股上市公司数量①从 2009 年的 45 家（占比 13.48%）增长至 2019 年的 540 家（占比 57.32%）。如图 1-1 所示，我国披露企业社会责任报告以及自愿披露企业社会责任报告的 A 股上市公司数量从 2009 年起呈逐年上升趋势，我国企业社会责任的实践进入了加速发展阶段。

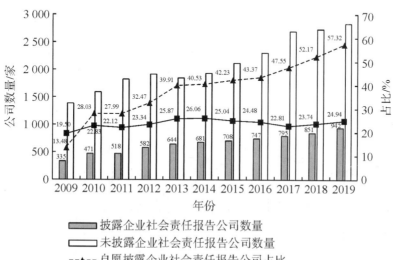

图 1-1　企业社会责任报告披露情况（中国上市公司 2009—2019 年）

但是，我们要清楚地看到，我国对企业社会责任的探索历经 40 余年仍面临着一系列实践困局。首先，我国对企业社会责任的认知水平相对偏低，有待进一步提升。历年来，披露企业社会责任报告的 A 股上市公司数量虽不断提升，但总体比例较低。以 2019 年为例，共有 942 家 A 股上市公司披露了企业社会责任报告，仅占 A 股上市公司总量的 24.94%。其次，我国企业积极主动披露企业社会责任相关信息的意愿较弱，还需进一步加强。2019 年，发布企业社会责任报告的 A 股上市公司中仅有 57.32% 是自愿披露，其余都是应规披露。再次，我国企业发布的社会责任报告的质量整体处于较低层次，报告的真实性、可靠性和准确性都需进一步加强。如图 1-2 所示，2019 年，75.48% 的企业社会责任报告为"稳定"评级，而仅有 13.69% 的企业社会责任报告为

---

① 根据上交所和深交所的规定，要求必须披露社会责任报告的企业被称为"应规披露"企业，其余为"自愿披露"企业。

"积极"评级；企业社会责任报告的平均得分仅为43.41分。许多企业发布的社会责任报告连续多年未出现大的内容改动和结构调整，主要是在原有社会责任报告基础上，进行具体事件名称和统计数据的变更，而没有根据经济社会发展的新要求持续调整关注重心和优化履责绩效。最后，现有的企业社会责任报告大多倾向于报喜不报忧，对企业现在承担社会责任的困惑、困难、困顿和不足之处均语焉不详。更值得关注的是，在我国企业社会责任具体实践中，社会责任行为异化现象频频出现，比如部分企业的责任意识完全缺失、伪造企业社会责任以及社会责任设租寻租等（肖红军和阳镇，2018）。特别是，有的企业当面临较大的合法性压力时才通过积极投身公益事业转移公众对其另一维度表现不佳的责难，以实现"漂绿"（Wang et al.，2018）。

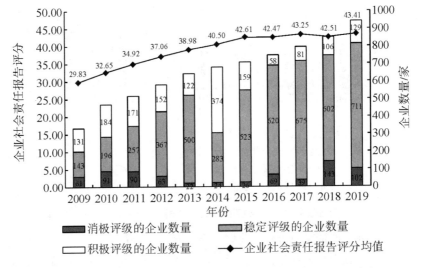

图1-2 企业社会责任报告评级（中国上市公司2009—2019年）

根据《中国企业社会责任蓝皮书（2019）》，中国企业300强[①]社会责任发展指数平均为32.7分，仅有59家（占比19.7%）企业的社会责任发展指数达到60分的水平。可见，无论从企业社会责任报告的整体质量，还是企业社会责任履行实践来看，中国企业社会责任整体仍处于较低水平，具有较大的提升空间。

3. 地域差异带来研究新视角

随着新经济地理学的兴起，经济活动主体所处空间维度的特征备受关注，

---

① 中国企业300强包括中国国有企业100强，民营企业100强和外资企业100强。

展示了地域因素在解释经济现象中不可或缺的地位。在企业跨区域发展趋势愈发显著的当下，企业所处地域环境不同，并不只意味着信息不对称和代理冲突，更意味着市场化环境的差异，包括地理特征、文化背景、经济特征（人力资源、商务环境、金融基础和融资渠道）等因素的差异，对企业的战略定位和抉择行为产生内在和深刻的影响，这种影响最终也会在企业履行社会责任方面得到明显体现。

在我国，丰富的地域特征形成了自然资源、文化背景和商业氛围的地域性差异，使得经济和制度环境产生了不平衡性的特征（李彬 等，2019）。随着区域经济发展速度和水平的差异逐渐拉大，企业社会责任的空间不均衡发展现象也愈发明显。从本书统计的注册地位于我国东部、中部和西部地区①的上市公司在 2009—2019 年发布的企业社会责任报告数据（图 1-3）可以看出，我国企业社会责任报告在空间分布上存在明显的不均衡性，并且这种特征并没有随时间的变化而产生显著改变。其中，以 2019 年为例，东部地区披露社会责任报告的上市公司数量最多，为 683 家（占比 72.51%）；中部地区次之，为 142 家（占比 15.07%）；西部地区最少，为 117 家（占比 12.42%）。图 1-4 统计了 2019 年我国东部、中部和西部地区上市公司数量以及对应社会责任报告数量。可以看出，排除各地区本身包含的上市公司数量的差异性后，企业社会责任的披露水平仍然存在地区的不平衡性。这些数据均表明了地域差异所产生的社会责任履行的差异。因此，从空间维度审视我国上市公司的社会责任的分布不均衡状况是非常有必要的，将各地区视作密度相同、分布均匀的空间实体的行为是不可取的。

---

① 根据国家统计局的划分，东部地区包括北京、天津、河北、辽宁、上海、江苏、浙江、福建、山东、广东、海南 11 个省（市），中部地区包括山西、吉林、黑龙江、安徽、江西、河南、湖北、湖南 8 个省（市），西部地区包括重庆、四川、贵州、云南、西藏、陕西、甘肃、青海、宁夏、新疆、广西、内蒙古 12 个省（区、市）。

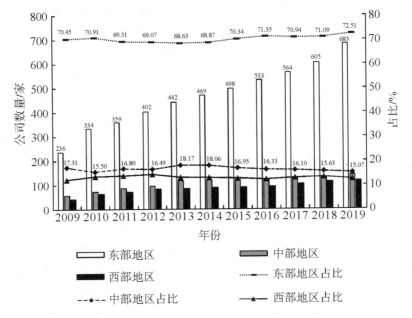

图 1-3　发布社会责任报告上市公司数量统计

（中国东、中、西部地区上市公司 2009—2019 年）

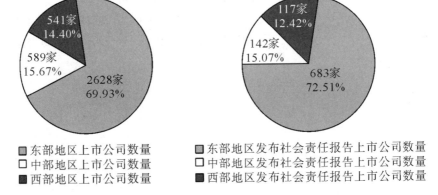

东部地区上市公司数量　东部地区发布社会责任报告上市公司数量
中部地区上市公司数量　中部地区发布社会责任报告上市公司数量
西部地区上市公司数量　西部地区发布社会责任报告上市公司数量

图 1-4　上市公司及发布社会责任报告上市公司数量统计

（中国东、中、西部地区 2019 年）

1.2 研究问题与意义

1.2.1 研究问题

改革开放的几十年，是我国经济社会生机勃勃、迅猛发展的高成长时期，这个阶段，一大批推动国民经济持续发展的企业迅速成长起来。我国现阶段已经进入高质量发展阶段，面对需求结构变化和要素成本提高的外部挑战，相当数量的企业开始突破自身的地域边界，向区域外发展，企业的母子公司在空间上呈现出地理分散化特征。随着地域的拓展和空间的离散，当企业积累的资源规模越来越大时，企业就需要对日趋广泛的利益相关者之间的复杂关系做出妥善的治理和安排。当企业跨区域发展的现象更为普遍，甚至成为一种趋势后，企业就与不同地域的股东、员工、消费者、供应商以及其他间接利益相关者群体之间组成了一系列新的契约组合。这些组合表明企业与各个利益相关方达成了多方交换资源以满足各自利益的共识。地域边界的拓展带来了丰富多样的地域特征，也对企业履行更多维度的社会责任提出了新的需求。

地域的差异性构成了以地域单元为区分进行研究的基础，而地域特征则为企业行为量订了空间范围。因此，从地域因素出发，探讨地域差异对企业社会责任的影响，有助于提供新的研究情境和要素补充。具体而言，当企业跨区域扩张时，企业面临着地域特征的差异，表现为资源的跨区域流动性、职能部门的空间离散化以及区域间文化背景和经济特征的差异。进一步地，这些差异对企业的信息传递效率、资源交换成本和社会信誉资本产生影响，进而影响各维度的企业社会责任表现和企业价值实现。

总而言之，地域边界的拓展带来了丰富多样的地域特征，这些新的地域特征不仅给企业公司治理方面带来机遇和挑战，对企业履行更多维度的社会责任产生了新的影响和新的需求，同时，还为企业社会责任理论的研究提供了新的场景和新的视角。

1.2.2 研究意义

企业作为实体经济的主体，是建设现代化产业体系的主要参与者，是构建高水平社会主义市场经济体制的核心支柱和重要力量。面对现代化建设进程中空间格局和区域结构变化所释放和创造的巨大需求和供给，越来越多的企业倾向将子公司或研发机构分散于全国乃至世界各地，以期获取不同区域的知识技术与优势要素。企业在国家区域协调发展的战略引领下，通过构建分散式的经营网络，有效整合了跨边界的异质性资源，使企业立足区域特色禀赋，因地制宜开展业务，在推动自身产业发展多元化的同时促进经营规模的扩张。然而，我国地域广袤，人口众多，历史悠久，文化博大精深，区域经济层次多元，使得企业在获取不同区域优势要素的同时，也面临"市场分割"问题所带来的挑战。例如，不同区域的知识与技术存在地域黏性，增加了企业整合、吸收的难度。此外，不同区域的经济、文化、政策等宏观环境差异带来的信息不对称可能加剧企业内的代理冲突。此"二律背反"现象使得探索企业如何准确把握国家区域协调发展战略目标，并据此制定合理有效的跨区域发展战略，优化生产经营活动的空间布局，促进企业规模成长，以此推动区域经济协调发展，具有重要的政治意义和经济意义。

与此同时，随着企业经营规模的不断扩大，企业开始愈发注重承担社会责任以应对人类经济社会日益增长的高质量发展需求。企业作为人民群众实现共同富裕的贡献者，更是国家现代化治理体系中的重要组成部分，履行社会责任是其参与社会治理的实现方式，对推动经济发展方式转变、优化经济结构、促进质量变革等方面具有显著作用。

更进一步讲，企业以社会责任实践方式推动现代化社会治理，其本质目标是创造多维度的社会共享价值：一是企业强则国家强。企业致力建设成为产品卓越、品牌卓著、创新领先、治理现代的一流企业，引领发展，创造财富。二是促进高质量充分就业。企业通过提升内部管理能力，优化激励机制，创造就业岗位的同时，还能关心员工成长，为员工提供良好的劳动报酬、安全保障、文化氛围和组织关怀。三是整合供应链资源。企业通过与上游供应商、下游消费者建立健全"全生命周期"管理体系，能提升产业链、供应链韧性和安全水平。四是企业积极投身实现共同富裕的伟大目标。从朴素的慈善行为到助力脱贫攻坚，再到企业促进农村集体经济创新"共富企业"模式推动乡村振兴。五是企业积极推进绿色环保。企业升级技术设备、优化生产流程、严格环境监控标准，推进低碳环保，让绿色成为普遍形态。由此可见，企业社会责任为增加社会整体福利与构建新发展格局提供了动力，与国家着力推进高质量发展理念的目标具有天然契合性。

现存关于企业社会责任履行和价值实现的影响因素研究，一方面在结论上存在较大差异；另一方面忽视了一个重要的情境因素，即企业异质性的地域特征，而这个因素很可能会对企业社会责任产生重要的影响。在地域背景下探索地域特征对企业社会责任的影响，可以有效地了解企业社会责任在空间、时间上的层次性、多样性和差异性，并有助于更好地了解不同类别地域特征中企业社会责任的表现及其价值影响。

本书以地域特征作为研究情境，以企业社会责任行为及优化为核心，探讨了地域特征对企业社会责任的影响以及两者之间的互动关系。本书对不同维度地域特征中的企业社会责任表现进行探究，有助于理解不同地域特征下企业行为的新特点和新格局，为促进企业可持续发展提供微观视角与参考。本书不仅丰富了企业社会责任的研究内容，还从跨学科的独特视角探寻了企业投资策略中社会责任价值的实现问题。通过上述研究，以期在理论层面上丰富公司治理理论，从实践层面上更好地推进企业履行社会责任并实现其价值，并从政策层面上为区域协同发展提供微观对策建议。

此外，农村集体经济作为我国公有制经济体系中的重要组成部分，"发展壮大集体经济"是助力乡村振兴的重要抓手，促进农村集体经济创新发展，是扎实推动共同富裕的重要路径。本书还以"共富企业"创新模式为案例进行研究，对企业社会责任创新实践方式、助推乡村振兴的理论依据和实践经验进行补充。

1.3　研究内容与方法

1.3.1　研究内容

本书以企业社会责任为研究主题，选取地域特征作为研究的切入点，围绕其对企业社会责任各维度表现的影响展开深入研究。考虑到企业所在地域的不同，不仅表现为企业基于地理位置的分布特征不同，更意味着企业所处的市场化环境、文化环境、商务环境、金融基础和融资渠道等环境因素的差异性。为此，本书首先构建了一个研究企业地理分散化和社会责任的分析框架，探索了中国企业的经济地理格局的演变特征以及企业社会责任实践的发展历程。其次，将地域特征划分为地域位置特征、地域文化特征和地域经济特征三个维度，将企业社会责任划分为五个维度，即公司价值的股东利益最大化、公司员工福利、供应链与消费渠道保障、对间接利益相关者的公益活动与捐赠以及环境保护和治理，通过梳理相关理论进行影响分析。最后，本书以中国上市企业作为研究对象，分别基于手工收集整理的母子公司地理坐标对应的区位、文化、经济数据，构建企业层面的地域特征指标，实证检验了不同维度地域特征影响企业社会责任的结果和作用机制。

本书在后续章节具体地梳理分析和实证检验了以下内容：

1. 企业社会责任内涵、动机、影响因素与经济后果的梳理与总结

企业社会责任为增加社会整体福利与构建新发展格局提供了动力，与国家着力推进高质量发展的理念与目标具有天然的契合性。因此，第2章从企业社会责任的内涵、动机、影响因素和经济后果四个维度对企业社会责任概念进行了深入剖析。

2. 地域特征与社会责任关系的理论分析

地域单元是地域的微观维度，也是研究地域问题的基本单位，第3章首先对地域特征进行了概念辨析。地域单元以土地为基础，构成了自然和人文两个方面的要素。在二者的交融和耦合下，地域概念具备了丰富的内涵。我国具有多样化的自然环境、历史因素、文化传统和经济制度以及不同的人口分布密度，进而形成了特色鲜明的地理特征、文化特征和经济特征。因此，首先本书将地域特征划分为地域位置、地域文化和地域经济三类特征。其次，本章将地域空间概念引进经济学，以空间扩散的不平衡性，剖析了经济空间的多维特征。最后，本章从地域位置特征、地域文化特征和地域经济特征三个维度出发，分别对应梳理与推导地域特征影响企业社会责任的理论路径。

3. 地域特征影响企业社会责任的理论梳理与拓展

第4章从企业社会责任的伦理起点、对象拓展、竞争优势和关系互动四个层面对企业社会责任相关理论进行了梳理和归纳。在此基础上，从地理连续、空间异质、文化传承和行为模仿四个方面总结了区域间企业社会责任的相关理论。其中，契约理论是企业社会责任研究的伦理起点，利益相关者理论明确了社会责任的对象范围，战略选择理论阐述了企业社会责任的竞争优势，制度同构理论刻画了企业社会责任的关系互动；密度与距离、区位理论、模因理论和同群效应是对企业社会责任空间行为特征的描述。

4. 我国企业的地域特征演变与社会责任实践现状的回顾

我国企业具有独特的地域背景和跨区域发展历程。第5章探索了改革开放之后中国企业的经济地理格局的演变特征以及企业社会责任实践的发展历程。在改革开放政策的指引下，国家经济发展水平和现代化治理水平明显提升，企业的经济实力和社会责任意识也随之不断增强。改革开放初期，市场化、全球化和分权化的主导力量促使企业飞速发展并集中分布于沿海地区，形成了企业的"旧"经济地理格局。2000年后，面对国内外多种因素的挑战，全球化、地方化和区域化的主导作用推动企业向内陆转移，形成了企业的"新"经济地理格局。与此同时，随着经济社会发展对中国经济体制改革和探索的推动，

国有企业和民营企业的社会责任实践经历了从初期缺失错位，随后实践分化，之后快速发展演化到现今协同创新的过程。

5. 探究地域位置特征如何影响企业社会责任的实证检验

第6章从母子公司的地理分散化视角出发，用笔者手工收集的中国A股上市企业的母子公司的地理分布数据，以其经纬度坐标为基础构建出度量母子公司基于球面平均距离的地理分散化程度指标。然后，基于《深交所上市公司社会责任指引》划分的五大维度，即股东责任、员工责任、消费者及其他利益相关者责任、环境责任和公益责任，把上市公司的母子公司地理分散与企业社会责任联系起来，深入分析其影响机制。

首先，地理分散化意味着企业的规模扩张和多元化经营（Cecchini M et al.，2013），有利于企业获取和配置区域异质性的经济资源（Ahuja and Katila，2004），进而促进企业价值增长，提升股东责任履行实力。其次，母子公司分散化拓宽了企业信息传递渠道，一方面促进企业披露更多职工权益信息（许志勇和邓超，2019），另一方面增加其他利益相关者通过与企业近距离交流获取企业"软信息"的途径，使企业更好地履行利益相关者责任。再次，分散化的母子公司带来的异质性市场化环境也会对企业履行环保责任和社会公益责任带来显著影响（唐松 等，2011）。最后，通过母子公司地理坐标—分散程度—企业社会责任履行的年度样本实证检验上市公司地理分散化与企业社会责任履行的关系，最终验证企业母子公司地理分散化对企业履行各维度社会责任的影响。

6. 地域文化特征中宗教文化对企业社会责任的影响分析

在探讨地域文化对企业社会责任的影响中，第7章在丰富的地域文化中选取了影响因子最大的宗教文化为研究视角。首先，本书建立了宗教文化影响企业社会责任的理论路径，从宗教文化的公司治理效应、信息改善效应以及风险厌恶效应分析其对企业社会责任的促进作用。其次，根据宗教塑造的遵守社会规范、因果循环和慈悲仁爱等价值观，具体分析其对企业的产品质量、节能减排成效以及企业慈善捐赠行为的影响。这三个维度的责任内容分别是对消费者权益责任、环境责任和公益责任的典型例证。最后，在前文内容基础上，本章基于母子公司的地理分布数据，构建了度量母子公司所在地域的宗教文化氛围的综合指标，实证检验了宗教文化对企业社会责任的影响。

7. 市场化进程决定的地域经济特征对企业社会责任履行的影响

经济特征对于企业的影响越来越明显，企业战略的制定和决策的实施都与所处的经济环境息息相关。地域经济特征包括企业所在地域的社会经济发展水平、产业结构升级状况、要素产品竞争程度、市场化程度等。市场化程度是指市场在资源配置中所起作用的程度，主要包括人力资源、产品服务、融资渠道、金融资源和商品竞争程度等内容。第8章以市场化进程为切入点，研究地域经济特征对企业履行社会责任的影响。基于利益相关者理论，从股东责任、员工及其他利益相关者责任和环境责任三个维度，进行深入探究分析。结合声誉理论、融资约束和政府干预机制，本书还深入研究了市场化进程对各维度企业社会责任的影响。

8. 区域协调发展战略的深入实施对企业行为的影响

第9章以区域发展战略的演变历程为分析框架，构建了区域协调发展战略与企业跨区域发展双向促进的理论逻辑。区域协调发展战略的深入实施，是通过机制体制创新改革的方式，推动政府打破区域间的地方保护和市场分割、助力企业跨区域发展来实现的。反之，企业跨区域发展又带动各类要素在不同区域间自由流动，激发不同区域特殊资源禀赋的创新活力，为区域经济的协调发展奠定坚实基础。可见，宏观层面的区域协调发展战略与微观层面的企业跨区域发展形成了明确的双向促进作用。基于上述理论框架，本章进一步探讨了企业在响应国家区域协调发展战略，制定企业跨区域发展策略，促使企业发展壮大的同时，通过履行社会责任，创造共享价值，推动经济高质量发展。本章实证检验了企业跨区域发展对企业社会责任的影响，以及企业规模在二者之间发挥的部分中介作用。

9. 企业社会责任在乡村振兴中促进共同富裕的案例分析

实现全体人民共同富裕是中国式现代化的本质要求，习近平总书记提出要让企业成为"人民群众实现共同富裕的贡献者"，这一科学定位明确了企业在推动共同富裕中的主体地位。鉴于此，第10章结合农村集体经济发展的内涵特征与现实状况，在考察成都市温江区寿安镇的农村集体经济发展的基础上，总结提炼出农村集体经济的创新实践模式和发展机制。寿安镇因地制宜地构建企业与农村集体稳定和谐的劳资关系、互利共赢的利益关系和以人为本的价值取向，形成了共创共建、共享共富、共生共荣的创富共同体——"共富企业"，进而实现政府治理、企业发展与农民致富相融合，"共富企业"追求以自身发展的"小循环"推动农村集体经济发展"大循环"的创新，引领产业兴旺，促进农民增收，对企业以实践社会责任的方式支持乡村振兴，促进共同富裕提供经验借鉴。

1.3.2 研究方法

1. 文献研究法

研究初期，笔者采用系统分析法、比较分析法、归纳演绎法，系统收集整理地域特征和企业社会责任的相关文献，进行了认真阅读、深入思考和系统总结，完成对本书核心概念的界定和理论基础的梳理，以此作为本书的研究基础。

2. 规范研究法

对现有研究理论的发源起点、演进历程和推导逻辑展开研究和梳理，归纳总结现有理论的针对性、差异性和互补性。基于契约理论、利益相关者理论、信息不对称理论和制度同构理论等理论，构建起关于企业社会责任的理论框架。同时，依据密度与距离、模因理论和区位理论等地理空间和地域文化的相关理论，深入分析地域特征对企业社会责任的影响机制。

3. 实证研究法

本书以企业社会责任为研究主题，选取地域特征作为研究的切入点，围绕其对企业社会责任各维度表现的影响展开实证研究。基于上市公司企业社会责任数据和地域特征数据，综合利用描述性统计、回归分析和空间计量等实证研究方法，检验地域特征对企业社会责任的影响。

4. 案例分析法

本书结合农村集体经济发展的内涵特征与现实状况，选择成都市温江区寿安镇的"共富企业"创新模式进行案例分析，总结提炼出农村集体经济的创新实践模式和发展机制，为以农村集体资产为主体、以现代化企业经营模式为手段、以社会资本和国有资本为动力的全国同类地区，探索共同富裕实现路径提供了可资借鉴的先行经验。

1.4 技术路线与创新

1.4.1 技术路线

本书的技术路线如图1-5所示。

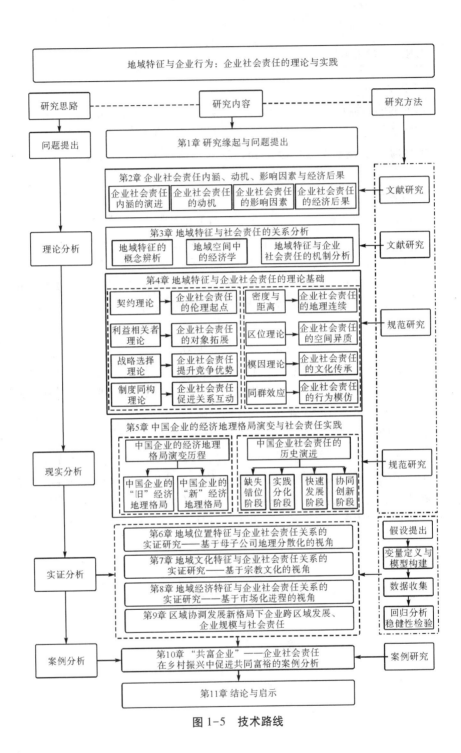

图 1-5　技术路线

1.4.2 主要创新

本书以地域特征作为研究视角，以企业社会责任及优化为核心，探讨了地域特征与企业社会责任的作用机理及交互关系。本书的主要创新有以下六个方面：

第一，研究聚焦"地理与金融"的交叉和融合这个近年来金融经济学研究的新热点。现有文献主要集中在上市公司社会责任领域的某种具体行为，如信息披露或环境治理以及公益捐赠等对公司治理的提升和改善，而鲜有探究公司采取这一行为的内在动机和外部影响的机理分析。本书试图考量外部宏观环境对企业微观行为的具体影响，发现地域特征带来的区位、文化和经济差异是非常重要且不容忽视的影响因素。这些因素通过影响企业经济生产活动的外部环境，进而形成企业战略决策的内在动机。研究为厘清长久以来关于"地域特征与企业社会责任"之间的模糊关系提供了新证据，这有助于理解地域特征与企业社会责任行为的新特征和新趋势，为促进企业可持续发展提供了新的研究视角。

第二，研究梳理了中国企业的经济地理格局的演变历程和社会责任实践的历史脉络。改革开放以后，市场化、全球化和分权化的主导力量促使企业飞速发展并集中分布于沿海地区，形成了企业的"旧"经济地理格局。21世纪以来，面对国内外多种因素的挑战，全球化、地方化和区域化的主导作用推动企业向内陆转移，形成了企业的"新"经济地理格局。同时，随着改革开放的战略决策对中国经济体制的深入变革和持续作用，我国国有企业和民营企业的社会责任实践经历了从初期缺失错位、随后实践分化、之后快速发展到现今协同创新的演化历程。这丰富了对企业社会责任演进历程的科学分析。

第三，面对新的发展阶段需求结构变化和要素成本提高的外部挑战，上市公司的发展不再局限于当地，跨区域设立子公司，甚至在转变主营业务的过程中将公司的核心竞争力由母公司转向子公司已成为一种趋势。比如在碳达峰政策目标下，大型上市企业通威集团由养殖畜牧业向光伏新能源行业跨界转型，在多个矿产丰富的地区设立生产和加工硅片的子公司，东方日升由宁海县一家光伏组件厂商向从硅料生产到太阳能电站基建的全产业链转型，都显现出上市公司的子公司比以往有了更为重要的经济地位。因此，本书在承继以企业母公司位置为坐标的研究基础上，建立母子公司的地理坐标作为地域位置特征变量，探究了母子公司的地域位置分散化特征与企业社会责任之间的影响关系，对分析上市公司整体的战略决策和公司治理行为有了更全面的刻画。同时，在研究母子公司地理分散化的影响中，通过构建空间计量模型，检验了我国上市公司履行企业社会责任的空间效应。这既是对公司治理研究内涵和外延的扩展，也是对新经济地理和企业社会责任交叉融合研究的新尝试。

第四，地域文化包含了以地域为基础的文化多样性特征，在文化与企业社会责任关系方面，已有文献从语言多样性影响公司治理和经济发展的视角提供了合理的分析框架和技术路径，但却少有文献从企业跨区域发展的现实情境出发，进一步探讨多样性文化产生的根源及影响。本书根据母子公司的地理分散格局，推演母子公司所在地的宗教文化氛围对企业决策和行为的潜在影响，对现有研究做出了边际贡献。在理论方面，本书结合文化传播的新兴理论——模因理论与社会学中的重要理论——制度同构理论，在文化与金融这一热点交叉学科进行融合；研究引入了地域文化中非常重要的非正式制度因素——宗教文化，据此探究地域文化特征对不同维度的企业社会责任表现的影响。本书的研究结论为公司治理领域引入了一个新的范畴和观察视角。

第五，本书以区域发展战略的演变历程为分析框架，创新了区域协调发展战略与企业跨区域发展双向促进的理论逻辑。基于区域经济学视角与公司治理视角，本书在理论层面上拓展了地域分工理论对企业战略行为内在影响的机理，丰富了企业社会责任理论研究。在实践层面上，本书探索了区域协调发展的国家战略引领企业跨区域发展、增强企业的资源配置和整合能力的路径，还为企业如何在发展壮大规模的同时，主动履行社会责任，创造社会共享价值，为建设现代化产业体系、推动实体经济高质量发展提供了经验借鉴。

第六，乡村振兴是实现高质量发展的"压舱石"，农村集体经济作为我国公有制经济体系中的重要组成部分，发展壮大集体经济是助力乡村振兴的重要抓手，促进农村集体经济创新发展是扎实推动共同富裕的重要路径。本书还以"共富企业"创新模式为案例进行研究，发现在经济欠发达的西部地区，企业以"共富企业"形式践行社会责任，有效整合"政府、社会资本、村集体"三方的优势要素，从缓解融资约束、降低信息不对称和提升风险承担能力等方面促进农村集体经济发展。本书对企业创新社会责任实践方式，助推乡村振兴的理论依据和实践经验进行了补充。

2 企业社会责任内涵、动机、影响因素与经济后果

企业愈发注重承担社会责任以应对人类经济社会日益增长的高质量发展需求。企业作为人民群众实现共同富裕的贡献者，更是国家现代化治理体系中的重要组成部分，企业履行社会责任是其参与社会治理的实现方式，在推动经济发展方式转变、优化经济结构、促进质量变革等方面具有显著作用。更进一步来讲，企业以社会责任实践方式推动现代化社会治理，其本质目标是创造多维度的社会共享价值。由此可见，企业社会责任为增加社会整体福利与构建新发展格局提供了动力，与国家着力推进高质量发展的理念与目标具有天然的契合性。因此，本章从企业社会责任的内涵、动机、影响因素和经济后果四个维度进行深入剖析。

2.1 企业社会责任内涵的演进

"企业社会责任"（corporate social responsibility，CSR）这一概念最早由 Oliver Sheldon 在 1924 年《管理哲学》中提出。他首先论述了工业发展与社会的关系，接着进一步提出企业社会责任强调伦理和道德约束的作用，认为企业在生产经营中应该主动回应企业内外部的不同需求。自此以后，学术界开始和深化对"企业社会责任"概念的界定，企业社会责任思想蓬勃生长，逐渐演变为挑战传统企业理论、改变社会对企业性质认知的重要思想。

2.1.1 概念的初生

在学术界被称为"企业社会责任之父"的 Bowen 在 1953 年发表的著作《商人的社会责任》（*Social Responsibilities of the Businessman*），首次系统地构建了现代企业社会责任概念。这个系统概念包含了三个方面的核心思想：第一，

现代企业是承担企业社会责任的主体；第二，企业管理层是企业社会责任的具体执行者；第三，与法律法规和规章制度的强制性约束力不同，企业社会责任的实施基础是秉持自愿性原则。

2.1.2 概念的深化

在 Bowen（1953）的基础上，Davis（1960、1967）对企业社会责任进行了更为丰富的讨论。Davis（1960）认为，"商人的行为决策并非完全出于对公司的技术资源和经济利益的追求"。这反映出企业社会责任的经济性和非经济性的两种特征：一方面，作为社会中的经济组织，企业负有价值创造和经济发展的责任；另一方面，作为组织形式的社会公民，企业负有培育人才和推动价值观发展的责任。Davis（1960）还发展出"长期经济利益"理论给企业承担社会责任作理性支撑：对社会负责的商业决策能给企业带来长远的价值回报。这一观点在20世纪后期得到了经验数据的验证和支持。在此基础上，Davis（1967）还提出了广为人知的"责任铁律"，强调企业应承担的社会责任来源于企业的社会权力，企业的影响力越大，对应的社会责任越大。

2.1.3 概念的整合

20世纪70年代末，Carroll（1979）在前人对企业社会责任概念的研究基础上，对其做了进一步的梳理和整合，将企业社会责任看作多维度责任的结构组合，并形象地称之为企业社会责任的"金字塔"结构（图2-1）。他将四个层次的企业社会责任从下往上地置于金字塔内部：经济责任、法律责任、伦理责任以及自愿责任。第一，经济责任位于金字塔低端，显示着它是一切责任的基础，是最基本和最重要的社会责任；第二，法律责任在经济责任的基础上构建了企业向上成长的路径，意味着企业承担经济责任必须在法律框架内完成；第三，伦理责任促进企业遵循社会共同认可的道德和伦理规范；第四，自愿责任是最高层次的社会责任，期待企业自愿承担裨益社会的责任，如慈善捐赠、灾害救助、保护环境等。Carroll 按照以上四个层次概括了社会责任的具体内容，也强调这四种责任并非互斥，企业通常在实践中同时承担了几类责任。

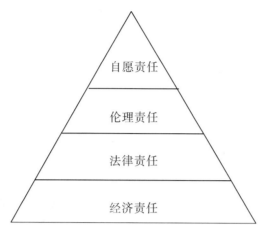

图 2-1 金字塔理论

2.1.4 平行的企业社会责任

经过长时间的思考，Brummer（1991）总结出企业社会责任是四个维度责任的综合，包含经济责任、法律责任、道德责任和社会责任（图 2-2）。他在道德责任和社会责任上挖掘彼此间的差异性，道德责任是企业的价值观引导其产生的自发行为，而社会责任则是企业响应外部期待和需求的被动行为。与Carroll（1979）的观点不同，Brummer 提出的是平行的企业社会责任观，他认为不论是主动履行抑或是被动承担，部分维度的责任可以相互替代，同时，四个维度的责任没有先后顺序之分，都是企业责任实践的表现形式而已。

图 2-2 四维度结构

2.1.5 对法律责任的颠覆理解

John Elkington（1997）的三重底线理论着重强调了三重底线原则。企业的财务绩效最大化并不能构成企业可持续发展的基石，而坚持经济底线、环境底线和社会底线能帮助企业实现企业与社会和环境的和谐共生（图 2-3）。三重底线意味着企业应该承担经济责任、环境责任和社会责任三重责任，三者缺一不可。与前期文献不同，Elkington 在此正式提出企业环境责任的重要性。同时，前期的社会责任概念涵盖了法律责任，认为法律责任是企业社会责任的内容之一。然而，三重底线理论却认为社会责任是企业自愿承担的责任，法律责任具有强制性，不应包含在社会责任概念的范畴内。该理论不仅为企业发展塑造了新时代应有的价值观，还为企业的社会责任实践提供了参考标准，具有较强的理论性和可操作性。中国社科院自 2008 年开始每年发布的《中国企业社会责任蓝皮书》系列报告，便是基于三重底线理论和利益相关者理论构建指标体系理论模型，对中国企业发布的社会责任报告的整体质量和履行社会责任的现实情形进行了综合鉴定和衡量。由此可见，三重底线理论得到了广泛的理论认可和应用支撑。

图 2-3　三重底线理论

2.1.6　成本收益视角下的企业社会责任观

Quazi 和 Brien（2000）从广义社会责任和狭义社会责任两个角度出发，基于社会责任的成本和收益分析探究其内涵（图 2-4）。他们创造性地将收益成本和社会责任放在二维坐标系中，以此形象地表征企业社会责任概念的演化。其中，狭义社会责任将经济责任排除在责任范围之外，主要考虑的是基于伦理道德观念的责任。而广义社会责任则将经济责任涵盖在内，包含了企业承担的造福社会的全部责任，包括经济责任、环境责任和公益责任等。当考虑狭义责任和社会责任成本时，社会责任便成了古典经济学的观点———一切社会责任都应该且仅该是为股东谋求最大化经济效益。当考虑广义责任和社会责任成本时，社会责任更多体现为企业慈善。当考虑狭义责任和社会责任收益时，社会责任是回应外部期待和压力的合法性工具。当考虑广义责任和社会责任收益时，社会责任便成了实现企业自身和环境共同价值最大化的长期行为。

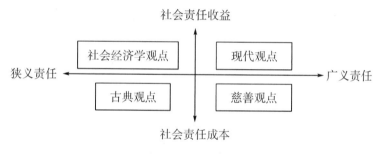

图 2-4　二维模型

综合以上学者对企业社会责任概念的描述，本书将企业社会责任内涵的发展与演进历程整理如表 2-1 所示。

表 2-1　企业社会责任的内涵演进历程

提出者	提出时间	企业社会责任的内涵	备注
Oliver Sheldon	1924	企业满足相关方需求是履行社会责任的体现，这一过程强调伦理和道德因素的作用	伦理认知产生概念
Bowen	1953	社会责任是指商人为满足社会期待和需求采取的自发性策略和行动	CSR 概念与现代企业的初步结合
Davis	1960	企业兼顾自身经济利益与社会福利的综合性决策和行动。企业社会责任具有两面性，经济性方面，企业肩负提升公共福利和促进经济发展的责任；非经济性方面，企业应承担创造和培养人类伦理观的责任	概念随经济发展与社会认知的进步而完善
Carroll	1979	将企业社会责任看作是多维度责任的"金字塔"结构，四个层次的企业社会责任按顺序置于金字塔的顶部至底部：自愿责任、伦理责任、法律责任和经济责任	概念的整合
Brummer	1991	企业社会责任包含经济责任、法律责任、道德责任和社会责任四个维度的责任，没有重要性区别，相互平行	平行的企业社会责任观
John Elkington	1997	坚持三重底线原则构成了企业可持续发展的基础	对法律责任的颠覆理解
Quazi 和 Brien	2000	从广义社会责任和狭义社会责任两个角度出发，基于社会责任成本和收益分析其内涵	拓宽视角的分析

表2-1(续)

提出者	提出时间	企业社会责任的内涵	备注
ISO	2010	企业社会责任是企业对其所处的生态与社会环境应该承担的对应责任。同时，在履责过程中，企业的行为应该满足自愿性和无偿性原则	国际标准的理论基础

纵观学术界对企业社会责任内涵的思考、探索与总结，可以看出，企业社会责任的内涵随着经济社会和人类文明的发展而持续革新。在初期，企业承担的社会责任主要是经济责任，即最大化自身的经济效益和为股东产出可观的投资回报。在中期，企业履责的范围从股东逐步拓展到供应商、消费者和员工等利益相关者身上，此时企业开始关注供应链关系、产品质量和员工成长等社会责任议题。在当前，企业的社会责任范围已经扩大到生态环境和社会民生等普适性社会议题。

对企业社会责任内涵的理解，结合以下三个问题可以找到一些答案。首先，该责任究竟是什么样的责任（what）；其次，如何履行该责任（how）；最后，为什么履行该责任（why）。根据对以上三个问题的思考，本书将企业社会责任概念总结为企业根据隐性或显性的一系列契约要求，出于自愿或非自愿的动机，在合规合法经营、创造企业价值的同时，满足利益相关者需求的行为。

2.2 企业社会责任的动机

企业既是承载宏观经济持续增长的微观市场个体，又是集合众多利益相关者的复杂"关系契约网络"。一方面，企业遵照契约规则，在市场中通过商品生产、商业贸易和服务交换等方式，实现经济盈利；另一方面，企业发扬企业家精神，通过主动承担社会职能和积极履行社会责任等途径，促进公共福利提升。企业是具有人格特质的经济组织，探讨企业履行社会责任的动机，是从行为起点上分析企业的内在动力和实践本质，为理论与实践提供支撑。因此，本章将企业社会责任的动机归纳为自发的慈善行为、获取制度合法性和企业战略管理三个主要方面，剖析了不同视角研究的理论逻辑、价值和不足。

2.2.1 企业社会责任始于慈善行为

溯源企业社会责任的早期实践，主要表现为企业或企业家出于完全的利他主义动机进行的慈善捐赠活动，其动力可以归纳为纯粹的道德感召和良知驱动。社会责任实践被认知为企业的道德自律行为，具有明显的伦理特征。亚当·斯密的《道德情操论》为这一观点提供了伦理学支撑。该书系统地提出了以同情心为本性、以合宜性为评判标准、以良知和正义感为主体的道德体系，揭示出个人合乎伦理道德的一般化行为准则①。斯密认为，良心是个人内心的"公正的旁观者"，即使出于自利也不能损害他人利益，而应该遵从内心的道德要求去行事。用"公正的旁观者"眼睛来内观自己，具有更高的道德水平，可以促使个人由内自发产生自我约束和控制，不会轻易逾越内心的判断标准。

学者们将斯密伦理思想称为"道德人"理论，这一理论将人性归结为人的道德性，认为道德是社会运行的基础。基于此，作为"道德人"的企业家支持社会公益，是出于自愿行善的道德本能和发自本心地关注他人际遇，而非追求超额的商业价值或受"底线准则"的强制要求。从企业社会责任理论的发展脉络看，早期的社会责任思想具有共通之处，其核心逻辑都是运用伦理标准对企业行为进行评价，强调社会责任是企业具有社会义务性质的道德自省行为（Clark，1916；Sheldon，1924；Bowen，1953）。上述逻辑视角凸显了道德意识对企业社会责任的主要驱动作用。企业出于高尚的自我价值观和道德追求，甘愿奉献自我、滋养社会，与"企业存在的目的是实现利润与价值最大化"相反，这种道德逻辑建立在消耗企业经济效益的基础上，最终演变为一种与新古典经济学相背离的企业价值观。这一社会责任观念对公众认知和社会期望产生了长远影响，导致企业社会责任概念至今具有浓重的慈善色彩。

但是，纷杂的实践难题也一直困扰着这一社会责任观，主要归纳为以下三点：第一，对企业捐赠的主体追问。企业捐赠的主体究竟是企业管理者还是企业所有者？若是企业管理者，则企业捐赠决策是否充分体现了受托人的集体意志；若是企业所有者，则企业捐赠等同于个人捐赠，实质上是个体通过企业渠道进行慈善捐赠，那么企业作为社会责任主体的必要性无从体现。第二，对企业捐赠的价值拷问。长期来看，企业捐赠是否创造了更多的社会价值？若将捐赠资源用于生产经营、研发创新和员工成长，企业是否能产生更多的经济价值

---

① 亚当·斯密的 *The Theory of Moral Sentiments* 首次出版于 1759 年。蒋自强、钦北愚、朱钟棣、沈凯璋译版的《道德情操论》由商务印书馆出版于 1997 年。

和社会福利？如能，则慈善捐赠并不能被称为企业"对社会负责任"的行为（郑棣，2022）。第三，对企业捐赠的冲突探究。社会责任要求的自我牺牲与企业组织追求的经济盈利存在天然的对立冲突，若单靠道德驱动社会责任，则可能导致内部成员的矛盾冲突，加剧委托代理问题，阻碍企业的主业发展，最终制约企业履行社会责任的能力。以上特征均显示企业社会责任的持续性较难预测。

2.2.2 企业社会责任提升制度合法性

现代政治社会学认为，每一个社会组织都需要对其内部社会成员建立规则，并培养其遵守并信任规则的基本信念，这种信念即为其存在的合法性（Max Weber，1968）。因此，合法性是组织生存与发展的关键性资源。根据制度同构理论，制度环境对组织发展具有显著的限定和约束作用，社会制度向组织施加正式或非正式的压力，通过强制力或说服力要求组织加入制度、参与"同谋"（Di Maggio and Powell，1983）。组织只有满足制度主体的模仿性、强制性和规范性诉求，才能被外部制度环境认可，从根本上获取组织合法性地位（Suchman，1995）。在制度同构力的驱动下，企业被动承担社会责任、披露相关信息，以加强与外部环境的互动，迎合政府、社会和利益相关者的需求，满足制度合法性的基本条件（Elkins，1977）。因此，在探究企业社会责任的动因时，不能忽视制度因素产生的重要影响。

在中国传统"关系"文化的背景下，"政企关联"广泛且显著（孔东民 等，2013；袁建国 等，2015），并且政企关系对企业发展的重要性可与市场作用媲美（潘越 等，2013）。首先，良好的社会责任实践有助于企业建立更健康的政企关系，也推动企业建立更大的社会网络关系，和更多利益相关者形成多方共赢的合作关系（郑棣，2022），有助于企业在税收上获得政府优待（李增福 等，2016）。其次，中国的市场经济体制改革还在持续深入，尚未完全成熟，政府仍掌控着较大的资源分配权，如调控土地资源、审批产业进入资格等（卫武，2006）。最后，在经济不确定性背景下，企业面临的制度环境较不稳定，企业社会责任作为向政府寻租的相对安全且有效的工具，具有获取政策信息动态、政策优惠和规避政治风险的独特优势，可以缓冲政治的不确定性（Bai et al.，2006），"购买"制度环境的稳定性，规避市场环境动荡带来的巨大风险（唐跃军 等，2014）。

综上，制度压力是企业社会责任的重要驱动因素，遵守制度要求的法律、规章和行业规范是企业合法性来源的基本条件。然而，在不同制度环境下，强制力的差异对企业社会责任表现存在异质性影响，比如"天高皇帝远"会显著提升该地区企业社会责任的寻租动机，也能获得更高的垄断利润。值得注意的是，基于外部制度因素影响而被动防御地履行企业社会责任的效果可能不佳（Weaver et al.，1999）。一方面，制度环境的不确定性和社会责任标准的多元化，导致企业的目标函数模糊、决策成本较大，此时企业可能选择引导舆论信息和社会评价等方式以保持"负责任"的企业公民形象，而减少或放弃社会责任的实质付出；另一方面，当政府致力于推动社会责任的制度安排和实践发展时，企业将面临公权力不断介入加深的被动情况，不得不选择增加"政治成本"支出而削减社会责任实践方面的支出。

2.2.3 企业社会责任助力战略管理

首先，企业社会责任被视为一种重要战略竞争工具。Porter（1991）提出"战略性企业社会责任"的思想理念，认为将企业社会责任嵌入企业的运营管理过程是实现可持续发展的最优路径。Goodpaster（1991）再次强调，企业之所以进行"策略性的利益相关者分析"，是因为这种手段和战略可以使企业更有利可图。此后，这一方面的思想逐渐引起学界关注，并演化为企业战略管理领域的重要研究内容（Matten et al.，2008）。值得重点关注的是，Porter和Kramer（2006）根据企业应对社会问题的不同行为模式，将战略性企业社会责任分为着眼于改造自身价值链和改善外部经营环境两种活动类型。这一理论将供应商和客户等利益相关者群体进行了战略划分，并将企业价值活动分解为许多战略性相关活动，可以较好地应用于社会责任实践。随着基于这一理论逻辑的研究大量展开，更为广义的战略性企业社会责任思想逐渐被接受：一切能使企业获取持续竞争优势的"负责任"的行为，即能提升企业竞争力的履责行为都是战略性企业社会责任（McWilliams and Siegel，2010）。

其次，企业社会责任战略管理进一步提升了企业自身的道德形象，也为企业积累了更丰富的信誉资本，使企业在社群中能够获得更大的号召力，树立企业更良好的法人形象（Brammer and Millington，2008）。一方面，企业履行社会责任，如供应链管理、产品质量严控、员工培养和环境保护等，向外部市场发出企业非完全自利的信号。当这些信号持续释放并被外部市场有效接收时，积极归因逐渐积累并形成了企业的声誉资本。这些合乎社会道德要求的企业公民形象和声誉资本，虽不能直接为企业带来资本存量和交易获利，但却与消费者、投资者建立起直接的信任纽带，构建起其他企业无法替代的竞争优势（Godfrey et al.，2009）。另一方面，企业运营过程中内生出各种社会和环境问题，暴露出潜在的市场和经营风险，此时，企业表现出负责任的态度，以此有效控制上述内生性问题，以积极履行社会责任作为有效工具，应对企业生产运营全过程的经营风险。此外，当企业面临负面事件冲击与威胁时，积极主动履行社会责任的企业还可以获得自身声誉带来的保险作用，能缓解投资者对于企业的负面情绪，使投资者理性和乐观看待企业负面新闻和信息，对企业未来做出积极和信任度更高的预期和推断。因此，即使爆发负面消息，投资者也可能归因于企业管理层的笨拙而非恶意，从而大幅降低了负面消息的冲击效果（Godfrey，2005；傅超和吉利，2017）。

最后，企业社会责任可以较好地服务企业市场战略，将社会责任行为有机嵌入产品开发、产品服务以及市场品牌塑造过程，能更好地带动供应链、产业链上的各类中小企业共同控制风险、优化管理、创造价值，实现集群意义上的价值共创与价值共享。通过重塑企业的价值创造和产生过程，企业社会责任最终产生了市场价值的放大效应与倍增效应（肖红军 等，2021）。可见，企业有意识地执行社会责任战略，反映出企业提升长期竞争力的愿望，其中既包括经济目标（如经营效率增长和声誉提升），又包括社会目标（如组织合法性和社会认知度的提高）（Zheng et al.，2014）。这一基于战略选择的社会责任观，反映出企业社会责任从道德自发产生转向为企业管理的自利选择，它的价值在于丰富了立足战略管理视角的社会责任动因理解。但是，困扰这一企业社会责任观的是，它过度强调企业战略布局和风险控制的经济性工具，而相对忽视了企业回馈社会的伦理性遵从和道德性满足。

2.3　企业社会责任的影响因素

上一节归纳了现有文献探索企业履行社会责任动机的三种视角：伦理性视角、战略性视角和制度性视角。本节进一步分析三种视角的特征，为全方位和深层次地认知企业社会责任提供思考的逻辑起点。

伦理性视角是将企业视作完全的"道德人"（亚当·斯密，1759），表现为关切他人的同情心、守护善良的正义感以及行动决策时的利他主义。此时，企业履行社会责任完全是出于自愿行善的道德本能，不掺杂任何经济利益。这一逻辑视角凸显了企业的无私奉献精神，将社会责任成本完全视作企业对自身经济收益的放弃和牺牲。这种纯道德逻辑最终演变为一种与企业经营获利相对立的社会责任观念，也导致大众对企业社会责任的认知至今都包含着慈善的意味。进一步探讨,企业进行慈善捐赠所耗费的资源,若将其用于生产经营能产生更大的经济和社会价值,那慈善捐赠究竟是负责任的企业行为还是不负责任的企业行为呢?因此,纯道德性的社会责任行为在逻辑上是站不住脚的,后续的社会责任研究进而发展为以下两种视角的探索和思考,即战略性视角和制度性视角。

战略性视角和制度性视角都将企业视作理性的"经济人",其行为的最终目的都是获取自身效用的最大化。从战略性视角出发,在对社会责任成本和收益的权衡判断中,企业社会责任行为不过是其理性决策的产物。社会责任成本是对企业人力、财力和物力资源的耗费,社会责任收益则是企业获取的声誉保险(傅超和吉利,2017)、消费者满意度和员工认同感等无形资产。而从制度性视角出发,企业社会责任行为不仅是企业经济收支的衡量公式,更是企业获取制度合法性的重要途径。面对社会期待和舆论压力等外部约束,企业履行社会责任成为增强组织合法性的被动选择。战略性视角和制度性视角的共通之处在于,二者都勾勒出企业以自身资源换取外部资源的权衡决策和行为过程,更符合现实的实践情况。因此,这两种视角通常被用作解释企业社会责任动机的主要原因。当然,这两种视角也存在明显的差异,具体体现为企业不同的决策选择:企业主动履行社会责任是战略选择;而企业因为受到当地政府和法律的要求和约束,被动履行社会责任则是制度性视角的体现。

基于伦理性、战略性与制度性视角对企业行为的深度剖析,本章接着从宏观、中观和微观三个层次探究企业社会责任的影响因素。

2.3.1 宏观层面

宏观层面的影响因素可以划分为正式制度因素(国家治理环境、商业环境、法律制度、国家间制度差异等)和非正式制度因素(宗教文化、中国传统文化等)两方面因素。

从正式制度来看,Li 等(2010)将中国等四个新兴经济体的企业作为样本,发现企业社会责任表现深受国家治理环境的影响,宏观环境越好,越刺激企业更好地表现。周中胜等(2012)以中国上市企业为对象考察制度环境对企业社会责任的影响,研究发现,在政府干预越少、法律制度越完备、市场化程度越高的地区,企业社会责任的表现越好。肖红军(2014)以中国的跨国公司为研究对象,实证发现当母国的法律制度质量显著优于东道国时,母国的法律制度会促进公司在东道国的社会责任表现;而当母国与东道国的经济环境和文化差异太大时,母国的经济制度与文化制度会抑制公司在东道国的社会责任表现。

从非正式制度来看，Matten 等（2008）发现，每个国家有着自身独具一格的政治文化，这也会对企业社会责任的侧重点产生差异性影响。Du 等（2014）发现，宗教信仰可以作为一种社会规范，影响企业的慈善决策，对企业慈善捐赠行为产生显著的促进作用。刘计含和王建琼（2017）发现，中庸文化导致中国同行业的企业社会责任行为具有一定的相似性。陈婉婷和罗牧原（2015）发现，传统信仰文化（祭祀先祖）越浓厚的地区，企业履行社会责任的意愿更强，履责范围主要在本乡地域范围内。Luo 和 Tang（2016）发现地区的社会文化会直接影响当地企业的环境信息披露倾向。曾建光等（2016）发现，具有宗教信仰的民营企业高管层，更倾向于进行个人慈善捐赠。

2.3.2　中观层面

中观层面的影响因素侧重于企业所处行业的发展水平和竞争程度。刘柏和卢家锐（2018）的研究表明，同一行业的平均社会责任水平会影响新进入企业的社会责任表现，企业社会责任在行业内的企业间表现出相互传染的特性。但是现有研究关于行业竞争具体如何影响企业履行社会责任，尚未获得一致性的结论。从正面影响结果看，Brammer 等（2004）认为，当行业竞争程度较高时，商品的可替代性增强，消费者会更乐意选择具有社会责任意识和行为的企业的产品；张正勇（2012）发现，行业竞争是对公司内部治理的一种替代机制，可以激励企业更好地履行社会责任和进行信息披露，以获取竞争优势。从负面影响结果看，周浩和汤丽荣（2015）研究发现，市场竞争会抑制企业进行员工责任投资，但这种抑制效应存在明显的行业差异。

2.3.3　微观层面

微观层面的影响因素主要集中在企业特征上，如企业规模、公司治理结构、高管层特征、企业文化以及产权性质等。例如，Lepoutre 和 Heene（2006）发现，过小的企业规模会限制企业资源获取的自由过程，进而抑制其企业履行社会责任的能力。张兆国等（2013）研究发现，企业财务和经营状况影响企业社会责任水平。梁建等（2010）认为，良好的公司治理结构对民营企业的慈善捐赠行为具有正向影响。王士红（2016）研究发现，企业高管队伍中的女性占比越高，企业社会责任的信息披露质量越好。靳小翠（2017）发现，企业文化会对管理层产生约束作用，促进其积极履行社会责任；当企业面临财务困境时，企业文化会产生更强的指引作用，督促企业继续履行社会责任。

综上，现有研究主要从战略性视角与制度性视角出发，深入讨论社会责任的影响因素，目前的研究成果丰富且有一定成效。其中一部分研究在探讨正式制度和非正式制度的影响时，虽然考虑了企业所处地理位置的影响，但都还没有关注到企业的母子公司的分布差异性对研究结论的影响。因此，本书拟从企业的母子公司地理分散的视角出发，探讨地域因素对企业社会责任所产生的影响。

2.4　企业社会责任的经济后果

企业社会责任离不开宏观制度环境，而企业作为市场经济的主要参与者，并与市场中的众多参与者发生互动，构成利益相关。因此，本节从制度层面、组织层面和个体层面对企业社会责任可能产生的影响结构进行归纳总结。

2.4.1　制度层面

从经济社会的制度层面来看，企业通过社会责任实践来参与现代化的社会治理，在某种程度上可以彰显企业价值因此提高企业品牌的知名度，同时显得企业更符合社会制度的要求（Wang and Qian，2011；Zheng et al.，2014），往往也更有利于企业与政府建立良好的关系（Zhang et al.，2016）。Hsu（2011）以台湾寿险行业为研究对象，发现投保人对寿险公司的社会责任感知会正面提升企业声誉和品牌知名度，这是企业社会责任的信息性广告效应的体现。Wang 和 Qian（2011）以中国上市企业为研究样本，发现慈善行为有助于民营企业获得政治合法性；进一步地，在诸如能源等处于垄断地位的行业中，大部分企业是国有企业，它们普遍注重慈善捐赠，积极响应国家政策精准扶贫，以满足符合其身份的制度要求。Zheng 等（2014）实证验证了企业社会责任的制度影响，认为当外部环境对"道德退化"的感知度加强时，参与社会责任会为企业带来更大的制度合法性和竞争优势。

也有研究认为，企业更多地将社会责任视作工具性行为，以此掩盖污点行为、转移舆论压力以及缓和制度惩罚（高勇强 等，2012；Leung and Snell，2017）。Leung 和 Snell（2017）基于对澳门博彩业的 49 次半结构化采访数据，发现该行业的企业倾向于象征性地而非实质性地参与社会责任，试图掩盖两个不利的外部性问题——游客的非法赌博问题和环境污染问题，以便在社会、文化和政治的压力下继续追求"照常营业"。Luo 等（2018）构建了以企业慈善作为声誉保险的理论模型，并使用美国石油工业数据进行验证，发现企业捐赠越多，后续的石油泄漏事件越多。这与道德风险模型的均衡结果一致，表明慈善捐赠确实为企业提供了"保险收益"。

2.4.2　组织层面

从组织发展角度看，社会责任实践充分的企业更容易获取商业利益，以此提升自身经营绩效（Dimson et al.，2015；Hasan et al.，2018）、提高投资效率（Benlemlih and Bitar，2018）、获取商业信贷（王晓颖 等，2018）、开辟政治资源（Jia and Zhang，2018）、调控风险活动（Harjoto and Laksmana，2018）、稳定金融资产价格（Shiu and Yang，2017）、减少融资约束、降低风险以及成本（Cheng et al.，2014；Gong et al.，2016）等。从财务绩效看，积极参与环境、社会和治理问题的企业不仅获得了股票超额收益，还提升了内部治理水平和生产效率（Hasan et al.，2018），进而促进企业财务绩效的增长（Dimson et al.，2015）。从商业信贷看，企业社会责任水平越高，企业获取银行债务融资的能力越强（王晓颖 等，2018）。从政治资源看，企业积极参与社会活动是为了加强与政府官员的关系、促进企业获取稀缺资源，进而创造竞争优势（Jia and Zhang，2018）。从风险控制看，企业社会责任是一种较好的风险控制机制，可以减少最优风险承担的偏离，抑制企业的过度风险承担和过度风险规避（Harjoto and Laksmana，2018）。从资产价格看，当发生负面事件时，具有良好社会责任的企业，其股票和债券价格一般相对稳定，遭遇市场不确定风险以及企业首次遭遇负面消息的时候，股价崩盘风险较小（Shiu and Yang，2017）。

另外，企业积极履行社会责任，比如披露高质量的公司财务报告信息，有助于投资者、消费者了解公司经营情况，对公司产品和品牌有更高的预期和更强的信任感。因此，具有良好社会责任的企业，在推动技术创新（吴迪 等，2020；阳镇和李井林，2020）、促进消费者购买决策（马龙龙，2011；Zhang et al.，2014；Chen and Huang，2018）和提升顾客满意度（Becker Olsen et al.，2006；田敏 等，2014；Godefroit et al.，2022）等方面更加优秀。从企业创新看，企业社会责任既可以帮助管理层眼光放长远，树立真正有价值的长远目标，同时员工的企业认同感更强（吴迪 等，2020），又可以帮助企业获取政府补贴（阳镇和李井林，2020），最终提升企业创新绩效。从消费者视角看，慈善捐赠行为使得企业更容易从供应商获得贸易信贷融资，且吸引更多客户购买产品（Zhang et al.，2014）。Godefroit 等（2022）以超市作为研究环境，发现企业社会责任调动了消费者的积极情绪，与之相反，消费者对履行社会责任较少的企业更加不信任，也会表现出拒绝购买其产品的"用脚投票"市场性行为。

2.4.3 个体层面

履行企业社会责任有助于加强员工情感认同（刘远和周祖城，2015；朱月乔和周祖城，2020）、抑制离职倾向（李歌 等，2016）、鼓励员工的个人公民行为（Tourigny et al.，2019；Tian and Robertson，2019）、提高工作绩效（Hu et al.，2016；Shen and Benson，2016）以及促进个体创新（付非和赵迎欢，2017）。当员工感知到企业通过社会责任行为传递的负责态度时，会对企业产生情感依赖；企业形成了良好的企业文化，拥有较高的伦理道德水平，能够让员工在工作中感觉到自豪和幸福，也更容易把事业的成就归功于企业（刘远和周祖城，2015；朱月乔和周祖城，2020）。员工感知到的企业社会责任也有助于建立心理契约，显著抑制其离职意愿（李歌 等，2016）。企业社会责任行为还提升了组织信任感和感召力，引导员工从个体层面响应企业公民行为（Tourigny et al.，2019）；员工的企业社会责任感知会促进其自发的环保行为，且这种影响在共情水平高的员工中更强（Tian and Robertson，2019）。从员工绩效看，企业社会责任提升了"员工—公司"认同关系，这种认同反过来又会加强员工对公司的承诺，促使员工保持积极的工作状态（Kim et al.，2010）。企业社会责任管理通过个体层面的组织认同感，间接提升了个体任务绩效（Shen and Benson，2016）。另外，当员工从企业志愿活动中获得积极经验时，参与志愿活动不会影响工作绩效；反之则会损害工作绩效（Hu et al.，2016）。从个体创新看，付非和赵迎欢（2017）发现，企业社会责任有助于激励员工选择有自由度的创新行为，使企业有较强统一性的员工目标与组织目标。

3　地域特征与社会责任的关系分析

3.1　地域特征的概念辨析

"地域"这一词的概念，从《汉语大词典》与《辞海》来解读，指的是土地和地区的范围和疆界，其中"域"用来限定"地"的范围。地域本身具有同质性特征，依据特定的统一标准，可以将某个地域进行划分与区别（R. 哈特向，1963）。依据以上定义，本书在研究中把地域视作有具体位置和边界的连续空间区域。

地域单元是地域的微观维度，也是研究地域问题的基本单位。但地域单元的尺度并非一成不变的，而且它不是孤立存在的，它始终与相邻的地域单元产生着有机的关联和影响。地域单元以土地为基础，构成两个方面的要素：一是对应自然要素，包括土壤、地形、地貌等地域位置特征，植物、动物、微生物等生物特征和水、大气、光照等环境特征；二是对应人文要素，指人类通过认知、适应和改造自然要素形成的景观建筑和意识形态产物，包括建筑物、道路、语言文化、宗教信仰和社会经济制度等。

在自然要素和人文要素的交融和耦合下，地域概念具备了真正的丰富内涵。地域，是一个与其他地域相区分的文化单元，也是一个承载了本地经济要素的载体；更深层次地，地域是一个整体连贯的文化区域，每一个地域都有着独具一格的文化底蕴（吴良墉，2008）。同时，自然的地域、文化的地域和经济的地域，其尺度都不是固定的。随着研究需求、研究目的以及应用范围的变化，地域的内涵和外延也在不断更替和革新。另外，地理区位特征的差异和人文环境的变化，也持续激发着地域的多元化发展。目前对地域的划定分方法有两种：一是依据几个独立特征进行划分；二是依据区域范围内的社会经济的总体情况进行划分。

综上，本书将地域视作一个综合的概念，一方面表现为具有特定空间区位和具体形态的位置单元；另一方面又是该具体位置单元中自然要素与人文要素的相互作用与显现。每一个外在表现，构成了某一特定的地域特征。我国幅员辽阔、地大物博，在多样性的自然环境、历史因素、文化传统和经济制度以及不同的人口分布密度下，形成了特色鲜明而差异明显的地理特征、文化特征和经济特征。而不同地域在特定时期形成的文化和经济元素往往又会积淀下来，形成深层次差异；这些差异集中外显为地域的风貌特色，并赋予该地域独特的文化底蕴和经济动力。如广为人知的江南、中原、荆楚、巴蜀、吴越等地各自有着独特的魅力。因此，本书将地域特征划分为地域位置特征、地域文化特征和地域经济特征三类。

3.1.1　地域位置特征

地理界限。地理界限为抽象的地域概念勾勒了具象的形态和边界，使其成为可描述的实体。这个边界的维度具有多样性，可以在自然地理边界和社会经济边界之下进行多层次划分，且根据不同的研究方向有所侧重，因此地域的界限并不是完全确定的。

内部优势。内部优势是某个特定地域的核心要素和独特编码。一个地域具有自身的优势禀赋和功能定位，在地域内部呈现连续而相似的特征。

外部差异。地域之间的外在风貌和内在积淀存在显著的差异性，这也是地域形成与划分的重要判断依据。外部差异性的存在更凸显了地域内部的优势和特点。内部优势和外部差异相结合形成了地域话题的基础研究对象，也为研究地域间差异提供了可对比的样本参考（杨鑫，2009）。

相邻联系。一个地域并不是独立存在的，它在与相邻地域相互交流和联系的过程中显示其特征和意义。地域要素的演变会对相邻地域产生潜在的影响：一方面，与相邻地域的关联通过地域边界建立起来，因而地域边界的变化也会作用于二者的关系；另一方面，地域边界的多样性将地域分为多维度的地域单元，可以观察到，地域单元的内部优势和外部差异只是相对特定维度而言的，而非固定不变的。因此，对地域问题的研究不能仅静态地局限于内部优势和外部差异，更应从不同维度视角出发，动态地考察地域间的相互影响和作用。

3.1.2　地域文化特征

地域文化是在多维度的地域单元中，经过人类长时间的聚居生活和物质生产，形成的语言文化、人文艺术和价值观念等的总和（张玮，2006）。早期，受语言差异、交通工具和通信设备等因素的制约，地域文化呈现发展缓慢、特色迥异、较为独立的特点。随着经济社会的不断发展，交通和信息技术的飞速提升，人类才能从地域空间的高度，去探究不同维度的地域单元之间的文化共通性和差异性。在现代社会对人际交流、个人特色和人文发展的大力鼓励下，地域文化的差异性和动态性越发凸显，构建起在新的现代语境下的时空概念。差异性和动态性的演绎，分别展现了地域文化在时间和空间两个维度的特点。

时间维度。地域文化的演进历史本质上是人类社会文明和经济进程的缩影。将人类置于同一地域单元聚居生活时，社会文化的演进历史也是地域文化的发展历史。从时间维度看，经济社会的进步推动着人类不断进行文化革新；同时，文化的繁衍和发展也对经济社会进程产生了正面影响。从同一空间维度审视地域文化，可以发现地域文化的内涵和外延具有差异性特征，即不同历史阶段的地域文化的特点并不相同。因此，作为地域文化的时间维度的展现，差异性特征描绘了地域文化的演变特点。

空间维度。在地理区位特征和区域传统等因素的共同作用下（李秀金，2006），地域文化以地域单元为研究样本，基于空间截面探讨文化的差异性。因此，从空间维度讨论地域文化时，对地域单元的维度界定非常重要。一方面，从不同的研究对象和问题出发，地域单元的空间界定差异很大，小到街道、社区，大到城市、省份和国家；另一方面，对具体的地域单元的界定也会随着社会发展而产生变化，比如城市的地理边界的扩张和收缩直接影响其地域空间的大小。因此，作为地域文化的空间维度的展现，动态性特征承载了地域文化的空间基础。

3.1.3　地域经济特征

地域经济也称"地区经济"，是以一定区域为范围，地域的内部优势和外部差异相互影响和结合而形成的区域经济形态。在长期的社会经济活动中，由于地理区位、地缘政治、历史和文化等因素的综合作用，人类在地域单元内形成了以经济交易和联系为纽带的经济区域（肖浩辉，1995）。现有研究对地域经济的界定主要是考察区域内的国民经济状况。因此，地域经济特征包括企业所在地域的社会经济条件和技术经济政策、产业结构发展水平、要素产品竞争程度、市场化程度等，具有综合性和区域性的特点。此外，也有学者认为，市场化程度通常以经济自由化程度进行度量，经济自由化程度主要取决于政府对经济的干预程度（Faccio et al.，2006）。某个区域的市场化程度越高，意味着政府在生产、分配、消费等环节的干预越少，生产要素在市场之间的流动性越强，地域经济越活跃。

3.2 　地域空间中的经济学

社会发展的空间扩散是很不平衡的，资源配置的研究是经济学的基本内容，商品和人口流动总是涉及空间中的转移问题。然而，生产资源在各个区域间和区域内部如何分配，区域国民收入和区域差异变动如何决定，以及区域作为国民经济的一个独立层次的行为特征等有关资源配置的问题，无论是宏观经济学还是微观经济学都未涉足。因此，我们首先要确定所要参照的空间单位，促使某一空间范围内要素转移的因素不一定等于促使另一空间范围内要素转移的因素。实际上，对每一个层次的空间而言，某些特定的基本原理决定了各自经济活动的空间结构，但这并不意味着对所有空间范围都成立，不同的经济空间并不是像俄罗斯套娃玩具那样除了存在大小差异外别无二致，而是都具有自身特有的性质。

3.2.1 　所参照的空间单位

人类社会发展的决定因素之一是人类生活的自然地理环境，可以认为，各地的生产力发展水平、生产类型等由自然环境决定。城市和区域的经济配置日益成为各国政府促进资源合理配置的主要任务之一，工业化更多的是区域现象而不是国家现象，一国内部的经济发展是不平衡的。尽管我们经常把国际化视为影响国家经济发展的因素，但它对国家内部不同地区的经济发展也有重要影响。另外，在国家内部经济活动聚集在几个大都市区，这些都市区正经历城市的扩张过程。此外，地方政府的作用不断得到强化，地区数量也不断增加，这些促进了经济的分散化进程。综上，我们定义基本的空间单位为区域，且认为区域是一种对外开放贸易但内部贸易占主导的空间。

区域属于经济空间中的一部分，应从某种关联性角度去理解区域，可以把一些地区视为具有完全相同的特征，进而可以把它们整合成某一空间实体，这就是区域。因此，某一区域内的所有地区在整体上能被整合成区域就取决于它们之间的关联性，根据这种关联性也可以进行这些地区之间的比较。由于我们可以预先提出各种关联性，经济区域是经常变化的，例如区域之间天生的差异，在原料、气候特性、地表的崎岖不平程度、天然的运输方式等方面的差异发生变化，或者区域界线随时间推移发生变化，整合成的区域也就发生了变化。因此，区域轮廓是模糊且很不稳定的。然而，尽管区域轮廓模糊不清，但若把区域作为基本的空间单位，则它会明确地告诉我们空间层次是宏观的，且我们的经济分析需要解释不同层次的区域特征。

3.2.2 生产要素的流动性

分工是社会生产分工的空间形式，它不仅决定区域生产专业化、区际联系的性质和规模，同时也决定各个区域内部的部门比例和一国国民经济整体结构的动态变化。传统经济理论认为经济代理人（企业和消费者或生产者）的区位是外生的，本书认为，区域和本地居民受商品及经济代理人流动性的影响，其之间是内生关系。换言之，国际贸易理论强调的商品交易，假定生产要素是不可流动的，而经济地理学把要素（资本或劳动力）流动性整合起来了。从本书中我们可以看到，这种改动并不是对原有理论的轻微改动，而是得出不同于许多传统的规范化的结论。而且，不同于原先的比较优势假设，我们将会看到，这些优势是如何内生于企业和消费者的区位决策的。上述两个特征也是经济地理学区别于其他学科的特征。

3.2.3 聚集力和区际分工的相互作用

经济学家和地理学家强调，经济空间是方向相反的力量角逐的结果，有些力量促使人类活动聚集，由于作用力强度不同，经济景观也展现出不同程度的差异性。经济地理学重点研究作用力的性质以及因此形成区际分工的相互作用方式。一般来讲，区域之间的分工取决于比较优势，然而资源禀赋相同或技术水平类似的区域之间也能形成分工，这时比较优势取决于规模经济和产品差异化两个因素。区际分工具有发挥区域优势、提高劳动生产率的好处。如何形成新型区际分工，以便既能充分发挥各地区的优势，又能使各地区获得相近的整体经济利益。

此外，经济空间的一个重要特征就是原因和结果的相互转换，正如 AIlyn Young 和 Gunnar Myrdal 指出的那样，在过程中形成循环因果关系，在发展中不断累积。例如，某区域聚集的经济活动将吸引大量人口流入，丰富的劳动力要素与资本的融合反过来又创造新的就业机会，这可以视为聚集力的额外"红利"。从供给角度看，人口的集中可以提高贸易、产业以及经营领域的效率，实现人口分散情况下无法达到的效率水平。更确切地说，人口增长包含了规模收益递增的特征，可以使经济活动以更大比例增长。从需求角度看，经济地理学认为厂商和家庭集聚于大量商品和就业机会集中的地区，因此我们把聚集看成差异化的商品、服务以及多样化就业的聚合体，这赋予了生产厂商某种控制市场的力量。明确区域当地社会、经济规划的特征，使得政府干预和市场调节相互融合，发挥动力协调、空间耦合的作用，是将地域空间融入经济学研究的重要思想。

3.2.4 城乡融合突破地域二元结构

发展在空间上的分布总是不平衡的，它以不同的强度首先出现在一些增长点或"增长极"上，然后通过不同的渠道向外扩散，对整个经济产生不同的最终影响。在一定的空间范围内，这必然形成经济活动强度和密度不同的核心区（城市）与外围区（乡村），这是两种不同的地域单元。

城市是区域的核心，在区域经济发展过程中起着举足轻重的作用，它是区内经济活动和区外经济联系的组织者和领导者。城乡边缘区是多样化经济活动和区域经济增长的重要地域，是城市文明的传播者。外围区，也就是广大乡村地区，是核心区的腹地，而这种腹地支撑着核心区的形成和发展。一般认为，乡村常处于被动地位，被动地接受城市的影响。其实不是这样的，广大乡村地区向城市提供各种生产要素，也是城市产业的主要市场，如果没有这种腹地的支撑，城市也无法生存和发展下去。

逐步改变以城市为核心、乡村被动边缘化的发展格局，能彻底扭转乡村空心化和衰败化趋势。在这一过程中，既要最大限度发挥工业反哺农业、城市支持乡村的引领带动作用，也要通过城乡融合的手段挖掘农民农村潜力，培育形成新的内生发展动力，实现乡村自主式、内涵式发展，最终实现城乡全体人民共同富裕。通过创新城乡融合发展的体制机制，完全可以打破常规的城乡关系演进路径，跨越"大城市—大农村"阶段，直接进入"城乡均衡发展"阶段，从而实现以城乡融合推动共同富裕的目标。

3.3 地域特征与企业社会责任的机制分析

随着时代的进步和社会的发展，企业社会责任主要发展为三大内容。初期，企业承担的社会责任主要是经济责任，即自身经济效益最大化和为股东产出可观的投资回报。中期，企业社会责任范围从股东逐步拓展到供应商、消费者和员工等利益相关者身上，此时企业开始关注供应链关系、产品质量和员工成长等社会责任议题。当前，企业社会责任的范围更是扩大到生态环境和社会民生等普适性社会议题。因此，本章就地域位置特征、地域文化特征和地域经济特征三个方面与企业社会责任的关系以及对企业社会责任的影响，对国内外相关研究进行梳理总结，具体见图3-1。

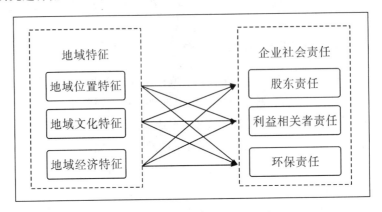

图 3-1　地域特征对企业社会责任影响的分析框架

3.3.1　地域位置特征与企业社会责任

1. 地域位置特征对股东责任的影响

地域位置特征对企业股东责任的影响主要体现在地理分散化对企业财务绩效的影响上（Xavier et al., 2013）。而企业财务绩效则是由地理分散化产生的正向"扩张效应"和负向"成本效应"共同作用决定的（Shi et al., 2015）。其中，"扩张效应"是指企业通过合理的地理分散化对企业经营行为所起到的正向激励作用。企业基于本地的研发成果，通过在第三方地区构建分散化的母子公司经营网络，将已有的研发成果应用到当地市场，抑或通过在第三方地区建立多个分散式的机构以获取当地的特有资源，并利用技术知识的非编码化性质在该地区进行密集的交流和扩散，并在此过程中实现技术升级，提升生产水平或降低生产成本（Bodnaruk, 2009），以此增加企业利润，提高财务绩效。"成本效应"则是指地理分散化活动增加企业的运营成本和融资成本。母子公司分散的研发和经营活动存在地理边界，由此产生的信息传递需要较高的协调成本和沟通成本。同时，多个子公司分散化经营可能会因为代理冲突增加企业的管理成本和监督成本，进而损耗企业的经济效益。因此，在既定资金投入的情况下，企业会因为"成本效应"而抑制财务绩效的增长。

正向"扩张效应"和负向"成本效应"对企业财务绩效的影响在不同地理分散化强度下，因公司的经营特征而存在差异。从公司经营特征看，对于特定行业，地理分散化有利于提升业务绩效。地理空间分布与企业的经营风险密切相关，因此地理分散化通常被视为一种投资组合策略（Oyvind et al.，2012）。以保险公司为例，研究表明，地理分散化是保险公司用来对冲风险的重要手段（Elango，2008；王向楠，2017）。实证结果显示，地理分散化与保险公司的经营绩效呈现显著正相关（Schmid，2012）。与之类似，对房地产企业而言，地理分散化同样能显著降低房地产业务组合的经营风险（Hartzell，1987；Florida et al.，2007；张坤 等，2009）。当地理分散化程度较低时，企业整合资源进行技术创新和扩展经营的力度有限，由此产生的"成本效应"可能高于"扩张效应"，从而抑制企业经营规模的扩张。当地理分散化强度较高时，企业将在更大范围内整合市场和技术资源，正向"扩张效应"呈递增趋势并最终起到主导作用。

2. 地域位置特征对利益相关者责任的影响

地域位置特征对企业利益相关者责任的影响主要体现在地理分散化带来的外部制度环境和内部控制环境的差异对员工责任的影响上（Pirinsky and Wang，2006）。其中，外部制度性差异是指随着母子公司地理距离的增加，二者制度环境差异会逐渐显现，由此带来的整体制度环境的复杂性会使企业对外部信息的处理和加工难度增大，付出更多的信息过滤和筛选成本。同时，地理位置等因素导致的信息不对称也增加了企业对信息的搜寻成本和代理成本，进而影响制度环境对企业履行利益相关者责任的监督效果。例如，当第三方地区的市场化程度较高时，企业更容易受到来自利益相关者压力的影响，从而被动提升企业社会责任表现。当第三方地区的市场化程度较低，政府对经济干预力度较大时，企业更倾向通过寻租等方式来提升市场竞争力，而非通过利益相关者管理方式来提升企业经营绩效（周中胜 等，2012），这种影响在劳动密集型行业尤为常见。此外，由于制度环境的不同，母子公司在融资和交易时面临的成本压力存在差异，特别是偏远地区的子公司可能面临更高的经营成本，从而对其履行社会责任产生不利影响。

内部控制是实现公司经营活动的效率性和有序性的内部约束制度。保障内部控制的有效落实，是公司实现良好治理的基础（杨雄胜，2005）。就某种意义而言，内部控制对公司的规范和制度引导，可以间接促进企业履行社会责任。地理分散化下产生的内部控制问题同样与企业履行利益相关者责任密切相关。随着子公司数量和母子公司地理距离的增加，企业内部架构将变得愈发庞大和复杂。企业对子公司的管理和监督力度将趋于减弱，对应区域的控制力度将趋于降低，甚至会出现内部监督流于形式而导致社会责任履行不力的情况（Shi et al.，2015）。例如，企业管理人员不按规章制度执行，导致发生侵害员工权益的行为，或是企业员工违规作业导致生产事故或生态环境灾害等。同时，地理距离的增加必然导致企业内部管理层级增多，随着信息传递环节和途径的增加，信息在横向和纵向传递过程中将会面临失真甚至扭曲的风险。因此，信息在企业内部传递的真实性和及时性无法得到有效保障，从而降低企业内部的沟通效率，进而造成企业社会责任水平的降低。例如，企业由于内部信息失真，未能准确识别自身的优势和劣势，使其战略规划过于保守或激进，最终损害利益相关方的综合价值。

3. 地域位置特征对环保责任的影响

地域位置特征对企业环保责任的影响，主要体现在地理分散化带来的外部制度环境差异和内部控制环境对企业的"环境成本承担责任"与"环境利用绩效责任"的影响上（Goddard，1997）。其中，"环境成本承担责任"包括杜绝环境违法违规、承担环境税费等；"环境利用绩效责任"则包含节能环保和清洁生产。

Scott早在1995年的研究中就提出了制度环境概念，这个概念发展至今主要表现在三个方面：政府管制、社会规范以及公众认知。政府管制方面，政府对企业环境责任的监管执法力度是决定企业绿色技术创新不可或缺的外在推动力量。高强度的环境监管会提高企业在产出能耗比方面的准入门槛，进而促进企业在节能减排等绿色技术创新上的应用与推广。在社会规范和公众认知方面，随着环保理念的增强，社会舆论也越来越注重绿色环保和可持续发展宣传。随着信息化的加速发展，社会舆论特别是新兴媒体的宣传对企业的研发和经营产生了愈发重要的影响（姜雨峰和田虹，2014）。一方面，公众媒体主动作为，大力宣传绿色创新、履行环境责任的企业典型，为企业树立良好形象做出了媒体贡献；另一方面，媒体也曝光不履行环境责任的企业，提出意见，敦促整改，相关企业的形象和业绩都将受到影响。基于上述规范认知的提升，企业努力履行环保责任，既是对社会公众负责，也是提升企业自身声誉价值的有效途径。

从内部控制层面来看，如果政府监管、市场竞争和消费者监督力度较弱，企业就容易选择投机行为。例如，在生产过程中偷排偷放污水或者偷工减料，以降低生产成本，导致进行绿色技术创新的动力相对不足，环境责任表现难如人意。随着企业地理分散化程度的加深，企业将面临越来越多的政府监管、市场竞争以及消费者的舆论监督。出于风险规避和竞争压力，企业会转向积极履行社会责任以应对政府监管、市场竞争和消费者监督。同时，高强度的制度环境会倒逼企业进行绿色技术创新，在降低生产成本的同时，也有利于企业实现产品差异化以获得消费者的认可，从而赢得市场竞争优势（Wang et al.，2017；Sun et al.，2015）。此外，就政治动机而言，企业社会责任体现了企业自愿分担政府公共责任的意愿和实力，有助于其获取政治资源和社会优势。

3.3.2 地域文化特征与企业社会责任

1. 地域文化特征对股东责任的影响

研究发现，优质传统文化对企业社会责任一直产生着潜移默化的重大影响。传统文化是在文明演进过程中汇集成的反映民族特质和风貌的思想文化，是民族历史上各种思想文化和观念形态的总体表征，是该民族及其祖先创造的、为世代继承发展的、极具民族特色的、历史悠久博大精深的文化（贺建刚，2015）。

通常认为，传统文化能够影响企业经营管理者的价值观（徐现祥 等，2015；邹萍，2020），而这种价值观又是企业能否履行社会责任的重要因素。就传统文化而言，儒家思想深刻地影响着中华民族千百年来的文化基础和文明进程，对中华民族的发展起到不可或缺的内生作用，以儒家思想作为精神文明支撑的中华民族才能永远屹立于世界民族之林。儒家思想中，"苦其心志，劳其筋骨"，鼓励人们勤劳奋勉；"民无信不立"，教导人们以诚信为本；"苟日新，日日新，又日新"，启示人们与时俱进，勇于创新。在宗教思想与企业家精神一脉相承而形成的企业文化引领下，企业管理者在决策过程中通常会表现出更强的自律性和自我约束能力（陈冬华 等，2013）。这种更严格的生产经营意识，能使企业管理者积极遵守生产经营法律法规，并以更高的生产标准要求企业。更强的内生动力能自发性地约束和纠正企业在生产过程中出现的不当行为。

红色文化蕴含着丰富的革命精神和厚重的历史文化，是中华民族的优良传统和宝贵的精神财富，是中华人民共和国的根基和底色，是社会主义发展的立国之本。它是在革命战争年代，由先进分子、人民群众共同创造的具有中国特色的文化。中国近代历经百年的革命史，其背后承载的红色革命精神深刻影响着无数中华儿女，使他们为社会主义革命事业和建设事业前赴后继，为中华民族从站起来到强起来实现中国式现代化踔厉奋发，对当今乃至今后相当长时期的社会发展都会起到不可忽视的巨大作用。

从已有研究来看，在宏观层面，中国近代的百年革命史对新中国国家综合实力和经济转型发展均产生了系统性的改变（李飞跃 等，2019）。在中观层面，在同一区域，新中国成立前建立过红色根据地的地区，在保护产权、加快市场经济发展方面，有着更强的行动力，从而推动区域经济快速发展（刘明兴 等，2013）。在微观层面，红色历史所承载的革命斗争精神和红色价值观内嵌到企业经营者和员工的思想行为中，能在企业中发挥"认知地图"的作用（Oreilly and Chatman，1996），进而对企业的行为决策产生正向影响。例如，管理层的自我要求和约束更加严格，公司也会更好地遵守法律规则，其生产经营流程更为安全可信。公司高管层在生产经营过程中更敢打敢拼，面对挫折会更加顽强，从而有效地推动企业经营绩效增长，达到较好的履行股东责任之目的。

2. 地域文化特征对利益相关者责任的影响

文化特征对企业利益相关者责任的影响主要体现为儒家文化和宗教文化的影响。儒家文化更多地在"义利观"上对企业社会责任施以影响。义利思想是指在面对利和义的取舍时，应以义为先，而不应单纯追逐利益（贺建刚，2015）。这些思想在"君子喻于义，小人喻于利"等儒家经典语录中得到生动体现。在传统文化氛围浓厚的地区，企业经营管理者对社会偏好和利他行为的认同度也会更高，而管理者的价值观会加速推动企业内部形成勇于承担社会责任的伦理氛围，激励企业员工乐意为社会积极奉献（李诗田 等，2015）。因此，在这些地区，企业更容易内化其企业道德规范，进而形成愿意承担企业利益相关者责任的企业经营范式，通过诚信经营来保证产品质量和服务水平，保障公司员工利益。相反，如果企业选择利己主义，放弃担负企业利益相关者责任，公众以谴责方式对企业施压，这种施压将反过来迫使企业重新担起履行社会责任的义务。

宗教文化是指信奉某种特定宗教的人群对其所信仰的神圣对象，由崇拜认同到产生坚定不移的信念及全身心地皈依。宗教文化属于特殊的社会意识形态和文化现象，是全人类所具有的普遍文化特征，具有神秘神话色彩，它是人类精神的阶段性体现。普惠思想是一种能有效地、全方位为社会各阶层和群体提供优质服务的思想，它与宗教文化在满足人们对事物神圣性渴望上一脉相承。这种思想对企业利益相关者责任而言，就是企业以人力、财力和物力对企业利益相关者进行帮助，推动财富在系统内部进行合理分配和流动，从而达到经济社会公平发展的目的（Miller，2000）。《马太福音》中也有与《论语》"己所不欲，勿施于人""己欲达，则达人"相似的表达："无论何事，你们愿意人怎样待你们，你们也要怎样待人。"此外，中国四大宗教之一的伊斯兰教也同样包含了劝人行善的言论："敬畏的人，在康乐时施舍，在艰难时也施舍。"因此，在民族宗教地区，企业经营管理者或受当地宗教感召，或受当地教义制约，通常会更加注重普惠发展，积极承担企业利益相关者责任（阮荣平 等，2010）。

3. 地域文化特征对环保责任的影响

文化特征对企业环保责任的影响同样是从儒家文化和宗教文化两个方面来体现的。儒家文化从生态伦理思想和自省思想两个方面对企业的环保责任意识进行重塑。具体而言，生态伦理思想是指在天人合一理念下实现可持续发展，适度利用资源，拒绝滥用资源。这些思想在"山林虽近，草木虽美，宫室必有度，禁发必有时"等儒家经典语录中得到体现（尹志华，2003）。受生态伦理思想影响的企业管理者，有可能积极开展绿色生产活动，生产模式由粗放式发展转变为集约型绿色发展，最终达到与生态环境和谐共生的目的。自省思想旨在勉励人们要严于律己，无论是否存在外部监督，都应自行管理自身行为，做到自我监督。这在"吾日三省吾身"等经典语录中得以体现。在自省思想的指导下，企业管理者在决策过程中通常会表现出更强的自律性和自我约束能力（杜兴强 等，2020）。这种更严格的绿色生产意识，能使企业管理者积极遵守环境保护法律法规，并以更高的绿色生产标准要求企业。它具有更强的内生动力，能自发性地约束和纠正企业在生产过程中出现的污染环境等不当行为。

就宗教文化而言，绿色发展思想在主流宗教信仰中均有深刻认识和生动表达。例如，"破我执，断贪欲"，佛教强调，经济发展中，面对自然资源稀缺问题，要降低人类对自然资源滥开滥采的无休止欲望。"依正不二""平等慈悲"则强调人类与自然是不可分割的共同体（Du et al.，2014），认为人类在开发利用自然资源的过程中，应该尊重自然，保护自然。《古兰经》其实在很早就蕴含了可持续发展和荫及后世的理念："任何人植一棵树，并精心培育，使其成长，结果必将在后世受到真主的赏赐。"在基督教的《圣经》中，同样有"义人顾惜他牲畜的命；恶人的怜悯，也是残忍"的平等观。由此可见，主流宗教均对自然平等、环境保护等做出了要求。因此，在民族宗教地区，企业经营管理者在受到当地宗教感召或制约的情况下，通常会更加注重绿色环保。同时，在偏向保守的宗教理念下，企业经营管理者通常会赋予企业更加明显的规避风险特征，避免在生产经营过程中发生污染环境、破坏生态等负面行为（Dyreng et al.，2012）。

综上，地域文化从传统文化、宗教文化和红色文化三方面影响企业社会责任，然而，红色文化是一种新兴的独具时代特征的文化现象，传统文化虽然时间跨度大，历史沉淀深厚，但实验数据不充分，难以支撑研究需求。相对而言，宗教文化在我国悠久的历史岁月中，已然深深印刻在了每一个人的思想和行为模式中，同时，在氛围浓度上以宗教场所的数量和个人宗教信仰的登记状况来进行度量，较为直观。因此，本书在后续的实证研究中选取了宗教文化作为研究视角。

3.3.3 地域经济特征与企业社会责任

1. 地域经济特征对股东责任的影响

经济特征主要指企业所处的经济环境特征，包括企业所在地的社会经济发展水平、产业结构、市场竞争程度等。经济特征对企业股东责任的影响主要表现在社会经济发展水平和市场竞争程度对企业的财务绩效影响上（Colpan，2008；Braakmann and Wagner，2011）。具体地，当某个区域的经济发展呈现上升趋势时，消费者的购买能力得到提升，购买欲增强，需求量有所增加，通过需求侧能够有力推动企业增产创收，增加公司财务绩效。此外，在开放的政治环境、完善的法律制度和公开透明的市场氛围下，经济主体的活力逐步迸发出来，宏观经济的运行愈发高效和稳健。在这样的环境下，政府通常会简政放权，对企业的生产经营活动干涉减少，企业无须耗费大量资源和精力与政府沟通。此外，一个地区的产权保护和金融发展程度亦是影响企业财务绩效的重要因素。在经济发展水平更高的区域，能获得更低的融资成本和交易成本，也是企业能够积极履行股东责任的重要外部保障（余玮 等，2017）。

经济主体在自利驱动下，不断增强自身能力以排斥其他同类企业的行为，就是市场竞争。市场竞争与企业股东责任呈倒"U"形曲线关系。一方面，随着市场竞争加剧，企业将积极履行股东责任，包括对产品和技术进行迭代创新，实现产品差异化竞争，推动企业赢得市场信任，占据市场份额，获得竞争优势。在赢得股东支持的同时，还可以降低竞争者的威胁、获取消费者的路径依赖、员工的忠诚和创新，最终开拓更广阔的市场。另一方面，当竞争强度超过一定程度后，地区和行业将可能出现恶性竞争和劣币驱逐良币的现象。受困于有限的资源，企业更倾向于风险规避，以减少技术研发和创新应用成本。同时，过度竞争可能挤压企业的经济收益和生存空间，诱发企业的短视行为（方明月和聂辉华，2008），例如，持续进行价格倾销战，竞品仿冒，产品偷工减料等。此外，过度竞争还可能加剧地区商业环境恶化，如企业负债提升、融资成本增加等，由此导致企业不能较好地履行股东责任。

2. 地域经济特征对利益相关者责任的影响

一个地区经济发展水平与市场竞争程度会直接影响企业信息的披露质量。通常而言，企业信息披露质量与当地经济发展水平密切相关。企业履行利益相关者责任，定期披露相关信息，是企业对其所根植的外部生长环境的一种行为反馈（唐松 等，2011）。一个地区经济发展水平越高，市场化程度越高，政府对生产经营活动的干涉越少，企业就无须承担本属于政府职责范围的"社会责任"，可以更加专注于企业层面的社会责任和贡献，更好地履行企业利益相关者责任和更好地对企业信息进行披露。同样地，一个地区的经济发展水平越高，其政治生态就风清气正，艺术氛围就越加浓厚，个体文化素质就越来越高，技术就越能不断升级，企业的治理能力就越能得到提升。随着内部控制结构的日趋完善，企业可以更好地履行利益相关者责任、公开透明地披露信息，并将其转化为内部控制的一部分，而非简单地甚至被动地适应地区外部经济发展和制度环境的要求。

市场竞争程度同样与企业利益相关者责任呈倒"U"形曲线关系。在良性市场竞争条件下，企业为获得市场竞争优势，更倾向于积极履行企业利益相关者责任。例如，提升产品质量以获得消费者的忠诚，加强与供应商的关系以获得合作伙伴的信任，提升企业员工福利水平以增强内部凝聚力等。如果市场竞争强度进一步增强，企业还可以通过超额履行利益相关者责任来实现差异化竞争，例如进行公益营销活动增加企业的商业价值（Xavier et al.，2013）。但是，如果一个地区的市场竞争程度超过某个临界点，企业就会面临较大的经营压力。在这种情况下，企业更容易产生机会主义行为。例如，企业可能以降低产品质量来减少生产成本，损害消费者权益，使消费者权益难以得到保障。同时压榨供应商和合作伙伴的利益以降低经营成本，抑或不及时或不透明地披露企业相关信息，利用信息不对称获得额外的融资优惠等。因此，在过度的市场竞争条件下，受限于有限的精力和资源，企业可能会更加消极被动地履行利益相关者责任。

3. 地域经济特征对环保责任的影响

经济特征通常是从地区经济发展水平和产业结构升级两个方面来影响企业环保责任的。研究发现，经济发展水平越高的地方，越注重经济的可持续发展，公众的绿色发展意识也越强（李光泗和沈坤荣，2011）。在这些地区，市场导向和政策导向共同推动了企业积极履行环保责任。其中，市场导向是指企业在目标地绿色需求的浪潮推动下，为迎合市场需求，会积极进行绿色创新，从而提高企业绿色创新性和绿色产品绩效，即市场导向推动企业履行"环境利用绩效责任"（Pomfret，2005）。政策导向是指政府为经济绿色可持续发展而对企业通过强制型、激励型和扶持型等不同手段施加环境规制压力（Goddard，1997）。以警告、监督和处罚为主要手段的强制型规制能促进企业履行"环境成本承担责任"。而以提供绿色创新资源、营造绿色营商环境和降低绿色创新成本为主要手段的激励型和扶持型规制则能促进企业积极履行"环境利用绩效责任"。

产业结构升级同样与企业履行环保责任密切相关。具体而言,资本、劳动力与技术等生产要素在三种产业之间的转移和替换,可以提升配置效率、技术效率和规模效率,进一步减少环境污染,降低能源耗费,最终达到绿色全要素生产率提升之目的。产业结构升级对企业履行环保责任,特别是履行"环境利用绩效责任"的机制在于,企业以经营地区推动产业高级化和产业结构合理化为契机,通过转移或关闭污染产业和产能落后产业,以发展绿色生产工艺和治污技术手段为导向,通过发展以高级服务业为代表的新兴产业替代以制造业为主的第二产业为主导产业,实现优化能源结构,减少碳排放,促进绿色化、高附加值化的产业结构升级,最终形成产业的经济效益和环境效益的同步提升。

4 地域特征与企业社会责任的理论基础

我国地域辽阔，特征复杂，不同地理位置，其区域间的经济、文化发展存在较大的差异。因为企业所处地理位置不同，所以文化、经济、政治环境的多样性促进企业社会责任特征的丰富和发展。本章从企业社会责任的伦理起点、对象拓展、竞争优势和关系互动四个层面对企业社会责任相关理论进行了归纳。在此基础上，从地理连续、空间异质、文化传承和行为模仿四个方面总结了区域间企业社会责任的相关理论，以此形成本书的理论基础。

4.1 企业社会责任理论基础

4.1.1 契约理论——企业社会责任的伦理起点

在古典与新古典经济学中企业最初被视作投入后自动产出的"黑匣子"，直到 Coase（1937）通过分析"交易"这一基本对象，发现企业的存在能节约交易费用，初步揭示出企业替代市场契约的本质。继承上述观点，Alchian 和 Demsetz（1972）的研究发现，企业是由物质资本和劳动力等各类生产要素组成的契约集合，以此来明确多方关系的权责和企业产出的资源分配方式。但至此的研究结果还停留于企业的形成过程。Jensen 和 Meckling（1976）探究了相对成熟的企业的运营阶段，发现委托关系也是契约的一种典型表现，进一步提高了人们对契约理论的认识，此后契约理论开始成为企业研究的标准框架和对企业社会责任进行探究的理论基础。

卢锐（2008）研究了上述几种关于企业作为市场契约组合的观点，提出了企业内部契约的新观点：企业契约是形成企业的所有资本和劳动力要素的所有者之间的契约，并且在企业契约形成和确定的过程中，会产生一个能把其他所有契约组成者联系起来的核心参与者，即股东。一个企业的主要股东具有更多的"特权"，比如管控其他要素及资源拥有人以及修改甚至解除契约的权力。他还认为企业的内部契约是动态存在的，因为企业各个资源所有者相互间可能会对契约内容进行多次的博弈，而契约会随着企业的生命周期和企业所处地域特征的不同而改变。另外，企业的内部契约可能会阻碍一些正规制度和法条的有效运作，使得非正规的制度表现得更为突出和显著。

上述理论强调了企业在市场中基于经济契约的行为，足以描述企业对股东责任的履行，对消费者和供应商的权益保护与关系链管理，以及支付企业员工合理薪酬等职责。但是，企业不仅是经济单位，更是社会单位（Moir，2001），单独的生产要素的经济契约组合难以有效解释企业社区环境保护以及定向和非定向慈善捐赠等公益行为（付书科 等，2014）。基于此，学术界提出了社会契约这一新的综合性视角，其中非常具有代表性的理论观点是 Donaldson 和 Dunfee（1999）的综合社会契约观（integrative social contracts perspective）。该研究将社会契约划分为两个维度：宏观隐性和微观显性。宏观隐性的社会契约强调可以作为参照物的社会整体默认的协议；而微观显性的社会契约则是正式规范的行业标准。

综上，契约理论作为分析企业履行社会责任动机的基础理论，一方面考虑经济契约，另一方面着眼社会契约，分别从这两个层面提供了思路。从前者看来，企业有效履行社会责任可以更好地保障契约的执行，提升企业价值而增加股东利益、确保员工福利、促使供应链稳定和保障消费者权益。从后者看来，企业响应政府号召进行慈善捐赠来回报社会，可以更好地满足社会整体的期望，同时提升企业自身组织合法性；而企业在生产过程中提升环境治理的能力可以向社会传递出其负责任的信号并且保障企业的商誉价值。

4.1.2 利益相关者理论——企业社会责任的对象拓展

契约理论奠定了企业社会责任研究的理论基础，而后，利益相关者理论的提出和发展则进一步明晰和拓展了企业社会责任研究的对象。仅仅从经济契约出发，奉行"股东利润最大化"为唯一目标的企业在 20 世纪中后期遭遇道德违约带来的商誉损毁，以及环境污染带来社会排斥和政治风险后，寻求"兼顾更多利益相关者权益"的呼声愈发高涨。学术界为应对实业界的迫切需求，积极地投入对利益相关者理论的思考和探寻中。

关于利益相关者理论的研究从早期到现在经历了数个阶段。最初，研究主要集中于企业的利益相关者识别，而随着理论的发展，逐渐发展到讨论企业与利益相关者的关系。再进一步，随着更多企业着眼于长远的可持续发展，企业与利益相关者的关系对企业的影响成为备受学界与实业界关注的热点。

Ansoff（1965）最早在研究中提出，公司应该平衡股东和员工、供应商与消费者以及其他利益相关者的利益冲突，这有助于公司的价值增长。这一观点为企业社会责任发展奠定了早期理论基础。而关于利益相关者的具体对象，Freeman（1984）和 Frederick（1988）认为是那些能够影响一个企业发展，或者因为一个企业的经济活动受到影响的所有个体和群体，包括大股东投资者、企业员工、供应商和消费者、政府及企业所处社区的其他特殊群体等。

不仅如此，Frederick（1989）和 Clarkson（1995）在后续的研究中进一步探究了利益相关者与企业的关系，以及这种关系会对企业的生产经营活动产生何种程度的具体影响。他们依据利益相关者与企业的关联紧密程度将企业的利益相关者划分为直接利益相关者、间接利益相关者两种类别。前者主要是那些直接影响企业生产经营活动甚至是从根本上决定企业能否存续和发展壮大的对象，如股东、企业员工、上游的供应商和下游的消费者等。后者则包括企业所处社会环境中的政府和其他社会组织成员，比如环境保护组织、社区居民等。这些对象虽然不直接参与公司的生产经营活动，但会对企业声誉、文化产生影响进而间接影响企业发展。

随着利益相关者理论的进一步发展，学界与实业界研究发现，企业社会责任是企业与利益相关者之间相互影响与作用的媒介，因此企业经营管理者为长远发展，在战略管理中将更多的利益相关者纳入考虑，建立良好的沟通环境，是企业履行社会责任的途径之一（Davenport，2000）。Bravo 等（2012）发现企业积极履行社会责任，能够让企业在各类利益相关者处获得更高的社会地位评价。此外，企业进行慈善捐赠可以战略性地增强企业在社会中的组织合法性（Zheng et al.，2015）。

综上，企业在经济活动中，尽可能地实现各方利益相关者的总体利益最大化，即在关注企业自身盈利和大股东利润的同时，兼顾员工的福利和供应商、消费者等其他利益相关者的需求以及环境保护，就是对于履行企业社会责任的中肯阐述。然而，企业如何根据不同的市场经济环境，对不同类别的利益相关者进行权重配比，理性地考虑自身资源约束及利益相关者压力，来制定企业社会责任战略，仍是实践探索中的一个巨大挑战。

4.1.3 战略选择理论——企业社会责任提升竞争优势

1. 战略优势

战略选择理论认为，企业并非外部环境的被动接受者，企业可以在分析内外部环境资源条件后，主动选择合理的战略模式以实现自身经营目标（Andrews，1971；Hofer and Schendel，1978）。正如 Child（1972）所言，对组织与环境的分析最终是为企业制定和执行决策而服务的。在企业在经营目标指导下，对内外部环境进行理性分析做出了一系列适应性战略决策（Porter，1985）。因此，战略选择理论是企业作为"社会活动者"，在追求股东利润最大化的同时，不断提升自身竞争优势的积极战略意图（Hamel and Prahalad，1989）。企业主动考虑宏观经济环境，理性地认知并顺应制度环境，因地制宜地制定恰到好处的经营方案，把被动应对制度压力转变成主动追求社会合法性的战略，以实现企业预期目标（Oliver，1991）。

更进一步地，企业的战略选择受外部环境的影响较大，当面临的制度期望与内部组织目标（如公平和效率等）不一致时，企业就需要采取不同的战略对策（被动整合或积极抵抗）来应对外部压力，以确保风险可控和战略有效（Grant，2003）。随着战略选择理论的拓展，企业社会责任被视为一种重要的战略竞争工具，目的是获取企业生存发展所必需的社会支持（阳镇和李井林，2020）。社会责任实践以议题管理模式作为行为导向，目的是制定有效的企业社会政策和最小化"意外事故"的发生概率（Wartick and Cochran，1985）。已有研究发现，企业社会责任可以通过关系建立、信号传递和风险管控等路径，实现扩大社会网络规模、降低信息不对称、建立声誉资本和降低风险冲击的战略目标。

后续研究以企业与社会的共生关系为理论假设，将企业社会责任内嵌于商业市场战略，促使企业的市场竞争业务与社会领域的责任议题相互结合（Porter et al.，2012；Yoo et al.，2019），形成了长期战略主导的企业社会责任管理范式。企业社会责任的内在导向已经由伦理的显性约束转变为日常运营的隐性逻辑，企业社会责任逐步融入企业发展战略，对社会需要的关注和回应也自然地嵌入企业发展中，并演化为企业的基本特征（Asgary and Li，2016）。这样一来，企业社会责任便在战略层面上与企业长期价值提升发生紧密联系。这一理论将供应商和客户等利益相关者群体进行了战略划分，也使得企业社会责任的内涵得到了升华，即企业使自身战略性经营目标与经济社会高质量发展目标天然融合。

2. 信息优势

信息不对称相关理论源于金融学中对市场参与者的假定。传统金融理论例如非常著名的资本资产定价模型（CAPM）要求投资者有能力研究所有证券的预期收益和方差以及证券之间的协方差。这样的模型假设需要人们具有相当高的数学分析能力，并且在一定时间内储存和理性分析大量信息。但是人们的有限理性和有限经济、时间成本使得这样的假定很难在现实生活中实现。因此，非有效市场会带来不确定性，造成市场参与者认知失调，进而使他们的行为很难反映客观真实的信号。继而，逆向选择和道德风险在企业和各个利益相关者群体组成的"市场参与者们"之间产生和蔓延。这个时候，企业社会责任就成为相同区域内和不同区域间的有效信息的识别信号发射器。

科技在"地球村"时代的迅猛发展带来了通信技术的突破，拓展了交通运输渠道和物流方式。信息能够突破地域限制而瞬间传播，区域间的距离再也不能成为限制经济活动的主要因素。但是，随着地理距离的增加，那些很难通过可重复和标准化方式收集、储存及传递的非编码化信息（"软信息"）的传递效果会不断衰减，进而导致"软信息"质量在区域间的差异（唐鹏程，2018）。比如企业向银行贷款，银行一方面需要直接审核企业的财务数据来评估其经营状况；另一方面也会参考公开或者私人的"软信息"，如企业的上游供应商和下游消费者产业链评价、企业员工的文化特征甚至高管的宗教信仰来做出借贷的决策（Daurizio et al., 2015）。

同时，随着企业设立分、子公司等跨区域发展行为而形成的知识外溢和对具有地域黏性的资源的获取，可能进一步扩大地域特征带来的经济影响。此外，由于企业和利益相关者容易集中在市场化程度高的中心地域位置（中心城市产业资源丰富），进而导致偏远地区的信息不对称更严重。比如偏远地域位置的企业在接受中心地域位置投资者的委托后，较大可能因为地域文化的差异产生认知不同，同时由于缺少监督压力，很难全心全意地为投资者考虑，从而引发二者之间严重的代理冲突。由此可见，地域位置差异带来的区域间信息不对称可能会对企业产生深远影响。

4.1.4　制度同构理论——企业社会责任促进关系互动

随着工业革命的蓬勃发展，人类社会的文化日新月异，促进和规范社会发展进步的制度体系日渐完善。在全世界，社会科学领域一直极其重视对制度理论的研究和实践，而制度理论的研究对象主要分为正式制度和非正式制度两种。正式制度包含国家制度、法律制度、市场规则、新闻传播规则等，体现了对社会和市场的强制要求。非正式制度的范围更加广泛，包含文化范畴、习俗养成、宗教信仰等，体现了对人类社会发展的尊重和包容。有影响的代表如La Porta 等（1998）研究了制度差异性，这些理论主要探讨了不同国家的法律对企业和团体在保护程度上的差异。20 世纪 60 年代形成的新制度主义，更关注于组织的相似性研究，侧重研究一个组织在制度化过程中，积极顺应社会期望、遵守法律法规，使团体获得最大合法性。这种与其他组织更加相同相似的过程就被称为"同构"。而企业作为市场中的重要参与者，积极履行社会责任能增强其获得组织合法性的能力。

制度同构理论从强制性、规范性和模仿性三个明确的角度提供了研究企业在受制度影响的市场中履行社会责任的行为（DiMaggio，2000）。强制性同构主要是指一级组织在上一级组织的制度类指令要求下，逐渐形成的一种体系性质的特质，还有与同级组织一致行动形成的非正式形式特征。例如，政府颁布了企业当年在生产中的环境保护政策，要求企业严格遵从政策条款行事，使组织行为明确体现为政府制度化和合法化的规则。规范性同构指的是一定的社会文化习俗形成的价值和行为规范，逐渐对组织形成了一种确定的期望，并由期望形成了一种实质上的约束。例如，随着环境污染问题对社会发展、人民生命安全带来巨大隐患，国家多年的强制要求已经在社会形成共识，社会公众要求企业在发展的同时把环境保护放在首位，这就对企业的经营管理者提出了新的考验。模仿性同构主要是指一个组织在应对环境不确定时，采取的一种保护性响应方式，例如，在企业进行经营决策时，善于学习和借鉴的决策者，把一些优秀企业的方式方法直接模仿过来，以达到回避不确定因素和降低时间成本的目的。

这里，不同的是，传统经济学理论和制度同构理论均认为模仿是组织面对不确定性时的应急保护性选择，绝不是"羊群效应"。同时，制度同构理论还认为模仿不是简单的从众行为，而是一种有选择的理性行为，其目的是获取合法性。这种积极的模仿行动能降低企业的隐形风险，对实现企业的长期稳定与可持续性生存发展有效。

众所周知，"什么是企业社会责任？"这个问题的争论已持续半个世纪之久，但随着社会经济发展和研究的广泛和深入，现在已经有了一些相对明确的观点，但至今依然没有得到一个准确的答案。但随着人类社会的进步发展，市场化程度的不断提升，规范和繁荣的社会文明已经推动现代企业把关注点从"该不该履行企业社会责任"逐步转向"该如何履行企业社会责任"。现在，社会制度发展愈加成熟完善，国家大力提倡企业积极履行社会责任，并从制度层面推动企业积极履行社会责任。

再从公司治理的角度看，企业履行社会责任的经济活动存在一些相互影响的选择和结果。例如，企业如何权衡公司的利润，即股东的利益最大化和员工的福利、供应链的管理和消费者的保障以及和其他间接利益相关者间的关系呢？如果公司的企业社会责任投入不足，可能在一定程度上会影响企业的社会形象及社会地位，而社会责任投入超出企业承受力则可能对公司治理产生负面影响，最终导致股东反对。而目前的情况是，企业不可能等待理论研究形成体系可以明确指导实践以后，再依其选择合理有效的社会责任投入规模。用制度同构理论探索企业履行社会责任的行为，也体现了企业社会责任实践与理论研究的互动性。

4.2 地域特征与企业社会责任的理论逻辑

4.2.1 密度与距离——企业社会责任的地理连续

有别于传统区位理论，新经济地理学用"规模经济—垄断竞争"的建模方式作为研究基础，着重强调要素流动和知识溢出，在交通成本、收益递增以及流动性等方面增加了经济学的地理内涵，推动了一定的经济学地理转向。在空间转向过程中，经济特性具象化呈现为密度、距离与分割三个方面的地理特征（世界银行，2009）。

密度是对区域经济的集聚程度的直观反映。高密度的集聚具有较强的外部性影响，具体表现为分享、匹配和学习效应的强化。例如，分享意味着区域内部自然资源和公共设施建设的共享；匹配为区域内部的劳动力提供了及时的信息匹配机制和供需结合的优化流程；学习则创造了高质量和高密度的知识网络，为知识体系的扩散和累积提供了地域性条件。当然，外部性的不利方面体现为集聚带来的管理成本加大，及其他生产要素的紧缺、价格的上升，这些因素对企业生产经营管理造成一定困难和不利影响。

距离是影响商品运输和服务以及信息交流难易程度的主要因素，是区域之间穿越空间的客观存在。距离包括了地理距离、制度距离和文化距离，三者之间交互作用，均会对企业行为产生影响。工业革命的推进、科学技术的发展、全球化的高速交通虽然在很大程度上减少了区域活动的限制，但距离永远会带来时间与交通成本，同时，"软信息"的存在和其重要的作用，仍然使距离的影响无从消亡。Friedman（1966）提出的"中心—外围模型"，也告诉了我们很多靠近中心区域的供应商和客户，他们的交易成本较远距离的企业有明显降低。同时，研究成果还大量证明了规模经济必然扩大其市场潜力，中小城市的企业活动范围和灵活性较低，大多数只能在本地发展和服务于本地市场，而大城市的企业如果进入中小城市，就方便并容易实现（许政 等，2010）。由此可见，企业吸引资源的能力和发展潜力因其与中心城市的距离远近，有着本质的差异。

分割是阻碍地域间信息传递、劳动力流动和资本出入的重要因素。市场分割的产生受自然、技术和制度三类因素的影响，具体表现为信息和资源的跨区域流动性明显受限，区域内部形成了相对垄断的固化市场。首先，自然因素创造了丰富而各具特色的区位环境，赋予了地域不同的自然要素特征，由此形成了依靠自然禀赋的差异化市场。其次，技术因素意味着劳动力个人素质、文化程度、技术成熟度等方面的差异，导致了两类不同市场的产生。最后，制度因素的影响体现为，当地政府出于政治因素的考虑，利用本地的管辖权和决策权，为本地经济资源自由流向外地设置壁垒，限制本土企业向其他区域扩张发展的决策行为，最终诞生了以地方保护和区域垄断为代表的不同市场。

市场分割降低了资源配置效率，阻隔了技术和知识的共享渠道，限制了规模经济的优势发展，使得市场出现局部较为发达但整体较为落后的情形，最终形成了低效率的市场。分割导致市场机制对要素的配置作用无法建立在统一市场之上，其实质就是分割导致市场无法实现良性竞争，无法具备兼并重组的条件，无法淘汰那些没有生命力的企业，最终无法使资源流向那些具有发展力、效率高的企业。

近几年，新经济地理学兴起并迅速发展，研究中发现自然地理对经济的作用越来越显著，区域空间的角色也同样引人关注。研究还证明，不同地理条件和位置的企业，在履行社会责任时具有明显的差异。密度研究还发现，中心地区集聚的优势有助于及时满足企业劳动力需求。同时，集聚效应创造了便捷的知识外溢网络，促进了企业战略管理实力的提升，优化了经营管理的协作流程，降低了资源成本和信息成本。现有研究发现，地理环境限制带来的地处偏远劣势和地域功能低下，导致企业发展困难，而寻找新发展路径也很困难（江艇 等，2018）。在这种情境下，企业需要采取差异化竞争策略，以彰显独特的优势，此时，企业履行社会责任便是一种合理的战略选择。

从新经济地理学距离理论来看，"中心—外围"模型的基本推论就是，企业与中心城市的距离决定了企业与市场的紧密度和亲密度，进而对企业实现价值、获取资源有极大影响，对企业长远发展的潜力形成决定性影响。新经济地理学的研究仅假设了企业在生产过程中存在规模和报酬的递增，未考虑其他战略对生产结果产生的影响。所以，企业在受到地域环境限制发展受阻时，只好选择离中心城市近的区域重新规划布局。事实上，由于沉没成本（sunk cost）的存在，许多时候企业迁移只能是一种考虑，可行的时候太少，因此，现在的研究提出了受地域环境限制的企业，应该思考如何解决地理位置劣势导致的资源匮乏的问题。对这些企业而言，应该通过塑造良好的社会形象和较高的商誉来吸引中心地区的潜在合作伙伴。

此外，中国由于地理和历史原因，区域发展一直处于不平衡状态，在现代经济发展中，中心与偏远地区的资源禀赋差异进一步凸显。同时，中国地理区域的差异并不单纯意味着自然地理环境优劣、人文条件不同、代理冲突、信息不对称等，在金融基础、商务环境、人力资源、融资渠道和基础设施等经济因素方面，存在的差异更加明显。地理距离的集聚效应使中心地区的企业集聚资源、寻找有能力的合作伙伴的条件更加优越、成本更低，而偏远地区的企业，尤其是规模较大的企业通过区域内部的资源支持去实现自身发展的可能微乎其微。这一切都将催生其通过承担企业社会责任，提升企业社会影响力和对利益相关者的影响力，以增强自身生命力、发展力的内在动机。

4.2.2 区位理论——企业社会责任的空间异质

1. 区位理论

地理学以地貌、地形为特征区别各地区，强调以经纬度和地理特征为区别形成区位。区位就是空间位置，具有唯一性和外部性。经济学强调区位的意义，其目的是要把经济研究中的社会、文化、自然、环境等各个要素有机融合。区位的属性有以下几种：一是空间属性，是一个区域因所在的地理区位、行政区位置或者交通枢纽中所处地理位置，同时还有地理环境、文化环境共振所产生的共同特性，如山区和平原、沿海和内陆、航运枢纽、河运、海运枢纽等。二是区际属性，就是明确的区位与周围区域的同级关系，与上一级区域的被领导关系，与下一级区域的领导关系。各层级之间的类别和归属关系形成了各级之间的区际属性。三是环境属性，不同的区位由于不同的地理位置和地理环境，会形成风格迥异的自然环境和社会环境。由于自然环境中的地质条件、大气环境、水资源条件的差异，加之社会环境如经济发展水平的高低，劳动力文化能力素养提升的快慢等，最终会形成明显的情况不同、禀赋不同的环境属性。

由此可见，一个特定的区域本身具有独特的空间属性、区际属性以及环境属性，三个属性层次分明，内涵丰富，综合起来便构成了区域实体。区域的自然本色，构成了人类经济活动最初的生长土壤和形成环境，对社会经济的发展产生了重大影响。根据区位的不同属性，可以对区位理论进行深入挖掘和探讨。按照区位的产业属性进行划分，可以将其分为市场区位论、农业区位论和工业区位论。根据区位的经济发达程度划分，可以分为非产业区位论和中心地理论。根据空间环境下组织和个体的行为决策，可以分为侧重理性经济分析的"成本—利润"区位理论和侧重个体心理与决策的"行为效应"区位理论。从区域的外部视角看，区域外部性主要表现为空间成本，如空间运输、信息传递、资源获取等成本，是最基础的外部性表现。从区域的内部视角看，区域内部的独特优势和特质，为区域内的个体和组织赋予了不同的先天禀赋和自然环境。区域的基础性和衍生性特征，决定了其既是影响企业的基础要素，又是研究企业行为的重要框架，为企业行为研究提供了自然性的底色和经济性的约束。

2. 区域分异

区域分异是在区位确定后形成的，其实质是具有一定共同性的区域之间，各自不同的差异导致一定的分化以及由此产生的区域差异。这种分异已形成一定规律，就是有序性规律和区域分异规律。有序性规律是区域分异在空间分布上随着时间流逝，从量变到质变，慢慢划分并形成不同区域性质的地理单元。区域分异规律是因各个不同地域单元的自然环境、社会基础、人文条件以及历史原因形成的发展基础有差别而形成的。由于自然和历史原因，每个区域具有鲜明的地域性。因此，每个区域的发展内容、目标基础必然存在许多不可更改的差别，因而在制定一个区域的发展目标、发展方略、调控政策时，应按其区域的历史沿革，充分考虑各区域发展目标的时序性，要根据区域的地理和人文条件的特殊性去设计，让每个区域能够有特色地发展，优化发展。我国经济几十年的优质发展，为不同区域发展类型的比较及区域发展的地域性规律的总结提供了良好的研究案例和实践借鉴。在企业行为研究中，区域性丰富而实际，不同区域面临的社会现象和经济因素均有不同，发展面临的问题和解决问题的策略自然存在区别。对于不同区域企业社会责任履行行为的调控，要求对区域分异内涵和特征有一定的深度了解，这为研究区域分异理论提供了良好基础。

3. 地域功能

地域功能是指一个空间明确的区域，在地理环境、自然资源和人文生态环境系统作用下，在社会经济活动中履行职责和发挥作用的具体功能体现，也就是说地域功能既体现区域的自然本底功能，同时也体现社会经济发展中区域的经济状况、基础设施和科技创新元素，这些构成了对地域功能的科学和全面认知。充分认知地域功能，深刻理解地域功能，为研究企业行为提供了基础。地域功能的类型多样，不仅有生态服务、土地利用等功能，还有地理条件影响和资源利用等功能。地域功能的属性也是多样的，主要体现为构成多样、认知主观、空间差异、时间演变和相互作用等。近几年的研究表明，地域功能的形成和演变其影响因素是复杂多样的，有时间和空间的双重特征；影响机制同样复杂，社会经济、文化制度都会对地域功能产生实质性影响。地域功能的演化本身就是随着社会经济的发展进程而不断演化的过程，其演变机理的影响因素研究本来就是经济地理学一个重要的研究课题。概括起来，地域功能的影响因素主要有以下几个方面：一是区域的本底条件不同的影响，二是人类活动形式内容不同的影响，三是区域发展中产生的新因素影响以及新机制的产生和发展带来的影响，四是区域发展中组织产生的新观念影响和形成的新发展模式影响。研究发现，区域间差异的地域功能对企业的发展进程、模式、内涵、格局产生较大影响，因此地域功能研究对于企业行为分析具有较好的指导和辅助作用。

4.2.3 模因理论——企业社会责任的文化传承

通过对达尔文进化论提出的基因一词的类比，Richard Dawkins 最早提出"模因"这个社会学中的新概念。他认为模因是文化单元，如每个经济主体使用的语言、持有的观念、宗教信仰或生产活动中采取的行为方式等，在群体中通过模仿来进行复制的信息传递过程（The Selfish Gene，1976）。模因理论是建立在达尔文进化论基础上并以该理论解释文化进化的一种新理论。这一理论试图以一个全新的视角来诠释事物之间的普遍联系，以及文化具有传承性这种本质特征的进化规律。相比于生物学中基因通过遗传在代与代之间垂直传播，需要一代人的时间；模因的传承是一瞬间的，通过模仿而形成的（许克琪 等，2011）。

模因理论的发展主要经历以下几个阶段：在 Dawkins 的理论基础上，Deacon（1977）引入了符号学中的理念，把模因看作一种符号，视为文化单元载体的一个标志。这个标志在社会主体的文化和经济活动中会进行复制，表现为人类的思想相互感染，从而改变他们的行为。之后，模因是一种思想传染的观点进一步发展，以 Gatherer（2001）为代表的学者们认为模因是一个想法或理念，寄生在受感染的宿主的大脑中，改变他们的行为，促使他们复制和宣传这种想法或理念。这种观点显示了模因的物质性，凸显出模因是一种可以直接观察到的社会文化现象。此后，在 Gabora（2004）提出的文化进化论观点中模因被视作连接生物进化和文化进化的桥梁，是一种文化遗传单位，是基因之外的第二种进化方式。学者们认为模因作为文化和社会行为的表现形式存在于社会中，并且在人类认知文化和文化进化的过程中担当了基因的角色，作为复制因子储存在个人的大脑、书籍、电脑和其他媒体中。

综上可见，随着模因理论的发展，几乎所有的文化实体在社群中的传播都被视为模因，因此模因理论适用的范围愈发宽广。然而模因理论发展至今，其最核心的表现特征就是经济主体在经济活动中的模仿行为。关于模仿，亚里士多德认为模仿是人类的自然倾向，是人的本能之一，而且人类的模仿不只外在于形象和表现，更是行为内在的本质和规律。因此在后续的研究中，学者们进一步将模因的模仿特征拓展到文化与经济相互作用的具体类别，如语言运用中的类比和隐喻产生的语言多样性对经济增长的影响。此外，宗教也是由多个模因信息共同协调作用而产生和发展的。显而易见，教堂的建筑、宗教仪式、宗教音乐、宗教文学等就是模因的外在表现；而宗教的一些教规观念，例如传教者被要求独身，教众在特定的日子禁欲、禁食等，看似荒谬，但实际上却有着一定合理性，即"禁欲"和"独身"有利于传教者和信徒把更多的时间和精力放在传教和修道上，这些观念事实上就是模因在思想内部通过模仿而得到强化。

宗教信仰传播特征中的宗教仪式、宗教氛围影响企业高管的行为和公司治理，也是当下文化与金融交叉学科相结合的研究热点。宗教文化是一种可以间接改善社会治理和公司治理的非正式制度机制。宗教宣扬的道德和伦理标准，在一定程度上影响企业管理层的行为决策，使其倾向于放弃与企业长期发展的价值观不相符的短视行径，这样也大大缓解了企业治理中的代理问题。这些都是宗教文化改善公司治理和优化公司行为的具体体现。并且，宗教文化可以缓解企业与利益相关者（包括普通投资者）之间的信息不对称，进而促进企业社会责任履行。此外，风险厌恶和诚实是与宗教文化最相关的两项社会规范（Dyreng et al.，2012）。宗教文化对生死、道德、理想和世俗等的认知宣扬，使得信徒更倾向于保持谨慎和厌恶风险。而企业积极履行社会责任具有声誉保险的功效，可以降低企业面临恶性冲击时的负面影响。受宗教文化的影响，具有风险厌恶偏好的企业高管会更积极履行社会责任，以帮助企业更好应对不利局面。因此，宗教文化这一模因的内在表现对企业社会责任有促进作用。

4.2.4 同群效应——企业社会责任的行为模仿

1. 同群效应

同群效应（peer effects），也称为同伴效应，是指个体会受其所在群体内具有相似地位与特征的其他个体影响，从而导致自身行为和行为结果发生变化的过程。同群效应反映了人们在面对选择和制定决策时，并非独立地做出最优决策，而会被周围具有可比性的其他群体影响，进而调整自己的行为和决策。Manski（1993）认为，同群效应实质上是一种模仿行为，个体行为在某种程度上会随着同群者行为的变化而变化。

企业在制定财务决策时，也会参考同类公司的决定。Lieberman 和 Asaba（2006）指出，企业决策行为存在同群效应是为了获取决策相关信息和保持自身竞争优势，可以从信息获取和竞争性两种视角分析企业决策同群效应产生的内在机制。一方面，由于企业决策结果的不确定性及理性人假设，企业需要充足的信息支持以尽可能地降低决策失误带来的成本，当信息获取成本较高时，企业管理者对其他企业决策的依赖更大；另一方面，企业会通过模仿其他个体行为以维持自身市场地位和声誉。Li 和 Yao（2010）指出，企业模仿与自身存在关联的企业是一种占优决策，模仿同群企业可以节约信息搜寻成本，维持市场地位并降低竞争压力和破产风险。因此，企业管理者通常难以忽视相似群体的影响而实现决策独立。

Douga 等（2015）对企业财务决策中同群效应的具体类别进行深入分析发现，企业在并购投资决策方面，对同地区其他企业的投资水平高度敏感，并且同群企业并购绩效越好，同群效应越显著。在高管薪酬决策方面，赵颖（2016）在考虑企业区域分布和行业异质性的基础上证实，企业存在同行业高管薪酬的同群效应和不同行业高管薪酬的追赶效应。在资本结构决策方面，钟田丽和张天宇（2017）证实，企业资本结构和负债期限结构决策受同群企业决策的显著影响。总的来说，上述文献证实了企业财务金融领域的同群效应。

2. 同群效应的社会责任表现

企业社会责任决策是一项投资决策，履行成本和收益之间的大小关系使得决策本身面临着较大不确定性。合理的企业决策不仅为未来发展奠定了基础，还可以更有效地分配可用资源，提高企业绩效和市场价值。而错误的社会责任承担，将浪费资本和其他资源，使公司处于竞争劣势（Aupperle et al.，1985），甚至可能导致公司因此而遭受巨大的财务损失，面临破产的风险。在进行决策时，组织或个人会通过模仿和学习以降低决策所面临的不确定性（Ellison and

Fudenberg，1995）。而同群企业间的模仿会使得企业间行为决策、社会责任承担水平有一定的趋向性和相似性，形成同群效应，可以从地区同群效应和行业同群效应两个角度去分析。

从地区同群效应来看，上市公司在做出社会责任决策时，会倾向于参考同地区同群公司。邻近地区通常经济发展水平、市场化进程、法治化进程、金融发展程度、地区文化、政府干预程度等都比较接近，地理位置比较接近也为高管之间的交流和信息互通提供了便利和可能性，而这些因素又会影响企业社会责任履行。此外，近年来的研究发现，我国上市公司过度负债在地区间存在显著的"同群效应"，即同省区过度负债企业的占比以及负债程度显著影响特定企业是否过度负债以及过度负债的程度。同地区其他上市公司违规行为越多，该公司违规的概率越大，即上市公司违规行为存在显著的地区同群效应，且相同信息披露类型的违规事件呈现出更加显著的同群效应（陆蓉和常维，2018；李志生 等，2018）。基于上述分析，我们可以推断，企业有动机和可能性去模仿邻近地区同群公司的社会责任行为。

从行业同群效应来看，同行业公司在主营业务、经营模式、面对的市场环境和融资约束等方面更具备相似性。同行业公司存在更加直接的竞争关系，有更强的动机获取竞争优势。例如，Chen 和 Chang（2012）证明了现金与总资产的比率受到同行公司平均现金持有量的显著影响，企业模仿同群公司保留现金以努力维持其相对地位或抵消对手的侵略行为。因此，企业在进行投资时会参考同群公司的投资决策。从社会责任决策来看，行业特征和产品特征（产品是否与消费者直接接触等）也会影响企业社会责任，使得行业同群公司在社会责任决策中便于相互模仿和参考。

综上，以往文献对同群效应的研究主要集中于社会学、教育学以及公共经济领域。聚焦到企业行为，社会责任决策不是孤立的，企业会模仿同地区和同行业的其他企业社会责任决策，并据此制定和调整自身决策，以获得竞争优势和降低环境不确定性。

5 中国企业的经济地理格局演变与社会责任实践

本章重点探讨了中国企业的经济地理格局的演变历程和中国企业社会责任实践的历史演进过程。

改革开放以来,市场化、全球化和分权化的主导力量促使企业飞速发展并集中分布于沿海地区,形成了企业的"旧"经济地理格局。2000 年之后,面对国内外多种因素的挑战,全球化、地方化和区域化的主导作用推动企业向内陆转移,形成了企业的"新"经济地理格局。随着中国经济改革深入,国有企业和民营企业的社会责任实践开始经历从初期缺失错位、随后实践分化、之后快速发展到现今协同创新的演化历程。

5.1 中国企业的经济地理格局演变历程

1978 年以来,随着对外开放的持续推进和经济全球化进程的不断深入,我国的经济发展已经取得了举世瞩目的成就。作为宏观经济运行的微观载体,我国企业在造就经济蓬勃发展局面的同时,也展现出自身开拓进取的演变轨迹。

我国企业的经济地理格局,其演变基本是从国家、区域和地市三个层面进行的。从国家层面看,同行业的企业呈现整体集聚状态,同时不同行业的集中程度存在较大差异性(罗胤晨和谷人旭,2014)。从区域层面看,中国企业的区域分布在总量和质量上呈现"东高西低"的格局,东部区域企业的数量更多质量更好,中西部区域的企业数量和质量偏低,区域间差距较大(李方一等,2017)。从地市层面看,企业开始从一、二线大城市迁往郊区和中小城市(王方兵和吴瑞君,2015;仇方道 等,2016)。为了更直观地探索企业的地域分布特征,本章主要从区域层面出发对其经济地理格局进行概况分析。

回顾我国企业的地理格局演变历程，在改革开放初期，国家为企业成长储备了显著的自然和人力资源优势，如广阔的土地、价格低廉的劳动力和品类丰富的资源。同时，当时的国内宏观背景也为企业成长提供了宽松的政策环境，如提出对技术性外资的特殊优惠政策、对进出口产品的宽松政策以及相关劳动保护和环境保护法规的缺失缺位等（朱晟君和王翀，2018）。在这样的自然条件和政策背景下，中国企业开始逐步萌生和成长。这时企业主要分布于传统产业地区，如中部地区和东北地区（Fujita et al.，2001；Wen，2004；He et al.，2008）。

随着开放政策对沿海地区的倾斜，东部沿海城市迅速发展起来，企业开始向沿海区域转移。1992年，我国迈入全面改革开放阶段，呈现出全方位的开放态势，可以从开放区域、开放导向和开放重点三个角度对其进行解读。开放区域从最初的沿海地区逐步转向内陆地区，开放导向从政策性主导转为市场性主导，开放重点由局部的区域性开放转为以产业为单位的产业开放。此时，沿海地区成为我国经济的增长中心，大量民营企业如雨后春笋般在此集聚，形成了高集聚、广覆盖、宽领域的"东高西低"地理格局。

国内各区域的经济发展差距逐渐增大，位于不同区域企业之间的关联性和互动性较少，东部沿海地区未能带动中西部地区的经济发展，经济发达区域对经济落后区域的引领和帮扶效应很弱（陈曦 等，2015）。进入21世纪后，我国沿海地区企业面临一系列外部挑战，包括劳动力价格提升、环境管理政策日趋严格和产业需要不断进行创新升级等。在外在条件的制约下，一些企业开始从东部地区转移至国内其他地区。在从东至西的区域渗透和跨越发展下，我国企业的地理格局出现空间分散化的新趋势。

概括地说，改革开放初期，我国企业快速成长起来，并主要集聚于沿海地区，由此构建了中国企业的"旧"经济地理格局。进入21世纪后，"旧"经济地理格局的弊端逐步显现出来，我国企业出现了从沿海地区向邻近内陆城市渗透以及向内陆省区迁移的动态趋势，由此形成了"新"经济地理格局。

5.1.1 企业的"旧"经济地理格局（1978—1999年）

1978年以来，在改革开放战略的一系列政策的支撑下，中国的经济体制开始从以国家为主体的计划经济向以市场为主体的市场经济转变（Mc Millan et al.，1992；贾国雄，2014）。经济体制的转变对微观企业的经济地理格局产生显著影响（He et al.，2016），具体体现为以下三个维度的变化：第一，"市场化"减少了区域内要素和商品的流动限制；第二，"全球化"削弱了沿海区域对外贸易的壁垒，提升了吸引外资流入的区域优势；第三，"分权化"引发了地方保护主义，加剧了区域间竞争。以上三个维度的进程塑造了中国企业的"旧"地理经济格局。

1. 市场化

改革开放之前，我国的经济体制以国家指令型计划经济为主导，国家有计划地对国民生产和消费过程进行统一管理和分配。当时，政治环境、社会风气和军事计划等宏观环境对微观企业的发展方向、经营模式和地理分布格局产生了决定性的影响（Ma et al.，1997）。改革开放以后，计划经济逐步退出，市场经济占领主导地位，国家将社会资源配置的权力逐渐下放给了市场（贾国雄，2014）。此时，私营企业面临的制度性约束逐渐消弭，同时还有各类优惠政策鼓励私营企业创立和发展。因此，市场化减少了区域内要素和商品的流动性限制，改善了市场供给需求。在市场化的刺激下，私营企业主要出现在沿海地区和传统制造业中心地区。

2. 全球化

对内改革使得我国经济的市场化进程有序推进，而对外开放则使得中国经济的全球化进程得到了有力的助推。在全球化浪潮中，中国企业从两个路径快速成长起来：第一，随着 20 世纪 80 年代外资企业逐步进入中国市场，国内企业得以学习其先进的技术、知识和管理方法，提升生产和经营效率；第二，国内企业与国外龙头企业建立跨区域的生产和销售网络（Gereffi，2009）。沿海地区具有天然的地域优势、丰富的资源基础和大量的政策优惠，对企业的对外贸易发展大有裨益（吕卫国 等，2012）。因此，在资源优势、协同效应和集聚效应的助推下，国内企业实现了规模的扩大以及能力的大幅提升。此时，大量企业从空间上逐步向沿海地区集中。

3. 分权化

改革开放后，为了更好地鼓励本土经济的自由化发展，中央政府逐步将原本由中央政府掌管的财政权和决策权部分移交给地方政府。当地方政府变成区域经济的规划制定者和发展模式的决策者时，其作为"有形的手"有力地调控着区域经济的格局。地方分权化对企业的经济地理格局的影响可以从以下两个角度进行探讨：一方面，与经济文化相对落后的内陆地区相比，位于沿海地区的地方政府可以为当地企业提供相对高额的经济补贴、高质量的技术知识和高科技含量的辅助设备。先进的条件和优渥的资源，对本土企业产生了强烈的吸引力，促使企业在沿海地区集中分布，加剧了行业集中度。另一方面，财政权的下放进一步刺激了地方的"GDP 锦标赛"，诱导产生了区域间的白热化竞争。地方保护主义的形成也使得区域的市场分割情况变得更为严峻。由于某些具有特殊自然资源或知识优势的企业能够创造巨额的经济收益，地方政府为了获取更多的财政收入以赢得"GDP 锦标赛"，一般会倾向于采取针对企业的保护措施和预防手段（贺灿飞 等，2010）。因此，当地政府对区域经济的主导性和强制性作用，使得区域分割愈发明显。此时，企业的地理格局表现为企业在不同区域的分散化分布。

5.1.2 企业的"新"经济地理格局（2000 年至今）

2000 年以后，我国企业的"旧"经济地理格局的弊端不断显现，同时，随着全球经济危机触发的经济低迷和需求萎缩困境，我国企业亟须变革发展模式和经济地理格局。国内企业的发展劣势是过于依赖人口红利带来的廉价劳动力，且企业发展建立在损耗自然环境的基础上，企业长期处于生产制造业的底部区域（邹昭晞，2010）。与发达国家的高技术型企业相比，我国企业主要是劳动密集型企业，每增加一单位产值需要消耗的自然资源的数量和需要排放的污染物的数量都偏大。因此，2000 年以后，我国的环境污染问题开始引起政府和民众的关注。同时，随着人口老龄化问题日趋显著，沿海地区的廉价劳动力优势逐步丧失，劳动力成本开始提升。在宏观政策层面，政府不断颁布新的法律法规以改善自然环境和提升员工福利，加大了企业的节能减排成本和雇佣员工成本，企业的利润被进一步压缩，企业的发展面临严峻挑战。

2008 年金融危机以后，原材料价格持续上涨和全球市场需求萎缩等外部压力，对中国企业的生存和扩张产生了不可忽视的抑制作用。在内外部压力的综合作用下，中国政府开始鼓励企业的地理格局转型。由于内陆地区的劳动力相对丰富廉价，而劳动密集型企业对劳动力的价格较为敏感，因此，这类低附加值企业开始在政策的指导下从沿海地区搬迁到内陆地区。同时，转移离开的企业释放出的地理空间和人文资源，被用来支持技术密集型企业发展。简而言之，全球化释放大量需求，带来大量知识，地方化保留了适应地方特色的企业以及区域化对市场的快速响应，三者共同作用构成了中国企业的"新"经济地理格局。

1. 全球化

一方面，全球化带来了全新的学习机遇。在当前的发展困境中，企业通过不断更新信息和知识找寻新的增长路径。全球化为中国企业提供了学习先进技术和高级管理经验的机会，可能使困境企业寻找到重生的机会。另一方面，全球化会对中国企业的空间分布产生间接影响。一般而言，跨国企业有着先进的管理经验和完备的生产流程，其成本控制和产品质量都比中国企业更为优秀。

沿海地区的企业在面临宏观环境的挑战和行业的激烈竞争时，可能选择向内陆地区迁移，这间接重塑了中国企业的空间分布。因此，全球化力量推动中国企业将低附加值环节撤出沿海地区，重新寻找要素更低价的地区。

2. 地方化

虽然全球化的浪潮影响着中国企业的地理格局，但企业的空间分布仍然表现出地方化特征。目前，中国企业的生产经营活动主要位于沿海地区，尤其集中于产业集聚区。企业从相邻地区的知识溢出、资源共享和内部协同效应中获益，同时，本地的社会文化网络和生产经营网络产生的贸易优势会部分缓解劳动力成本上涨带来的负面影响。因此，由于本土优势便于获取和使用，地方化特性使得企业较少出现完全撤离原有区域的情况。一方面，全球化力量促使企业将部分生产单元转移至内陆省份，一般转移的是低附加值、低技术和劳动密集型的生产单元，即去地方化；另一方面，企业在地方化的影响下，会继续将高端的生产加工环节保留在沿海地区，同时，地方化力量会推动高端生产环节进行产业升级，最终形成了"局部"产业转移现象。"局部"产业转移一举两得，企业既可以继续从原有区域获取产业升级所需的动力，又可以从新的生产区域获得劳动力和自然资源的成本优势。

3. 区域化

本地社会网络和制度环境为企业提供了地理邻近的优越性条件。区域间生产网络赋予了区域化的独特力量。经济社会的快速发展，带动商品市场的需求也在快速改变。此时，企业能对市场需求给予快速响应和商品供给，决定了企业的市场规模和潜在价值。因此，企业对产业转移的关注重点发生了变化，为了达到快速响应、灵活生产和精准投放的效果，企业现在更注重打造连通性的区域间生产加工体系。现有研究发现，中国企业对外投资，更倾向于选择相近地区的低成本区域，以缩短供应链长度，降低物流成本，提升反应速度（贺灿飞和毛熙彦，2015）。区域生产网络便是在这种区域尺度上产生的生产体系和经营网络。

简而言之，全球化为企业提供的知识和经验，有助于国内企业的产业升级，还可以帮助推动企业不断沿着产业链去追寻更高的回报率，此时，全球化力量促使企业将低端生产部门转移至更低成本的地理区位中。但是很少出现企业彻底离开原有地理区位的情况，因为地方化力量为企业创造了地域黏性和本土优势。在地方化和全球化的综合影响下，企业将低端生产部门转移至更低成本的地理区位，同时将高端生产环节保留在沿海地区进行创新升级。区域生产网络、灵活机动生产和快速响应等新生产模式的诞生，推动了相邻地区之间的区域化进程，这也造成了产业向内陆转移和产业在本地升级换代两种形态并存的复杂现象。因此，全球化、区域化和地方化的相互作用构建了中国企业的"新"经济地理格局。企业根据不同区位的要素禀赋与资源优势，打破原驻地的地理界限重新布局，呈现出从东部发达地区向中西部地区逐步分散的地域特征。

5.2　中国企业社会责任的历史演进

近年来，古典经济学思想和现代企业理论对企业性质和目的的争辩不断显现。同时，经济全球化进程在不断深入，改革开放在持续推进，中国社会发展经历了多次重要转型。在这样的理论背景和现实背景下，社会责任逐渐演变为全球性的共识和普适性追求。我国在新时代发展背景下，为了实现企业和社会的可持续发展，承担社会责任成为企业经营过程中的应有之义。因此，梳理企业社会责任的发展脉络，探究其在时间和空间维度的发展趋势，有助于更好地认识地域特征对企业社会责任可能产生的挑战和影响。

1978年是我国改革开放的起始之年，党的十一届三中全会展示了中国改革开放的宏伟蓝图。在此之后，中国的经济体制经历了从基本经济制度的建立和完善、现代企业制度的摸索和构建到开放型经济体系的设想和建设等重大发展阶段。在中国经济改革和转型的背景下，国有企业和民营企业的社会责任实践开启了从初期缺失错位、随后实践分化、之后快速发展到现今协同创新的演化历程。

5.2.1　中国企业社会责任的缺失错位阶段（1978—1992年）

在改革开放初期（1978—1992年），国有企业的改革主要以"放权让利"为核心，政府将财政管理权和财政收入份额部分出让给国有企业，以此提升国企的自主权。"企业本位论"的提出也为当时赋予企业的基本经济角色功能提供了理论基础（蒋一苇，1980）。这一时期，扩权让利试点和经济责任制等国有企业改革举措赋予了国有企业更多的自主经营权限，帮助国有企业树立"经济责任"意识。然而，此时的国有企业本质上肩负着生产经营和社会福利两个维度的职责，并不是完全自主经营和自负盈亏的微观经济单元。因此，这一时期的国有企业改革并未帮助国有企业去除"小社会"的特点，在具体实践中，国有企业与社会的关系和边界仍然较为模糊。这个时期的社会责任制度主要以国有企业的经济主体性为核心主题，以期实现其主观能动性和经济活性。1986 年，国务院颁布的《关于深化企业改革增强企业活力的若干规定》，其主要目的就是根据现实需求，进一步增强市场活力，以促进国有企业积极履行经济责任。但在对企业利益相关方的关注领域里，国有企业主要承担的是企业内部的员工责任，而对外部利益相关方的界定和关注尚未开始。总的来说，这一时期国有企业对社会责任的具体维度的区分尚不清晰，社会责任意识和社会责任管理缺失，具体表现为国有企业社会责任和政府公共责任的模糊不清和相互错位。

同时，这一阶段的民营企业开始从销声匿迹的困境中逐渐恢复生机和活力。自 1988 年起，政府开始颁布一系列指导政策和条例以促进民营经济的发展。宽松的制度环境和良好的市场氛围在鼓励民营企业创立和发展的同时，也对其应承担的经济责任进行了隐含的规定。考虑到民营企业才刚起步，自身的经济实力较弱，尚缺乏社会资源支持，其履行社会责任的能力较弱、履责的意愿也不强烈。此时，民营企业关注的利益相关方局限于股东和政府，社会责任主要体现为对股东承担的经济收益及投资回报的责任和对政府承担的合规经营及依法纳税的责任。而缺乏对更广泛多元的利益相关方如消费者售后服务、供应链管理、员工就业与培训、社区慈善捐赠等内容的理解和关注。Friedman（1999）的企业社会责任观点——企业唯一的社会责任就是在合规的前提下尽可能多地赚钱，生动地诠释了这一阶段民营企业疲于创造经济绩效的状态。可以看出，民营企业也同样处于社会责任实践缺失的状态。

5.2.2 中国企业社会责任的实践分化阶段（1993—2005 年）

经过前期的制度变革，国有企业开始加大对经济责任的重视程度。1993年，我国在《中共中央关于建立社会主义市场经济若干问题的决定》中明确提出，为了使国有企业尽快适应快速发展的市场化和国际化趋势，必须对国有企业的经营机制进行调整和转变，促使其尽快建立和完善现代企业制度。现代企业制度的完善，意味着国有企业的权属关系变得明晰，企业的自主经营权得到确认，企业对应的权利、责任与义务得以明确。从这个角度看，国企改革间接地促进了企业的政治任务与经济责任的划分与割裂。由此，国有企业逐步变为自负盈亏和独立自主经营的微观经济实体（黄速建和金书娟，2009）。

1993 年 12 月 29 日，第八届全国人民代表大会常务委员会第五次会议通过了《中华人民共和国公司法》，这是我国现代公司具有合法性和规范性的基础性法律制度。在这一阶段，国有企业逐步去社会化，以实现提升资源配置效率和市场参与积极性的目的。一方面，国有企业的资产和利润总额开始大幅度提升，其贡献的财政税收占比越来越高；另一方面，在市场化体制的引导下，国有企业追求利润最大化的经济动机非常强烈，甚至存在很多国有企业将经济效益作为其唯一的责任目标。此时，国有企业的社会责任意识仍然较为缺失，社会责任管理实践较为片面单薄。依据市场化的主导逻辑，企业产出的经济收益即为企业承担的社会责任（沈志渔 等，2008）。事实上，国有企业脱离了社会的存在，表现为单独性和固化性。因此，在这一阶段，国有企业的社会责任承担仍然处于迷茫和模糊的状态，其强烈追求经济利益的行为被定位为政府参与市场经济的方法。

在同一个时期内，国家的宪法修正案也明确规定，我国现有的非公有制经济，同样是社会主义市场经济不可缺少的重要组成部分。这是当时的国家根本大法对非公有制经济的市场地位的明确肯定。随着民营企业的组织合法性得到认可，其资源优化和规模扩张的格局持续显现，进一步增强了民营企业承担经济责任的意愿和实力，其经济效益持续超过其他企业组织。同时，民营企业的社会责任意识和管理实践也在不断提升，具体表现为企业内部治理结构的优化、企业的创造性产出、企业为政府贡献的财政税收、企业提供的社会就业岗位、企业参与的公益事业等。首先，民营企业的治理结构逐步向现代大企业靠拢，根据全国第七次民营企业抽样调查数据，2005 年设立股东大会的民营企业占比达 58.1%，设有工会组织的民营企业占比达 53.3%。其次，民营企业的创新能力不断增强，2006 年申请专利的民营企业占比达 41%，远远超过国有企业和港澳台企业。最后，民营企业参与公共福利和社会公益的热度持续提升，1994 年，十位代表性的中国民营企业家联合发声，倡导其他企业家们共同参与"扶贫的光彩事业"，并号召民营企业到偏远地区挖掘资源，推动偏远地区的人才培育和基础产业发展。在此之后，民营企业开始在轰轰烈烈的社会责任运动中开展具体实践。在这个阶段，国有企业和民营企业呈现了不同的社会责任状态和形式，因此被称为"分化探索"阶段。

5.2.3 中国企业社会责任的快速发展阶段（2006—2012 年）

自 2006 年开始，中国企业的社会责任实践开启了快速发展的新篇章，这一年被学术界定义为"中国企业社会责任发展元年"（殷格非，2012）。这一时期，各级政府、行业协会以及学术团体不断发出社会责任倡议、发布社会责任指南以及搭建社会责任理论研究平台。在学术理论的支撑和社会舆论的参与下，中国企业提升其社会责任管理水平的动机空前强烈。社会各界的关注和有力的支持，为促进企业社会责任快速发展发挥了不可忽视的作用。首先，2006 年我国修正颁布了新的《公司法》，修正后的《公司法》明确了公司"承担社会责任"是法定的义务和职责。其次，深交所开始要求特定的上市公司定期披露社会责任报告，首次将上市公司作为社会责任的试验点和冲锋地①。此后，社会责任的披露体系从倡导性原则逐步转向倡导性与强制性结合的原则。在理论的持续跟进和实践的大力推动下，中国的企业社会责任实践迈入快速成长的新时期。

在这一时期，国有企业继续扮演政府干预的代理角色和投身市场经济的参与角色。在积极响应政府号召、缓解市场失灵问题的同时，国有企业还在维持中国宏观经济平稳运行的重点行业和关键领域发挥着至关重要的作用。2008年，《关于中央企业履行社会责任的指导意见》明确提出了国有企业社会责任的内容和维度，即社会责任包括股东、员工、消费者、供应商和社区等利益相关者责任。上述五大企业社会责任议题的明晰化和规范化表达，帮助国有企业厘清了自身的企业性质和职能定位。经过上两个阶段的错位和混乱后，国有企业正式进入快速成长的阶段。在这一阶段，作为新型现代企业，国有企业对自身与社会之间的关系做出了明确的解答，将自身发展有机嵌入社会，同时发挥着经济效应和社会效应的综合作用，并成为创造和共享社会价值的主力军。随着社会责任意识的不断强化，国有企业的社会关注范围也随之得到拓展。2006年国家电网公司发布了企业社会责任报告。这是中国企业第一份企业社会责任报告，这份报告拉开了我国国有企业公告履行社会责任情况并对公众及时披露信息的序幕。在此之后，中国石油、中国华能、中国铝业等大批国有企业积极探索合理的社会责任实践。随着管理模式的不断优化，国有企业为社会责任体系构建提供了丰富的素材和教程。

这一阶段，在我国市场经济制度的深度革新下，民营企业继续走在探索和完善企业内部治理结构的道路上，为企业管理流程的规范性、合理性和现代性发展奠定了扎实的基础。在 2008 年全球经济危机的裹挟下，我国出现了市场需求巨幅萎缩和原材料成本逐渐上涨的不利局面。国务院针对民营企业的困境制定了对应的支持政策，有力地保障了民营企业的转型升级。因此，虽然受到全球经济活力降低和市场需求减少的影响，在这一时期民营企业的经济绩效维持着良好的抗逆性。同时，民营企业的社会责任实践也正式进入快速成长阶段，将企业的经济发展与社会回报有机嵌入进来。在经济责任方面，民营企业

---

① 2006 年，深交所要求纳入深证 100 指数的上市公司应当按照深交所《上市公司责任指引》的规定披露社会责任报告；之后，上交所要求"上证公司治理板块"样本公司、发行境外上市外资股的公司及金融类公司必须披露社会责任报告。

对政府的税收贡献度不断加大，2011 年中国民营经济税收收入占全国税收收入的 14.2%。在科技创新方面，一部分民营企业成长为行业内关键核心技术的"排头兵"。如华为公司 2011 年提交国际专利申请 1 831 件，居世界第三。在慈善捐赠方面，民营企业在"5·12 汶川地震"和"南方冰雪灾害"中积极参与慈善捐赠、灾害救援和灾后重建，主动投身光彩事业和感恩行动，展现了良好的社会责任形象。

但在快速成长的过程中，民营企业的社会责任实践也出现了极大的波折和障碍。民营企业侵犯消费者权益和破坏自然环境等事件的发生，将其拖入责任意识缺失的舆论漩涡，为民营企业的社会责任发展增添了社会成本。

5.2.4　中国企业社会责任的协同创新阶段（2013 年至今）

在近十年的发展中，企业对社会责任的认识日益深入，企业社会责任的实践范畴日趋广泛。从实践方面看，全社会关注和推动企业社会责任履行的局面正逐步形成：企业社会责任从电力能源行业逐步向制造业、金融业和信息技术业等行业扩散（见图 5-1）；从北京、上海、广州等东部中心城市向中部、西部和东北的省、区、市扩散；企业的社会责任管理从"解释"转向"解决"；还有不少企业将社会责任融入企业发展战略，在日常管理中贯彻社会责任思想，也有企业开始单独创立社会责任部门以统筹整合社会责任相关工作。

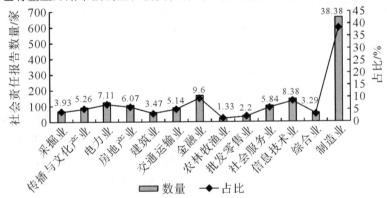

图 5-1　主体所在行业发布的企业社会责任报告（2019 年）
数据来源：《金蜜蜂中国企业社会责任报告研究蓝皮书（2019）》①。

---

①　《金蜜蜂中国企业社会责任报告研究蓝皮书（2019）》通过网络查询、企业主动寄送、企业官方网站下载等方式收集了 1 598 份企业社会责任报告，从报告内容实质性、结构完整性、可信性、可读性和创新性五个维度对报告进行评估。

从社会责任的认知层面看，社会各界对企业社会责任的重要作用和深远意义逐步取得共识。监管机构、行业协会、科研机构和媒体等相关方对企业社会责任的推动作用日趋明显。监管政策和行业标准的出台，既为企业履行社会责任提供了系统化的指导，也从不同维度对企业提出了明确的要求。

2013年，在《中共中央关于全面深化改革若干重大问题的决定》中，首次将企业社会责任的内容和要求写入了党的文件。次年，《中共中央关于全面推进依法治国若干重大问题的决定》把"加强社会责任立法"作为我国法律法规的重点关注领域，这是改革开放以来国家首次将企业社会责任这一主题提升到国家战略层次做出的决定。2016年，"十三五"规划提出新发展理念①，是对新时代中国企业履行社会责任的全面指导。党的十九大报告对当前社会的基本矛盾提出了新的表述②，这一矛盾的解决对中国企业履行社会责任提出了进一步的期许，企业必须在自身发展的过程中关注人民的迫切需求，着眼发展薄弱领域，把企业的经营管理优势、资源优势提升到解决当前社会主要矛盾的高度。同时，党的十九大报告强调的精准脱贫、污染防治、深化"一带一路"倡议、实施健康中国战略、讲好中国故事等也成为中国企业在新时代履行社会责任的"指南针"，为中国企业在社会责任中的探索和实践提供了清晰的航向。

这一阶段，国家完成了一系列有关社会责任议题的立法，与此相关的法律法规基本完成修订。同时，科研机构对社会责任的关注度也大大提高，其社会责任指南与本土化标准的编制进程大大加快③，国家的行业协会常用的推荐性行业标准，也在这期间快速制定、修正和细化④，管理机构对上市公司的信息披露的要求不断明确和规范⑤。监管政策的深化和责任标准的多样化，促进了国有企业和民营企业更清晰地认知其自身企业属性的本质和功能角色定位。

---

① 即创新、协调、绿色、开放、共享的发展理念。
② 当前社会的基本矛盾是"人民日益增长的美好生活需要和不平衡不充分的发展之间的矛盾"。
③ 2015年6月，《社会责任指南》（GB/T 36000）、《社会责任报告编写指南》（GB/T36001）和《社会责任绩效分类指引》（GB/T 36002）三项国家标准正式出台。
④ 行业性的社会责任标准如《中国工业企业社会责任管理指南》、《中国信息通信行业企业社会责任管理体系》标准、《中国负责任矿产供应链尽责管理指南》、《乳制品行业社会责任指南》等为所在行业国有企业履行社会责任提供了更为具体的规范。
⑤ 2018年9月，中国证监会发布《上市公司治理准则》（修订版），确立环境、社会责任和公司治理（ESG）信息披露的基本框架；深交所、上交所、港交所等先后发布社会责任或ESG指引，推动上市企业积极履责。

2013 年至今，国有企业的深化改革主要侧重于功能的分类，改革的政策设计提示着国有企业的本质是经济功能和社会功能二者兼有的现代企业。在具体的实践层面，国有企业的经济属性与社会属性的融合程度存在显著的差异，这一差异主要由企业类型和所属行业决定（肖红军和阳镇，2018）。当前，国有企业与社会、环境以及利益相关方主体构成了相互作用和影响的综合系统。因此，国有企业的社会责任对象更加多元，内容维度更加丰富。这一时期，在越发显著的法治化趋势与规范化趋势的作用下，国有企业履行社会责任从强制性规定演变为强制性与自愿性结合。从社会责任实践结果看，企业社会责任的管理模式不断创新、实践应用不断加强，国有企业仍然是积极承担企业社会责任的主力军（见图 5-2）。国有企业责任管理较为健全，信息披露的重点集中于保障能源供应、服务国家战略、确保安全生产、致力低碳环保、助力脱贫攻坚等方面。如中国华电集团公司发布环境、扶贫、海外等议题报告，下属十余家区域公司发布年度社会责任报告，打造行业最全报告矩阵，不断强化和创新社会责任沟通，将社会责任工作融入企业发展的各个层面。

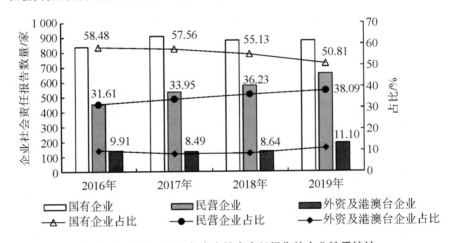

图 5-2　2016—2019 年发布社会责任报告的企业性质统计

同时，在"大众创业，万众创新"的政策引导下，民营企业进行自主创新的内在动力得到激发。随着党和政府的政策导向及民营经济发展模式的转变，民营企业的责任实践也随之变化。

民营企业积极投身社会责任运动，开始强调企业与社会、环境的价值共创和共享，发展成为践行企业社会责任的主力军。宏观来看，根据《中国民营经济报告 2018》披露的数据，我国民营企业数量从 1996 年的 44.3 万家增加到

2017 年的 14 369 万家,在中国企业总量中的占比从 16.9% 增长至 79.4%。就经济责任而言,2017 年民营企业创造的 GDP 总额占全国 GDP 总额的 60% 以上,贡献的财政税收约占全国财政总收入的 50% 以上。由此可见,民营企业创造的经济价值及承担的经济责任,是中国经济增长的主导力量。

就社会责任而言,民营企业吸纳了 80% 以上的全国就业人员,为市场稳定和社会民生给予了巨大的支撑。从中观层面,在新时代背景下,民营企业为中国的产业升级和集体创新提供了宝贵的动力和支撑。现目前,以民营企业为主体地位的新兴制造业,在移动通信和互联网金融领域占领了大量的市场份额。华为、阿里巴巴、腾讯、科大讯飞、京东、百度、顺丰等一大批民营企业已经发展成为具有一定全球影响力的创新型科技企业。在微观层面,民营企业对社会责任的愈加重视,华为、比亚迪、吉利集团等 14 家企业成立社会责任委员会和企业社会责任部。这些均可表明,企业已认可了自身为社会责任的工作单元,积极承担和具体布置了企业社会责任相关工作。

从近几年的调研中看到,在努力承担脱贫攻坚任务和积极参与慈善捐赠活动方面,国有企业和民营企业相得益彰,均已展现出企业社会责任主力军的健康形象。截至 2018 年年底,全国已经有 764 万家民营企业帮扶了 851 万个村①。《2018 年度中国慈善捐助报告》② 的统计显示,2018 年民营企业的捐赠额为 450 亿元,是我国企业全年捐赠总额的 50.6%。图 5-3 展示了民营企业 2008—2018 年的捐赠情况,可以看出民营企业的社会捐赠和救助意识比较超前,且近年来捐赠金额和占比已经趋于平稳,占比为 50% 左右。总的来看,民营企业积极参与节能减排、脱贫攻坚、抗疫救灾等社会主题,社会责任覆盖经济制度、政治环境和人文生态等多个领域,并且在维持经济增长、鼓励长期创新、增加居民就业和改善民生福利等方面都做出了突出的贡献。

但是,也要看到,中国企业社会责任发展尚在起步阶段,社会责任行为的数量和质量都需要提升。整体来看,中国企业社会责任水平整体依然处于从发展向追赶过渡的阶段,存在较大的提升空间,并且不同行业和地区的企业社会责任水平存在显著差异(见图 5-4)。

---

① 数据来源:全国工商联"万企帮万村"精准扶贫台账系统。
② 中国慈善联合会定期发布中国慈善捐助报告。

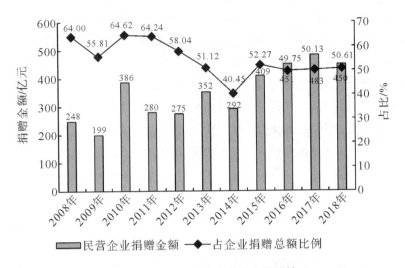

图 5-3　2008—2018 年民营企业捐赠情况

数据来源:《中国慈善捐助报告》

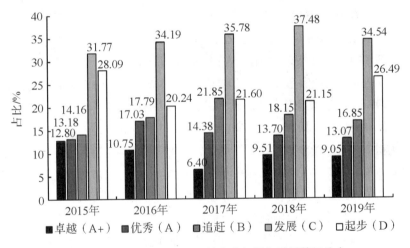

图 5-4　2015—2019 年企业社会责任报告质量等级分布

综上,中国企业社会责任经历了由缺失错位阶段到实践分化阶段,由快速发展阶段到协同创新阶段的探索历程,主要表现为企业社会责任认知、企业责任内容、社会责任实践主体、社会责任政策支持、社会责任动力机制、社会责任行为模式以及企业社会责任价值创造等视角下的发展演化特点的差异性,具体见表 5-1。

表 5-1　各个阶段中国企业社会责任的演化特征

视角	错位缺失阶段（1978—1993 年）	实践分化阶段（1994—2005 年）	快速发展阶段（2006—2012 年）	协同创新阶段（2013 年至今）
企业社会责任认知	对社会的一切都要承担责任	尽可能多地赚钱	战略性视角：对社会压力的战略回应。制度性视角：对组织合法性的获取	共同创造综合的长期价值
企业社会责任内容	企业与社会的边界模糊，社会责任内容模糊	基本只考虑经济责任	主要为经济责任，也涵盖社会责任和环境责任	经济、社会与环境三重责任共同构成社会责任
企业社会责任实践主体	以政府为实践主体，外部推进力量尚未出现	以政府为实践主体，外部推进力量开始介入	以企业为实践主体，企业、政府与社会逐步形成共识，结合为共生力量	以政府为实践主体，企业的内生动力与外生压力有机融合，形成企业的良性助推力量
社会责任政策支持	严重缺乏相关政策的引导和支持	缺乏明确的政策支持	对国有企业采取强制性政策	强制性政策与自愿性政策相结合
社会责任动力机制	伦理道德的驱动	市场主体之间的契约精神的驱动	市场压力与社会期待的共同驱动	企业、市场与社会共同目标的驱动
社会责任行为模式	缺乏具体规划，应急解决具体问题	应对市场竞争，承担市场所要求的部分责任	将责任内容规范为具体的社会责任议题进行讨论和实践	企业、市场与社会协同组织和统筹应对，使社会责任响应的效率和效果最优化
企业社会责任价值创造	经济价值与社会价值之间的边界模糊，尤其对国有企业而言	主要体现为经济价值的创造	体现为经济价值与社会价值的共同创造，仍以经济价值为主	以经济、社会与环境为共同目标函数的长期价值创造

6 地域位置特征与企业社会责任关系的实证研究——基于母子公司地理分散化的视角

现有关于地域位置特征与企业社会责任的研究主要集中在两个方面：第一类是企业的地理位置和经济主体间地理距离对企业投融资行为的影响研究，第二类是企业内部治理水平和外部监督效果在中心/偏远地区的影响机制研究，这两类研究的成果已经显现。然而这两类研究都没有关注到企业自身的地理分散化，即母子公司地理位置的分散程度和趋势，对企业社会责任履行与价值实现产生的重大影响。因此，本书的研究集中于探究上市公司的地理分散化如何对企业社会责任履行产生影响以及对影响机制进行具体分析。本书以上市公司地理分散化为引线，以利益相关者理论为理论框架，构建以母子公司经纬度坐标计算分散化程度的衡量指标，针对地理分散化对企业社会责任的影响进行检验。

6.1 问题提出

为应对不断扩大的企业规模和人类经济社会的高质量发展需求，与企业社会责任相关的理论和实践正在日益受到重视。一方面，企业履行社会责任是基于企业未来有可预期的收入（Lys et al.，2015）；另一方面，企业履行社会责任也可以降低公司因风险产生的经济损失（陈冬华 等，2013；Jo and Na，2012；Jiang et al.，2015）。同时，中国的地理和文化因素对社会进步和经济发展产生了举足轻重的影响，这与经济体制产生的作用同等重要。我国地域辽阔，地域位置特征复杂，区域间经济发展存在极大的不平衡性，地理因素对经济发展的影响较为深刻。因此，研究地理分散化对企业社会责任履行的影响不仅是形势所需，更具有重要的现实意义和理论意义。

随着新经济地理学的兴起，经济活动主体所处空间维度的特征备受关注，展示了地理因素在解释经济现象时不可或缺的地位。在企业跨区域发展趋势愈发显著的当下，企业的地理分散化并不只是意味着信息不对称和代理冲突，企业所处地域环境不同，更意味着市场化环境的差异，即文化氛围、人力资源、商务环境、金融基础和融资渠道等因素的差异，从而对企业的战略思维和抉择行为产生内生和深刻的影响，这种影响最终也会在企业履行社会责任上面得到明显体现。

现有关于地域位置特征与企业社会责任的两类研究都没有关注到企业自身的地理分散化，即母子公司地理位置的分散程度和趋势，对企业社会责任履行与价值实现产生的重大影响。与前人的研究相比，本章的贡献在于：首先，本章在前人以企业母公司位置为坐标的研究基础上，建立企业自身的分散化指标作为变量，实证探究地理分散化与企业社会责任间之间的关系，通过多重稳健性检验后结果仍然显著，在带来全新的研究视角的同时解决了企业自身分散带来的内生性问题。其次，以经纬度坐标对企业的地理位置进行编码，计算二者间最短球面距离以更加科学地估计分散化程度，为研究提供了高精度指标。然后，本章基于企业的产权性质进行分组讨论，同时针对地理分散化带来的市场化环境的不同进一步进行分组讨论，考察了产权性质和市场化环境在地理分散化与企业社会责任间所起的调节作用，是对现有观点的有益补充。最后，在研究母子公司地理分散化的影响中，通过构建空间计量模型，检验了我国上市公司履行企业社会责任的空间效应。更重要的是，在中国"双循环"新经济大格局推动下，企业的分散化趋势将愈发扩大。在这个背景下深入探索企业的地理分散化对企业社会责任的影响，厘清二者间的互动关系，为研究企业社会责任对公司治理的支持作用夯实了基础，最终还可以为平衡区域发展提供有价值的微观支撑。

6.2　理论分析和研究假设

总结现有新经济地理学和金融学的相关文献，企业母子公司的地理分散化特征将通过以下机制影响企业履行社会责任：

6.2.1　地理分散化对企业社会责任的正面影响：发挥扩张优势

地理分散化可以通过规模经济、区位优势和协同效应增加企业价值和实力，进而促进企业积极履行社会责任。跨区域发展意味着企业可以拓展原有的地域边界，通过搜索、整合和扩散各地的知识与技术构建分散式的经营网络，获取与整合跨边界的异质性资源，进而扩大企业的经营规模和业务范围。在此过程中，地理分散化带来的经济、文化、人力资源和信息优势更为直观，协同效应优势也凸显出来。比如企业的母公司本身位于三、四线城市，可以通过设立或者收、并购子公司将生产经营的重心转移至中心城市。这既能有效地开拓市场并与供应商、消费者等利益相关者建立更良好和稳定的关系，又能通过多元化的地域文化促进企业融合新元素进行创新以适应更多消费者。因此，企业通过跨区域发展可以实现市场开拓、技术创新和关系维护等目的，进一步提升企业的财务业绩，最终提升企业社会责任表现。

6.2.2 地理分散化对企业社会责任的负面影响：增加代理成本

母子公司的地理分散化可能增加市场主体之间的信息不对称程度，加剧企业内部的委托代理矛盾，进而抑制企业社会责任表现。一方面，母子公司地理分散化程度越大，意味着企业对子公司的监督和控制难度越大，企业内部的信息传递效率和质量越低。Wulf（2009）发现，当组织内部的管理链条（如子公司层级和数量）增加时，组织内部的信息传递效率会显著降低，具体体现为信息的扭曲和信息的嘈杂。信息不对称会直接影响企业跨区域经营活动的效率，具体表现为对企业财务绩效和价值的影响，最终影响企业社会责任表现。另一方面，母子公司的地理分散化增加了企业内部代理结构的复杂性，加大了代理成本，为公司管理层的机会主义和逆向选择创造了条件。例如，Scharfstein 和 Steir（2000）指出，子公司高管人员利用信息不对称优势，隐匿了自身的寻租行为。可以看出，母子公司的地理分散化降低了信息传递的效率，增加了企业委托代理成本，抑制了企业价值的实现，进而降低企业社会责任表现。

综上，地理分散化对企业社会责任的影响路径如图6-1所示，地理分散化带来的扩张效应可以促进企业履行社会责任，而成本效应则会抑制企业社会责任表现。

基于上文的分析，本章提出假设6-1。

假设6-1：企业的母子公司的地理分散化有助于提升企业社会责任表现，但是过高的地理分散化程度可能抑制企业社会责任表现，即母子公司的地理分散化与企业社会责任之间存在倒"U"形关系。

图 6-1　地理分散化对企业社会责任的影响路径

本章接着深入探究了地理分散化对不同维度的企业社会责任的具体影响，进行了如下分析和假设：

第一，股东责任作为企业社会责任的首要组成部分，研究地理分散化对其的影响是直接而有效的。对中国企业而言，自然资源和人力资源的分布、知识信息的储备、生产网络的搭建、交通的便利性和政策制度的支持等，都与区域位置有着密切联系，各类资源存在显著的地域黏性（Tallman and Phene，2007）。企业跨区域发展和扩张有助于企业获取核心的地域异质性资源，实现经济资源的优化利用，促进企业的价值增长，进而增强企业履行股东责任的能力。但是也有文献表明，企业向家乡投资，分散设立子公司的原因更多是因为委托代理问题而非信息优势和熟悉假说。而且，当子公司处于市场化环境欠发达地区会显著降低公司绩效，因为过度分散的子公司会降低公司的股东责任表现（曹春方 等，2018）。综合来看，地理分散化有助于提升企业的股东责任价值，但是随着分散程度的增加，过高的分散程度可能导致平均市场化环境欠发达，产生较大的代理成本而损害企业履行股东责任。本章提出假设6-2。

假设6-2：企业的母子公司的地理分散化有助于提升企业的股东责任表现，但是过高的地理分散化程度可能抑制股东责任的表现。

第二，根据投资者认知理论，企业需要通过承担社会责任让利益相关者了解自己在社会责任方面的立场、所做的努力和取得的成绩，以得到各方支持（Merton，1987；Garcia and Norli，2012）。企业的社会责任不只是考虑企业经济性的短期盈利，还应关注各利益相关方的诉求。企业的地理分散化自然伴随着企业的规模扩张，Jenkins 和 Yakovleva（2006）对美国公司社会责任信息披露状况的研究表明大公司会披露更多的职工权益保护信息。此外，企业的地理分散化有效降低了产业集中造成的过度市场竞争，而市场竞争会降低企业对员工社会责任的投入（周浩和汤丽荣，2015），因而企业地理分散化能提高企业对员工责任的投入，促进企业履行员工责任。对于其他利益相关者的权益责任，企业的母子公司地理分散化增加了上述利益相关者通过近距离交流获取企业"软信息"的机会，更容易捕获到管理层决策动机（Barker，1998）以及监督企业社会责任行为（孔东民 等，2015）。然而，当企业母子公司的地理分散程度较高时，分散化可能导致子公司处于欠发达的市场化环境中，进而导致较差的利益相关者责任表现。本章提出假设6-3。

假设6-3：企业的母子公司的地理分散化有助于加强企业履行员工责任和其他利益相关者权益责任，然而过高的地理分散化程度可能降低其责任表现。

第三，关于企业的环境责任与公益责任，从声誉动机而言，地理分散化的企业涉及的利益相关者范围更广，企业有更强的动机通过承担企业社会责任以提升企业声誉，为企业做正面积极的广告宣传。从政治动机而言，企业社会责任作为企业分担政府社会责任和成本的体现，有助于企业获得更多的政治支持，在资源竞争中取得优势（潘越 等，2017）。为了维持良好的政企关系以及提升自身获取政府资源的能力，地理分散化可能增强企业履行社会责任的动机（张建君，2013）。本章提出假设6-4。

假设6-4：企业的母子公司的地理分散化程度对环境和公益责任具有积极影响。

第四，我们在研究中还发现，产权性质在对中国企业行为的研究中扮演了较重要的角色。国有企业的经营目标具有经济和社会的双重属性，即国有企业通过市场竞争实现企业价值增值的目标，同时还要承担更广泛的社会责任。因此，对于国有企业和民营企业来说，地理分散化对企业社会责任的影响也存在异质性。相比民营企业，国有企业因地理分散程度较高而加剧的代理问题会因为"政治人"特征而缓解；"道德人"的特征可能普遍加强国有企业对环境和公益责任的投入。本章提出假设6-5。

假设6-5：国有企业社会责任在环境和公益两个维度的表现显著优于民营企业。

6.3 研究设计

6.3.1 样本与数据

在第5章对中国企业社会责任实践历程的梳理中，我们不难发现，2013年中央政府开始将社会责任上升至国家战略层面，全面指导中国企业履行社会责任的实践。可以说，2013年是中国企业社会责任迈入规范化和创新化发展的开端之年。因此，本章的研究样本为2013—2019年的中国A股上市企业。在此基础上对样本进行了如下筛选和处理：首先，金融类企业的财务数据和其他企业具有较大的差异，所以剔除该类企业；其次，ST和＊ST类企业面临严重的财务困境，经营状况较为异常，也剔除该类样本；再次，交叉上市的企业面临着复杂的监管制度，对企业行为的影响具有较大的干扰，因此也剔除该类企业；最后，部分企业的数据存在遗漏，需要进行剔除。经过上述筛选和处理后，本章最终获得 6 346 个样本观测值。核心变量"企业地理分散化"的数据源自手工收集整理，要经过两个步骤。第一步：确定企业的母公司和子公司的所在地。上市公司年度报告中"企业集团的构成"部分对子公司的主要经营地和注册地进行了披露，因此本章首先从年度报告中收集了母公司和子公司的主要经营地信息。第二步：根据所确定的母公司和子公司的所在地，利用百度地图的拾取坐标系统匹配所在地的经纬度数据。控制变量中母子公司的地理位置相关数据源自手工收集，其他公司财务及治理数据来自 CSMAR 和 RESSET 数据库。考虑到连续变量中极端值的可能干扰，对所有连续变量进行了前后 1% 水平的缩尾处理。

6.3.2 变量定义

1. 解释变量地理分散化（Avedis）

本章使用以母公司为中心的子公司的地理分布特征对企业地理分散化特征进行定量描述，即以母公司坐标为球心，计算各个子公司坐标到母公司坐标的球面距离的平均值。考虑到海外发展是异地发展的一种特例（Miletkov et al., 2017），已有研究发现，海外子公司天然与公司相距较远并且距离的量级较大，可能会不恰当地拉大母公司与其子公司之间的平均距离。因此，将企业的海外子公司从子公司样本中剔除，计算母子公司之间的空间距离平均值。具体计算步骤如下：首先，确定母、子公司对应的注册地地址，得到对应的经纬度坐标；接着，用式 6-1 和式 6-2 计算出母公司与各子公司间的球面距离 $\text{Dis}_{p,j}$；最后，对每一年份母子公司间的空间距离 $\text{Dis}_{p,j}$ 求平均值 $\text{Avedis}_{i,t}$，以衡量企业 i 在 t 年时地理分散化程度。$\text{Avedis}_{i,t}$ 数值越大，代表母子公司的平均距离越大。

$$\Delta_{p,j} = \sin(\text{lon}_p) \times \cos(\text{lat}_p) \times \sin(\text{lon}_{p,j}) \times \cos(\text{lat}_{p,j}) + \cos(\text{lon}_p) \times \cos(\text{lat}_p) \times \cos(\text{lon}_{p,j}) \times \cos(\text{lat}_{p,j}) + \sin(\text{lat}_p) \times \sin(\text{lat}_{p,j}) \tag{6-1}$$

$$\text{Dis}_{pj} = \text{acros}(\Delta_{p,j}) \times \frac{\pi}{180} \times R \tag{6-2}$$

其中，下标 p 表示样本企业每一家上市公司的母公司，下标 j 表示母公司 p 下属的第 j 个国内子公司；R 为地球平均半径，取 6 371.04 千米；D_{pj} 表示母公司 p 到其下属的第 j 个子公司的球面距离。由于计算出的球面距离数值较大，借鉴罗进辉等（2017）以及李彬和郑雯（2018）的做法，取球面距离的千分之一对母、子公司距离进行度量；lon_p 和 lat_p 分别表示经度和纬度，母公司注册地坐标为（lat_p，lon_p），子公司注册地坐标为（$lat_{p,j}$，$lon_{p,j}$）。

2. 被解释变量：企业社会责任（CSR）

目前可以获取到的中国企业社会责任数据库，只有和讯网和润灵环球两个来源。其中，润灵环球对上市公司发布的企业社会责任报告内容进行实质性评分。和讯网对所有上市公司的社会责任表现进行评分，并且依据利益相关者对象的具体划分，对各个维度的社会责任表现给出了综合评价，该评价的依据主要是上市公司的财务报告、企业社会责任报告、企业官方网站和媒体新闻报道等公开信息。因此，本章采用和讯网发布的企业社会责任评分对企业社会责任表现进行度量，可以保证数据的客观可比（贾兴平 等，2014；冯丽艳 等，2016；刘柏和卢家锐，2018）。

由于利益相关者理论为企业社会责任的履责对象和实践内容提供了理论支撑，和讯网根据此理论划分了五个维度的内容，建立了上市公司社会责任的综合评价框架。具体来说，五个维度的一级指标组建了和讯网评价体系的主体框架。每个一级指标下面衍生了多个二级指标，而二级指标又包含了一系列可具体度量的三级指标。三级指标可以分为两类，其中一类是数值型指标，即提供了明确的计算公式可以得到较为准确的分值；另一类是逻辑型指标，即根据企业是否披露信息或者是否履行某项职责给予评分。同时，考虑到不同行业的社会责任的侧重点有所不同，根据行业对五个维度的社会责任的权重做出部分调整。另外，由于二级指标"盈利指标"中包含的净资产收益率（ROE）、总资产收益率（ROA）、成本费用利润率以及每股收益等通常用来度量企业传统的经济效益，但常用的社会责任指标体系（如润灵环球和中国企业社会责任蓝皮书）并未将盈利指标纳入其中。因此，本书依据和讯网上市公司社会责任报告专业评测体系，对某些指标做了微调，形成了如表6-1所示的评价体系。由此可见，和讯网构建的测评体系囊括了企业的财务经营数据、公司治理数据、公司文化和价值观等非财务数据，综合性较高。对五个维度的社会责任表现评分进行加权求和，便得到了企业社会责任表现的综合衡量指标。

表6-1　企业社会责任评价体系

一级指标（权重）	二级指标（权重）	三级指标（权重）
股东责任（30%）	偿债（5%）	速动比率（1%）
		流动比率（1%）
		现金比率（1%）
		股东权益比率（2%）
	回报（12%）	分红融资比（3%）
		股息率（4.5%）
		分红占可分配利润比（4.5%）
	信批（7%）	交易所对公司和相关责任人处罚次数（7%）
	创新（6%）	产品开发支出（1.5%）
		技术创新理念（1.5%）
		技术创新项目数（3%）
员工责任（15%）（消费业10%）	绩效（5%）	职工人均收入（4%）
		员工培训（1%）
	安全（5%）	安全检查（2%）
		安全培训（3%）
	关爱员工（5%）	慰问意识（1%）
		慰问金（2%）
		慰问人（2%）
消费者及其他利益相关者权益责任（15%）（消费业20%）	产品质量（7%）	质量管理意识（3%）
		质量管理体系证书（4%）
	售后（3%）	客户满意度调查（3%）
	互惠诚信（5%）	供应链公平竞争（3%）
		反商业贿赂培训（2%）
环境责任（20%）（制造业30%，服务业10%）	环境治理（20%）	环保意识（2%）
		环境管理体系认证（3%）
		环保投入金额（5%）
		排污种类数（5%）
		节约能源种类数（5%）
公益责任（20%）（制造业10%，服务业30%）	社区贡献（20%）	所得税占利润总额比（10%）
		公益捐赠金额（10%）

3. 控制变量

本章主要从企业和区域层面选取控制变量。企业层面变量分为财务类变量和公司治理类变量。其中，企业财务类变量包括公司规模（Size）、资产负债率（Lev）、营业收入增长率（Growth）和总资产净利率（ROA）。企业治理类变量包括上市年限（Age）、企业产权性质（SOE）、CEO与董事长两职兼任情况（Dual）、董事会规模（Board）、独立董事比例（Indirect）和股权集中度（Top1）。区域层面的变量主要包括城市地区生产总值（LnGDP），以控制经济发展水平对企业社会责任行为的影响。同时，遵循Du等（2014）的处理方式，选取样本企业300千米范围内的宗教场所数量（Religion）作为非正式制度的代理变量，以控制制度环境对企业社会责任行为的影响。市场化环境（Mkt）为分组变量，以进一步探讨在不同市场化环境下地理分散化对企业社会责任的异质性影响。

表6-2　变量定义与说明

变量	名称	符号	定义
被解释变量	企业社会责任	CSR	企业社会责任评分
	股东责任	CSR_sta	股东责任评分
	员工责任	CSR_emp	员工责任评分
	消费者权益责任	CSR_con	消费者权益责任评分
	环境责任	CSR_env	环境责任评分
	公益责任	CSR_soc	公益责任评分
解释变量	地理分散化	Avedis	母子公司间的地理距离的平均值 /1 000
控制变量	公司规模	Size	企业年末总资产的自然对数
	资产负债率	Lev	总负债/总资产
	营业收入增长率	Growth	营业收入增长额/上年营业收入总额
	总资产净利率	ROA	净利润 / 平均资产总额
	上市年限	Age	公司上市年限数的自然对数值
	实际控制人性质	SOE	企业实际控制人为国有单位或法人，取值为1；否则为0
	两职兼任	Dual	CEO与董事长两职兼任时，取值为1；否则为0
	董事会规模	Board	董事会人数的自然对数值
	独立董事比例	Indirect	独立董事/董事会总人数
	股权集中度	Top1	第一大股东持股比例
	宗教文化	Religion	以企业母公司为圆心300千米半径范围内的宗教场所数量
	当地经济水平	LnGDP	企业母公司所在城市的名义GDP的自然对数值
	市场化环境	Mkt	将企业所在地区的市场化指数与当年所有地区市场化指数的中位数相比较，大于则取1，否则取0

6.3.3 回归模型

式 6-3 列示了本章的基准 OLS 回归模型，采用固定效应模型：

$$CSR_{i,\,t+1} = \alpha_0 + \alpha_1\, Avedis_{i,\,t} + \alpha_2\, Avedis_{i,\,t}^{\;2} +$$
$$\sum \alpha_j\, Control_{i,\,t} + \sum Year + \sum Industry + \varepsilon_{i,\,t} \qquad (6\text{-}3)$$

其中，$CSR_{i,\,t+1}$ 为被解释变量，分别代表企业社会责任的总体表现和五个维度的具体表现，包括股东及其他利益相关者责任、员工及其他利益相关者责任、消费者及其他利益相关者责任、环境及其他利益相关者责任和公益责任表现；$Avedis_{i,\,t}$ 为地理分散化特征的代理变量；$Avedis_{i,\,t}^{\;2}$ 为地理分散化变量的平方项；$Control_{i,\,t}$ 为控制变量；Year 和 Industry 为年度和行业虚拟变量，以控制年度和行业效应的影响；$\varepsilon_{i,\,t}$ 为残差项。

6.4 实证结果分析：基准模型

6.4.1 描述性统计

表 6-3 列示了本章选用的主要变量的描述性统计结果。可以看出，企业社会责任得分均值为 23.12，与刘柏和卢家锐（2018）的均值 26.07 相差不大，说明上市公司的社会责任的履行水平普遍不高。其中，企业社会责任得分最低为 -4.13，最高为 71.05，标准差为 13.86，意味着上市公司的企业社会责任得分的差别较为显著。地理分散化指标 Avedis 的均值为 0.452，最小值为 0，最大值为 2.117，说明样本企业的母子公司的平均空间距离为 452 千米，其中分布最集中的样本表现为母子公司均在同一城市，分布最分散的样本表现为母子公司的平均空间距离为 2 117 千米。平均地理距离的分布与罗进辉等（2017）的数据较为一致，验证了本书收集的地理距离数据的真实性和可靠性。Avedis 的数据表明，样本企业的母子公司在空间地理上的分散化状况较为普遍，且不同企业之间的分布差异较为明显。股权性质 SOE 的均值为 0.634，表明研究样本中 63.4% 的企业为国有企业。宗教文化 Religion 的均值为 11.29，最小值为 0，最大值为 66，说明样本企业的母公司方圆 300 千米范围内的平均宗教场所数量为 11.29 家，该数据与杜颖洁和冯文滔（2014）的数据较为接近。其他控制变量的数据与现有文献的统计结果基本一致，为后续研究提供了可靠的基础。

表 6-3　描述性统计结果

Variable	N	mean	sd	min	p25	p50	p75	max
CSR	6 346	23.12	13.86	−4.130	16.23	22.19	27.65	71.05
CSR_sta	6 346	13.30	6.146	−2.790	9.470	13.75	17.82	24.64
CSR_emp	6 346	2.516	2.726	0.020	0.850	1.760	3	14.50
CSR_con	6 346	1.012	3.768	0	0	0	0	19
CSR_env	6 346	0.946	3.601	0	0	0	0	18.50
CSR_soc	6 346	5.406	4.790	−10	2.780	5	9.135	15
Avedis	6 346	0.452	0.435	0	0.113	0.335	0.694	2.117
Avedis2	6 346	0.393	0.716	0	0.013	0.112	0.482	4.482
Size	6 346	22.88	1.352	20.01	21.94	22.75	23.68	26.75
Lev	6 346	0.498	0.197	0.086	0.350	0.506	0.649	0.898
Growth	6 346	0.557	1.686	−0.693	−0.030	0.140	0.466	12.52
ROA	6 346	0.034	0.044	−0.118	0.012	0.028	0.054	0.182
Age	6 346	3.003	0.288	2.079	2.890	3.091	3.178	3.332
SOE	6 346	0.634	0.482	0	0	1	1	1
Dual	6 346	0.145	0.353	0	0	0	0	1
Board	6 346	2.171	0.204	1.609	2.079	2.197	2.197	2.708
Indirect	6 346	0.373	0.054	0.333	0.333	0.357	0.400	0.571
Top1	6 346	0.363	0.154	0.821	0.243	0.343	0.474	0.769
Lngdp	6 346	10.31	0.693	7.920	9.945	10.27	10.86	11.48
Religion	6 346	11.29	10.92	0	4	8	13	66
Mkt	6 346	0.504	0.500	0	0	1	1	1

6.4.2　回归结果分析

1. 地理分散化对企业社会责任的影响

本部分主要考察地理分散化对企业社会责任的影响，需要关注地理分散化指标 Avedis 及对应平方项 Avedis2 的回归系数以及显著性大小。表 6-4 列示了对基准模型的回归结果。在第（1）列模型中引入 Avedis 为解释变量，且加入了全部控制变量进行回归分析。结果显示，Avedis 的回归系数为−0.705，在

10%的水平上显著，说明 Avedis 与 CSR 呈负相关关系，母子公司间地理距离越大，企业社会责任表现越差。另外，由控制变量的回归结果可知，企业规模、营业收入增长率、总资产净利率、上市年限、第一大股东持股比例以及当地经济水平值越大，企业社会责任表现越好。在第（2）列中进一步地引入 Avedis 的平方项作为解释变量，结果显示，Avedis 及 Avedis2 的回归系数为 1.817 和 -1.648，分别在 10% 和 1% 的水平上显著，验证了 Avedis 与 CSR 的非线性关系。第（2）列模型的可决系数R^2比第（1）列大，说明相比线性关系，非线性的"U"形关系能更好地解释 Avedis 对 CSR 的影响结果。进一步地，依照 Haans 等（2016）对"U"形曲线中斜率和拐点的检验方法，验证 Avedis 与 CSR 间的倒"U"形关系成立。确认两个变量之间的倒"U"形关系需满足以下三个条件：①解释变量二次项系数显著为负；②当解释变量的取值达到最小时，对应的曲线斜率为正；当解释变量的取值达到最大时，对应的曲线斜率为负；③在解释变量的取值范围内，可以找到曲线的拐点取值。因此，本章按照上述方法对倒"U"形曲线关系进行检验。首先，地理分散化（Avedis）的一次项系数显著为正（1.817），其平方项的系数显著为负（-1.648）。其次，当 Avedis 取最小值 0 时，曲线斜率为正（1.817）；当 Avedis 取最大值为 2.117 时，曲线斜率为负（-5.160）。最后，当 Avedis = 0.551 时，曲线斜率为 0，曲线达到拐点位置，此时 Avedis 的取值（0.551）处于 Avedis [0, 2.117] 的取值区间内。经过上述三个条件的检验，Avedis 与 CSR 之间的倒"U"形关系得到确认。

表 6-4　地理分散化对企业社会责任的影响：基准模型

VARIABLES	（1）CSR	（2）CSR
Avedis	-0.705*	1.817*
	（-1.862）	（1.903）
Avedis2		-1.648***
		（-2.877）
Size	2.360***	2.301***
	（15.514）	（14.990）
Lev	-1.576	-1.671*
	（-1.556）	（-1.650）

表6-4(续)

VARIABLES	(1) CSR	(2) CSR
Growth	0.474***	0.469***
	(5.092)	(5.034)
ROA	77.880***	77.732***
	(19.569)	(19.541)
SOE	0.639*	0.671*
	(1.772)	(1.861)
Age	2.331***	2.457***
	(4.077)	(4.287)
Dual	0.372	0.356
	(0.821)	(0.786)
Board	−0.074	−0.151
	(−0.081)	(−0.164)
Indirect	−1.793	−2.023
	(−0.537)	(−0.606)
Top1	0.044***	0.047***
	(3.946)	(4.179)
Lngdp	1.260***	1.197***
	(5.358)	(5.072)
Religion	0.009	0.012
	(0.586)	(0.834)
Year	Y	Y
Industry	Y	Y
Constant	−50.425***	−49.131***
	(−10.182)	(−9.886)
N	6 346	6 346
R−squared	0.209	0.210

注：括号内为 T 值；***、**、* 分别表示在 1%、5%、10% 水平下显著。以下各表同。

本章采用的识别和检验"U"形关系的方法，是在线性模型中加入解释变量的二次项进行回归，这是现有研究主要采用的检验方法（乔海曙和陈力，2007；陈丁和张顺，2010；罗进辉 等，2017；张杰，2021）。也有文献认为，以一次项和二次项的系数作为判断"U"形关系的依据有点薄弱（Lind and Mehlum，2010），因为严格的"U"形关系还需满足极值点左侧斜率递增（或递减）和极值点右侧斜率递减（或递增）的条件，而依据一次项和二次项系数的判断无法推导出斜率的变化过程。因此，Lind 和 Mehlum（2010）基于Sasabuschi（1980）开发的通用框架，依据"U"形关系的检验原理编写了Utest 检验命令，可以对取值区间范围内的"U"形关系进行精确的测试。基于此，本章进一步对"U"形关系进行了 Utest 测试。运行结果显示，当Avedis 取值为 0.605 时，CSR 达到极值，该点在 Avedis 数据区间 [0，2.117] 范围内；Slope 在数据区间内可以取到负值，且在 1% 的统计水平上拒绝原假设。因此，Avedis 与 CSR 呈现倒"U"形关系，假设 6-1 得到了验证。

表 6-5　地理分散化对企业社会责任的影响：Utest 测试

VARIABLES	Lower bound Avedis	Upper bound Avedis2
Interval	0	2.117
Slope	3.831	-9.578
t-value	3.761	-5.535
p-value	0.000	0.000
95% Fieller interval for extreme point： [0.428；0.728]		

2. 地理分散化对股东责任的影响

表 6-6 列示了地理分散化对股东责任影响的回归结果。其中第（1）列仅引入 Avedis 为解释变量，结果显示，Avedis 的回归系数为 -0.676，在 10% 的水平上显著，说明 Avedis 与 CSR_sta 呈负相关关系，母子公司间地理距离越大，企业股东责任表现越差。第（2）列进一步引入 Avedis 的平方项作为解释变量，结果显示，Avedis 及 Avedis2 的回归系数为 0.001 和 -0.441，二次项系数在 10% 的水平上显著。第（2）列模型的可决系数 R^2 比第（1）列大，说明非线性的"U"形关系可能更好地拟合了 Avedis 与 CSR_sta 的曲线关系。

表 6-6　地理分散化对股东责任的影响：基准模型

VARIABLES	(1) CSR_sta	(2) CSR_sta
Avedis	−0.676*	0.001
	(−1.322)	(−0.004)
Avedis2		−0.441*
		(−1.862)
Controls	Y	Y
Year	Y	Y
Industry	Y	Y
Constant	−17.295***	−16.949***
	(−8.450)	(−8.248)
N	6 346	6 346
R−squared	0.312	0.313

为了更精确地判断两变量间的倒"U"形关系，进一步对地理分散化与股东责任进行 Utest 测试。表 6-7 结果显示，当 Avedis 取值为 0.446 时，CSR_sta 达到极值，该点在数据区间 [0, 2.117] 范围内，并且 Slope 在数据区间内可以取到负值，且在 5%的统计水平上拒绝原假设。因此，地理分散化与股东责任之间呈现倒"U"形关系，假设 6-2 得到了验证。

表 6-7　地理分散化对股东责任的影响：Utest 测试

VARIABLES	Lower bound Avedis	Upper bound Avedis2
Interval	0	2.117
Slope	1.183	−4.433
t−value	2.623	−5.771
p−value	0.043	0.000
95% Fieller interval for extreme point： [0.177；0.593]		

本章进一步考虑了市场化环境对地理分散化与股东责任的调节影响，将全样本分为发达的市场化环境和欠发达的市场化环境两组子样本，分别进行回归

分析。表6-8中第（1）列为欠发达市场环境下的回归结果，第（2）列为发达市场环境下的回归结果。结合图6-2可以看出，在发达市场化环境下，地理分散化（Avedis）与 CSR_sta 的倒"U"形关系更为显著，体现为回归系数的统计显著性更高、模型的可决系数更大、曲线顶点更高。因此，在发达市场化环境下，地理分散化与股东责任的倒"U"形关系更为明显，并且其股东责任表现明显优于在欠发达市场化环境下的股东责任表现。

表6-8　地理分散化对股东责任的影响：分组检验

VARIABLES	（1） CSR_sta	（2） CSR_sta
Avedis	−0.341	0.163
	（−0.564）	（0.291）
Avedis2	−0.194	−0.563*
	（−0.449）	（−1.825）
Controls	Y	Y
Year	Y	Y
Industry	Y	Y
Constant	−14.023***	−19.429***
	（−4.610）	（−6.167）
N	3 145	3 201
R-squared	0.287	0.336

3. 地理分散化对员工和利益相关者责任的影响

表6-9列示了地理分散化对员工和其他利益相关者责任影响的回归结果。结果显示，Avedis 和 CSR_con 之间的影响关系用倒"U"形曲线关系进行描述更合理，原因有两点：一是，Aveids 的二次项的回归系数显著为负，且满足曲线条件（解释变量为最小值时曲线斜率为正，为最大值时曲线斜率为负，且拐点出现在数据区间范围内）；二是，第（2）列的可决系数更大，说明模型的解释力更强。因此，母子公司间地理距离的平均值与企业员工责任表现呈现倒"U"形关系，验证了本章的假设6-3。

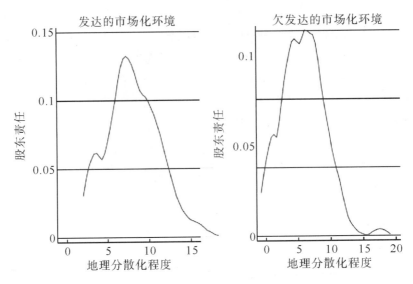

图 6-2　地理分散化与股东责任：分组检验

表 6-9　地理分散化对员工和其他利益相关者责任的影响：基准模型

VARIABLES	(1) CSR_con	(2) CSR_con
Avedis	0.160*	0.373*
	(1.121)	(1.955)
Avedis2		−0.339*
		(−1.214)
Controls	Y	Y
Year	Y	Y
Industry	Y	Y
Constant	−10.120***	−10.011***
	(−10.229)	(−10.077)
N	6 346	6 346
R-squared	0.183	0.184

接着进行 Utest 测试，表 6-10 的结果显示，当 Avedis 取值为 0.859 时，员工和其他利益相关者责任（CSR_con）达到极值，该极值点在 Avedis［0，2.117］的取值区间内；Slope 在数据区间范围内可以取到负值（−0.944），且

在 5% 的水平上显著。因此，Avedis 与 CSR_con 呈倒 "U" 形关系。综上所述，本部分验证了母子公司地理距离的平均值与企业员工责任之间存在倒 "U" 形关系。

表 6-10 地理分散化对员工和其他利益相关者责任的影响：Utest 测试

VARIABLES	Lower bound	Upper bound
	Avedis	Avedis2
Interval	0	2.117
Slope	0.644	−0.944
t−value	3.213	−2.771
p−value	0.000	0.028
95% Fieller interval for extreme point: [0.641; 1.216]		

本章进一步考虑市场化环境对地理分散化与员工责任的调节影响。表 6-11 中第（1）列为欠发达市场环境下的回归结果，第（2）列为发达市场环境下的回归结果。结合图 6-3 可以看出，在发达市场化环境下，地理分散化与员工责任之间的倒 "U" 形关系更为显著，体现为回归系数的统计显著性更高、模型的可决系数更大、曲线顶点更高。因此，在发达市场化环境下，地理分散化与员工责任的倒 "U" 形关系更为明显，并且其员工责任表现明显优于在欠发达市场化环境下的员工责任表现。

表 6-11 地理分散化对员工和其他利益相关者责任的影响：分组检验

VARIABLES	（1）CSR_con	（2）CSR_con
Avedis	0.179	0.644**
	(0.674)	(2.157)
Avedis2	−0.020	−0.380*
	(−0.134)	(−1.780)
Controls	Y	Y
Year	Y	Y
Industry	Y	Y
Constant	−10.441***	−7.144***

表6-11（续）

VARIABLES	(1) CSR_con	(2) CSR_con
	(−7.244)	(−4.591)
N	3 145	3 201
R−squared	0.174	0.195

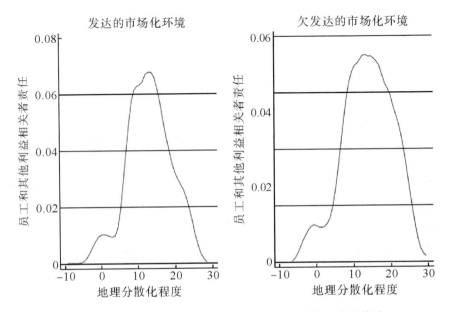

图6-3　地理分散化与员工和其他利益相关者责任：分组检验

4. 地理分散化对环境和公益责任的影响

表6-12列示了地理分散化与企业环境和公益责任的回归结果。Avedis的回归系数为0.354，在1%的水平上显著，而加入二次项后回归结果不显著。因此，地理分散化（Avedis）与CSR_env之间存在显著的正相关关系，不存在"U"形曲线关系，验证了本章的假设6-4。从经济意义上看，当企业母子公司的地理距离的平均值增加1个单位，企业的环境和公益责任表现提升0.354分。制度同构理论（Dimaggio，2000）为此结论提供了解释，即企业为了获取合法性，会不断适应规制要求，按照社会期望的方式行事。企业地理分散化程度越高，企业面临的利益相关者群体范围就越广泛，来自政府和公众的监督效力越强。随着新常态背景下地方政府对环境保护和定向捐赠的大力倡导，企业在跨区域发展时，受到地方政府施加的环境和公益责任的压力愈发明显。此

时，企业出于获取政治合法性的动机，会增加其在环境和公益责任方面的投入，进而提升相关责任表现。

表 6-12　地理分散化对环境和公益责任的影响：基准模型

VARIABLES	（1） CSR_env	（2） CSR_env
Avedis	0.354 ***	0.342
	(3.513)	(1.346)
Avedis2		0.008
		(0.050)
Controls	Y	Y
Year	Y	Y
Industry	Y	Y
Constant	−7.693 ***	−7.699 ***
	(−5.840)	(−5.820)
N	6 346	6 346
R-squared	0.170	0.170

5. 企业产权性质的对比分析

本章将研究样本分为国有企业子样本和民营企业子样本，分组进行回归分析。表 6-13 列示了不同产权性质下地理分散化对环境和公益责任的回归结果，其中第（1）列为民营企业样本的回归结果，第（2）为国有企业样本的回归结果。可以看出，国有企业中，地理分散化对环境和公益责任的正向影响更为明显，具体表现为回归系数更大、系数更具有统计显著性、回归模型的解释力更强。因此，国有企业的环境和公益责任表现明显优于民营企业，这是因为国有企业的经营目标具有经济和社会的双重属性；检验的结果也能较充分地补充假设 6-4 的推论。

表 6-13　地理分散化与环境和公益责任：产权性质的调节影响

VARIABLES	（1） CSR_env	（2） CSR_env
Avedis	0.009	0.602 ***
	(0.067)	(4.075)

表6-13(续)

VARIABLES	(1) CSR_env	(2) CSR_env
Controls	Y	Y
Year	Y	Y
Industry	Y	Y
Constant	−7.049***	−6.765***
	(−3.698)	(−3.746)
N	2 322	4 024
R−squared	0.132	0.193

6.4.3 稳健性检验

1. 变换地理分散化的度量指标

使用母子公司间地理距离的标准差（Stadis）衡量企业的地理分散化程度以进行稳健性检验。Stadis 数值越大，代表母子公司间地理距离的偏离值较大，地理分散化程度越高。采用式 6-4 进行回归分析。

$$CSR_{i, t+1} = \alpha_0 + \alpha_1 Stadis_{i, t} + \alpha_2 Stadis_{i, t}{}^2 +$$

$$\sum \alpha_j Control_{i, t} + \sum Year + \sum Industry + \varepsilon_{i, t} \qquad (6\text{-}4)$$

经过数据的筛选和处理后，共获得 6 291 个样本。样本中地理分散化指标 Stadis 的均值为 0.431，最小值为 0，最大值为 1.419。李彬和郑雯（2018）计算出母子公司地理距离的标准差均值为 0.525，最大值为 1.390，本部分数据与此基本保持一致，再次验证了数据的可信度。

首先，验证地理分散化对企业社会责任的影响。表 6-14 的第（1）列引入母子公司间地理距离的标准差（Stadis）为解释变量，结果显示，Stadis 的回归系数为 0.442，不具有统计显著性，说明线性关系不能很好地解释 Stadis 与 CSR 之间的关系。第（2）列进一步地引入 Stadis 的平方项作为解释变量，结果显示，Stadis 及 Stadis2 的回归系数为 3.112 和 −2.508，分别在 10% 和 5% 的水平上显著，验证了 Stadis 与 CSR 的非线性关系。第（2）列模型的可决系数R^2比第（1）列大，说明"U"形曲线能更好地解释 Stadis 与 CSR 的影响关系。对 Stadis 和 CSR 间的倒"U"形曲线关系的斜率和拐点等进行具体检验：首先，地理分散化（Stadis）的一次项系数显著为正（3.112），其平方项的系数显著为负（-2.508）。其次，当 Stadis 取最小值 0 时，曲线斜率为正（3.112）；当 Stadis 取最大值为 1.419 时，曲线斜率为负（-4.005）。最后，当 Stadis = 0.620 时，曲线斜率为 0，曲线达到拐点位置，此时 Stadis 的取值（0.620）处于 Stadis [0，1.419] 的取值区间内。经过上述三个条件的检验，Stadis 与 CSR 之间的倒"U"形关系也得到了验证。

表6-14 地理分散化对企业社会责任的影响：稳健性检验

VARIABLES	(1) CSR	(2) CSR
Stadis	0.442	3.112**
	(0.858)	(2.240)
Stadis2		-2.508**
		(-2.069)
Size	2.275***	2.227***
	(14.742)	(14.276)
Lev	-1.693*	-1.871*
	(-1.656)	(-1.825)
Growth	0.489***	0.489***
	(5.143)	(5.143)
ROA	78.053***	77.655***
	(19.466)	(19.349)
SOE	0.868**	0.917**
	(2.425)	(2.558)
Age	2.293***	2.272***
	(4.002)	(3.967)
Dual	0.455	0.466
	(0.997)	(1.021)
Board	-0.054	-0.059
	(-0.058)	(-0.064)
Indirect	-1.934	-2.102
	(-0.577)	(-0.627)

表6-14(续)

VARIABLES	(1) CSR	(2) CSR
Top1	0.046***	0.048***
	(4.133)	(4.276)
Lngdp	1.308***	1.297***
	(5.627)	(5.581)
Religion	0.013	0.015
	(0.852)	(0.987)
Year	Y	Y
Industry	Y	Y
Constant	−49.532***	−48.645***
	(−9.946)	(−9.734)
N	6 291	6 291
R-squared	0.208	0.209

基于此，进一步对"U"形关系进行 Utest 测试，见表6-15。运行结果显示，当 Stadis 取值为 0.585 时，CSR 达到极值，该点在 Stadis 数据区间范围内 [0,1.419]；Slope 在数据区间内可以取到负值，且在1%的统计水平上拒绝原假设。因此，Stadis 与 CSR 呈现倒"U"形关系，本章的假设 6-1 再次得到了验证。

表6-15　地理分散化对企业社会责任的影响：Utest 测试

VARIABLES	Lower bound Stadis	Upper bound Stadis2
Interval	0	1.419
Slope	7.151	−10.188
t-value	4.887	−4.203
p>| t |	0.000	0.000
	95% Fieller interval for extreme point： [0.497；0.702]	

接着，进一步验证地理分散化对不同维度的企业社会责任的影响。表6-16列示了地理分散化对不同维度社会责任影响的回归结果。

第（1）和（2）列为地理分散化对股东责任的影响。第（1）列引入Stadis为解释变量，结果显示，Stadis的回归系数为-0.202，说明Stadis与CSR_sta也呈现负相关关系，母子公司间地理距离的标准差越大，企业股东责任表现越差。但Stadis的回归系数不具有统计显著性，说明线性关系不能很好地解释Stadis与CSR_sta之间的关系。第（2）列进一步地引入Stadis的平方项作为解释变量，结果显示，Stadis及Stadis2的回归系数为1.089和-1.213，分别在10%和5%的水平上显著，验证了Stadis与CSR_sta的非线性关系。第（2）列模型的可决系数R^2比第（1）列大，说明"U"形曲线能更好地解释Stadis与CSR_sta的影响关系。进一步对倒"U"形曲线关系进行检验。首先，Stadis的一次项系数显著为正（1.089），其平方项的系数显著为负（-1.213）。其次，当Stadis取最小值0时，曲线斜率为正（1.089）；当Stadis取最大值1.419时，曲线斜率为负（-2.353）。最后，当Stadis = 0.449时，曲线斜率为0，曲线达到拐点位置，此时Stadis的取值（0.449）处于Stadis（0-1.419）的取值区间内。经过上述三个条件的检验，Stadis与CSR_sta之间的倒"U"形关系得到确认，验证了本章的假设6-2。

第（3）和（4）列展示了地理分散化对员工和其他利益相关者责任的回归结果，结果说明，地理分散化（Stadis）与企业员工责任（CSR_con）不存在显著的曲线关系。

第（5）和（6）列展示了地理分散化与企业环境和公益责任的回归结果。Stadis的回归系数为0.315，在5%的水平上显著，而加入二次项后回归结果不显著。因此，地理分散化（Stadis）与CSR_env之间存在显著的正相关关系，不存在"U"形曲线关系，验证了本章的假设6-4。

表6-16　地理分散化对不同维度社会责任的影响

VARIABLES	（1）CSR_sta	（2）CSR_sta	（3）CSR_con	（4）CSR_con	（5）CSR_env	（6）CSR_env
Stadis	-0.202	1.089*	0.267*	0.295	0.315**	0.352
	（-0.952）	（1.901）	（1.599）	（1.065）	（2.297）	（0.952）
Stadis2		-1.213**		-0.327		-0.035
		（-2.426）		（-0.110）		（-0.109）
Controls	Y	Y	Y	Y	Y	Y

表6-16(续)

VARIABLES	(1) CSR_sta	(2) CSR_sta	(3) CSR_con	(4) CSR_con	(5) CSR_env	(6) CSR_env
Year	Y	Y	Y	Y	Y	Y
Industry	Y	Y	Y	Y	Y	Y
Constant	−17.543***	−17.115***	−9.920***	−9.911***	−10.391***	−6.960***
	(−8.543)	(−8.307)	(−9.987)	(−9.940)	(−7.148)	(−4.457)
N	6 291	6 291	6 291	6 291	3 113	3 178
R-squared	0.310	0.311	0.185	0.185	0.176	0.196

2. 两阶段回归

本章主要考察地理分散化对企业社会责任的影响关系，但前文得到的回归分析结果主要表明二者之间存在相关关系，结论还可能受到互为因果的内生性问题的困扰。因此，本章采用2SLS法排除内生性问题，首先用内生解释变量对工具变量和控制变量回归，得到拟合值，验证工具变量的合理性；接着用被解释变量对第一阶段回归的拟合值和控制变量进行回归，验证研究结论的合理性和可靠性。具体地，位于产业聚集地的公司可能更倾向于本地化发展，因此本章参考王永进和盛丹（2013）编制的平均地理集聚指数，选用公司所在省份的平均地理集聚指数（Destiny）作为工具变量。对表6-17的结果进行分析，模型1中Avedis与Destiny呈显著负相关关系。利用第一阶段得到的地理分散化估计值（P_Avedis）进行第二阶段的回归分析，发现该变量的平方项（P_Avedis2）得到了在1%水平上显著的正回归系数，这些结果说明此前的相关研究结论是可靠的。

表6-17 2SLS 回归分析结果

VARIABLES	(1) Avedis	(2) CSR
Destiny	−2.157**	
	(−1.094)	
P_Avedis		−3.109 *
		(−1.663)
P_Avedis2		4.187***
		(1.663)

表6-17(续)

VARIABLES	（1） Avedis	（2） CSR
Controls	Y	Y
Year	Y	Y
Industry	Y	Y
Constant	4. 038 ***	9. 228 ***
	(7. 928)	(7. 000)
N	6 346	6 346
R－squared	0. 357	0. 314

3. 替换变量法

本章使用母子公司间地理距离的平均值和标准差度量企业的地理分散化程度，这种方法不能直观地反映出分布于本省份内的子公司情况，因此本章使用外省子公司占比（Serate）作为地理分散化的代理变量，对研究结论进行稳健性检验。Serate 值越大，企业的地理分散化程度越高。回归结果显示，外省子公司占比的二次项 Serate2 得到了显著为负的回归系数。因此，将外省子公司占比作为解释变量，得到的回归结果仍然支持了本章的研究假设，证明相关研究结果是稳健的。

表 6-18　稳健性检验

VARIABLES	（1） CSR
Serate	2. 308 5 **
	(1. 114 0)
Serate2	−3. 257 1 ***
	(1. 846 2)
Year	Y
Industry	Y
Controls	Y
Constant	5. 791 2 *** (2. 052 5)

表6-18(续)

VARIABLES	(1) CSR
N	6 346
R-squared	0.295 8

4. 对解释变量进行自然对数变换

地理分散化与企业社会责任之间是否存在其他非线性关系？为了更好地排除存在其他非线性关系的可能性，本章采用母子公司间地理距离的均值和标准差（Avedis 和 Stadis）的自然对数（lnavedis 和 lnstadis）度量地理分散化特征，以此重新对 CSR 进行回归分析。表6-19 展示了相关回归结果，可以看到，地理分散化（lnavedis 和 lnstadis）与企业社会责任（CSR）之间不存在显著的线性关系。因此，可以排除本章两个解释变量的自然对数与被解释变量之间存在线性关系的可能性。

表6-19　稳健性检验

VARIABLES	(1) CSR	(2) CSR
lnavedis	−0.113	
	(−1.276)	
lnstadis		−0.071
		(−0.684)
Year	Y	Y
Industry	Y	Y
Controls	Y	Y
Constant	−52.404***	−53.676***
	(−10.093)	(−10.101)
Observations	5 886	5 660
R-squared	0.211	0.214

6.5　拓展性检验：空间计量模型

6.5.1　模型设定

为了进一步实证研究地域位置特征与企业社会责任的关系，从空间视角刻画母子公司的地理分散化对企业社会责任的影响，本章借助空间自回归模型和空间杜宾模型等空间计量模型探究了企业社会责任的空间效应。具体模型设定如下：

1. 空间自回归模型（SAR）

空间自回归模型如式6-5所示：

$$Y_t = \lambda W Y_t + X_{it}\beta + Z_{it}\theta + \alpha + \xi_t \iota_N + \varepsilon_{it} \tag{6-5}$$

其中，Y_t 表示 $N \times 1$ 维的被解释变量，即上市公司企业社会责任指标；λ 表示空间效应系数，度量了所有其他空间单位观测值对本单位观测值的影响程度；W 表示经过行标准化处理（用每个矩阵元素除以所在行元素之和，使得每行元素之和为1）后的空间权重矩阵；WY_t 表示被解释变量空间滞后因子，即所有其他空间单位观测值的加权平均值；X_t 表示解释变量，即上市公司母子公司的地理分散化程度；β 表示解释变量 X_t 的回归系数；Z_t 表示控制变量；θ 表示控制变量 Z_t 的回归系数；α 表示 $N \times 1$ 维的个体固定效应，ι_N 是一个 $N \times 1$ 维的单位向量；$\xi_t \iota_N$ 表示时间固定效应；ε_t 表示 $N \times 1$ 维的随机误差项。被解释变量空间滞后因子的存在违背了古典线性回归模型中解释变量外生的假定，因而系数的普通最小二乘估计量将不再具备无偏性和一致性。

2. 空间杜宾模型（SDM）

空间杜宾模型如式6-6所示：

$$Y_t = \lambda W Y_t + X_t \beta_1 + W X_t \beta_2 + Z_t \theta_1 + W Z_t \theta_2 + \alpha + \xi_t \iota_N + \varepsilon_t \quad t = 1, \cdots, T \tag{6-6}$$

其中，WX_t 代表解释变量的空间滞后项，WZ_t 代表控制变量的空间滞后项。β_1 表示解释变量的回归系数，β_2 度量了其他空间单位的解释变量对本企业社会责任的影响，其他变量和符号含义与式6-5中相同。

3. 设定空间权重矩阵

已有文献对于企业间空间效应的考察多基于地区或者行业，因此，本章从地区、行业两个维度构造了相应的空间权重矩阵 W_pro 和 W_ind，以研究上市公司地域位置特征与企业社会责任的关系。具体而言，参考朱艳丽等（2021）的做法，地区空间权重矩阵 W_pro 是一个 $N \times N$ 维的 0-1 矩阵，与上市公司 i 的注册地同属一个省份的公司赋值为 1；否则为 0。行业空间权重矩阵 W_ind 也是一个 $N \times N$ 维的 0-1 矩阵，以 2012 年中国证监会行业分类为划分标准，与上市公司 i 属于同一行业的公司赋值为 1；否则为 0。两类空间权重矩阵的矩阵元素具体设定如下：

$$W\_pro_{ij} = \begin{cases} 1, & \text{公司 } j \text{ 与公司 } i \text{ 的注册地同属于一个省份} \\ 0, & \text{其他} \end{cases}$$

$$W\_ind_{ij} = \begin{cases} 1, & \text{公司 } j \text{ 与公司 } i \text{ 同属于一个行业} \\ 0, & \text{其他} \end{cases}$$

6.5.2 实证结果分析

1. 全局空间相关性分析

全局空间自相关莫兰指数（Moran's I）可以从整体上刻画研究观测值 y_i（i = 1，2，…，N）的空间分布的集聚情况，其计算公式为

$$\text{Moran's I} = \frac{\sum_{i=1}^{N} \sum_{j=1}^{N} W_{ij}(y_i - \bar{y})(y_j - \bar{y})}{s^2 \sum_{i=1}^{N} \sum_{j=1}^{N} W_{ij}} \tag{6-7}$$

其中，$S^2 = \sum_{1}^{N}(y_i - \bar{y})^2 / N$，$\bar{y} = \sum_{1}^{N} y_i / N$，$y_i$ 表示地区 i 的观测值（指上市公司的企业社会责任），N 为观测值总数（指上市公司个数），W_{ij} 为标准化空间权重矩阵的矩阵元素。

利用上述计算方法，本章对中国上市公司的企业社会责任表现进行了全局空间自相关检验。莫兰值检验可以对研究样本各年的空间相关情况进行初步判定，具体判定标准如下：莫兰值为正，表示空间正相关，值越大，正相关性越强；莫兰值为负，表示空间负相关，值越小，负相关性越强；莫兰值为零，说明空间分布呈随机性，具体结果如表 6-20 所示。可以看到，两类空间权重矩阵下的莫兰值均为正，且绝大部分莫兰值达到了 1% 的显著性水平，说明中国上市公司之间的企业社会责任表现存在显著的正向空间关系，即一个公司提升其企业社会责任履行状况，其他公司会通过捕捉这一信息进而也提升自身的社会责任履行情况。

表 6-20　全局 Moran's I 值检验

Panel A：地区空间权重矩阵			
Variables	I	sd（I）	z
CSR	0.038***	0.009	4.132
CSR	0.064***	0.009	6.909
CSR	0.042***	0.009	4.593
CSR	0.056***	0.009	5.996
CSR	0.060***	0.009	6.450
CSR	0.007	0.009	0.842
Panel B：行业空间权重矩阵			
Variables	I	sd（I）	z
CSR	0.040***	0.013	3.130
CSR	−0.007	0.013	−0.437
CSR	0.161***	0.012	12.394
CSR	0.226***	0.013	17.338
CSR	0.222***	0.013	17.013
CSR	0.037***	0.013	2.887

2. 空间面板模型的事前检验

为了检验使用空间面板模型的有效性，本章对两类空间权重矩阵设定下的空间面板模型进行了 Hausman 和 LR 检验，具体结果见表 6-21。本书利用 LR 检验来比较和选择 SAR 模型和 SDM 模型。具体而言，将 SDM 模型设定为无约束模型，SAR 设定为约束模型，当 LR 具有统计显著性时，则拒绝原假设，选择无约束模型。根据表 6-21 中的检验结果，地区空间权重矩阵下固定效应模型和随机效应模型均具有统计显著性，说明应选择 SDM 模型；而行业空间权重矩阵下的固定效应模型不具有统计显著性，说明应选择 SAR 模型。综合两类空间权重矩阵下的检验结果，为保证模型估计结果的一致性和可对比性，本书将在后文同时使用 SAR 模型和 SDM 模型。在此基础上，进一步利用 Hausman 检验来判断选择固定效应模型或随机效应模型，如果 P 值大于 0.1，表示不拒绝原假设，选择随机效应模型；如果 P 值小于 0.1，表示拒绝原假设，选择固定效应模型。由表 6-21 中的检验结果可知，地区空间权重矩阵和行业空间权重矩阵下两类空间面板模型均通过了1%的显著性水平检验，说明应选择固定效应模型。综上，本章将使用 SAR 和 SDM 两类空间面板固定效应模型对上市公司地理分散化与企业社会责任的关系进行实证研究。

表 6-21　不同空间面板模型的 Hausman 和 LR 检验

Panel C：地区空间权重矩阵（W_pro）						
	空间自回归模型（SAR）			空间杜宾模型（SDM）		
	统计值	自由度	P 值	统计值	自由度	P 值
LR test for FE	29.72	9	0.000 5	—	—	—
LR test for RE	88.52	9	0.000 0	—	—	—
Hausman 检验	561.02	11	0.000 0	540.45	10	0.000 0
Panel D：行业空间权重矩阵（W_ind）						
	空间自回归模型（SAR）			空间杜宾模型（SDM）		
	统计值	自由度	P 值	统计值	自由度	P 值
LR test for FE	32.43	11	0.000 7	—	—	—
LR test for RE	168.12	11	0.000 0	—	—	—
Hausman 检验	494.81	11	0.000 0	428.14	11	0.000 0

注：W_pro 代表地区空间权重矩阵，W_ind 代表行业空间权重矩阵。

3. 回归结果分析

由企业社会责任的空间相关性分析结果可知，我国 A 股上市公司的企业社会责任具有显著的正向空间相关关系，故采用空间自相关模型和空间杜宾模型对企业地域位置特征与企业社会责任的关系进行实证分析。在固定时间效应以及个体效应的基础上，本章分析了不同空间权重矩阵设定下母子公司地理分散化对企业社会责任的影响的差异性和稳健性。为了与传统计量模型作对比，表 6-22 同时列示了传统线性回归模型和空间计量模型的估计结果。

从模型的估计结果可以看出，对于企业社会责任的空间效应，在地区空间权重矩阵下，上市公司间的企业社会责任存在显著正向空间相关性（0.173 和 0.119），说明当同一地区的其他上市公司平均提高 1 个单位的企业社会责任表现时，会显著提升本公司 10%~20% 的企业社会责任表现；与此同时，其他上市公司的特征变量（企业规模、资产负债率、董事会规模、第一大股东持股比例和当地经济水平等）对本公司的企业社会责任履行情况产生影响。在行业空间权重矩阵下，当同一行业的其他上市公司平均提高 1 个单位的企业社会责任表现时，会提升本公司1.10%~1.27%的企业社会责任表现；另外，同一行业的其他上市公司主要通过特征变量（如企业规模、资产负债率、董事会规模和总资产净利率等），对本公司的企业社会责任产生空间溢出效应。

对于空间框架下母子公司地理分散化程度对企业社会责任履行情况的影响，从表6-22可以看出，在地区空间权重矩阵下，两类空间计量模型中地理分散化对企业社会责任的影响系数均显著为正（5.456和5.477），地理分散化的平方项对企业社会责任的影响系数均显著为负（-3.416和-3.625）；在行业空间权重矩阵下，两类空间计量模型中地理分散化对企业社会责任的影响系数均显著为正（5.561和6.036），地理分散化的平方项对企业社会责任的影响系数均显著为负（-3.434和-3.663）。这一方面说明上市公司母子公司地理位置分散化程度与其企业社会责任履行存在倒"U"形关系；另一方面两类模型下的地区空间权重矩阵和行业空间权重矩阵的检验结果相同可以佐证该结论的稳健性，也体现了本书进行空间计量分析的合理性。具体而言，上市公司在决定如何履行企业社会责任时，由于地理位置靠近，信息获取方便，会与同地区其他企业产生关于履行企业社会责任的策略互动行为；由于同一行业下存在市场份额的竞争关系，上市公司会关注同行业其他公司的企业社会责任履行情况，增加自身声誉以获取更多利益相关者的支持。

表6-22　地理分散化与企业社会责任：空间计量模型

	W_pro			W_ind	
	OLS	SAR	SDM	SAR	SDM
Avedis	5.562*	5.456*	5.477*	5.561**	6.036**
	(3.108)	(2.825)	(2.825)	(2.831)	(2.826)
Avedis2	-3.440*	-3.416*	-3.625**	-3.434*	-3.663**
	(1.995)	(1.813)	(1.815)	(1.818)	(1.814)
W×CSR		0.173***	0.119***	0.0110	0.0127
		(0.0407)	(0.0431)	(0.0351)	(0.0357)
Controls	Y	Y	Y	Y	Y
W×Avedis			13.56		6.231
			(14.41)		(10.68)
W×Avedis2			-6.762		-8.052
			(8.457)		(6.548)

表6-22(续)

	W_pro			W_ind	
	OLS	SAR	SDM	SAR	SDM
W×Controls			Y		Y
个体效应	Y	Y	Y	Y	Y
时间效应	Y	Y	Y	Y	Y
N	5 130	5 130	5 130	5 130	5 130
R-squared	0.130	0.012	0.000	0.013	0.001

6.5.3 稳健性检验

为对表6-22的模型估计结果进行稳健性检验以使实证结论更加可靠，本章通过构建复合空间权重矩阵，对上述研究结论进行重新检验。

考虑到上市公司在选择参考其他上市公司企业社会责任履行行为时，可能会综合同一地区和行业的特征，不局限于单一关联互动网络，因此，本章进一步构建了地区和行业的复合空间权重矩阵，即把地区和行业空间权重矩阵的元素两两相乘，以更严格的空间权重矩阵来验证上市公司地理分散化程度与企业社会责任履行的关系。具体而言，地区和行业复合空间权重矩阵第 i 行第 j 列矩阵元素 $W\_pro\_ind_{ij} = W\_pro_{ij} \times W\_ind_{ij}$，若企业 j 与企业 i 同行业且注册地同属于一个省份，其值取 1；反之取 0。复合空间权重矩阵设定下 SAR 模型和 SDM 模型的估计结果如表6-23所示。通过对比复合空间权重矩阵下的估计结果与原结果，可以发现上市公司母子公司的地理分散化程度与企业社会责任依然存在倒"U"形关系，并且上市公司会同时关注同地区和同行业其他上市公司履行企业社会责任的情况。综上，两类稳健性检验的实证结论都没有产生实质性变化，说明表6-22的研究结论是稳健的。

表6-23　稳健性检验：复合空间权重矩阵

	W_pro_ind		
	OLS	SAR	SDM
Avedis	5.562[*]	5.606[**]	6.249[**]
	(3.108)	(2.831)	(2.836)

表6-23(续)

	W_pro_ind		
	OLS	SAR	SDM
Avedis2	−3.440[*]	−3.472[*]	−3.815[**]
	(1.995)	(1.817)	(1.820)
W×CSR		0.026 3	0.021 6
		(0.017 2)	(0.017 3)
Controls	Y	Y	Y
W×Avedis			−2.175
			(1.331)
W×Avedis2			0.380
			(0.29)
W×Controls			Y
个体效应	Y	Y	Y
时间效应	Y	Y	Y
N	5 130	5 130	5 130
R−squared	0.003	0.020	0.010

6.6 研究小结

首先,本章基于手工整理的我国 A 股上市公司的母子公司的地理位置信息,以其经纬度坐标为基础,较为形象地刻画出基于球面距离的母子公司地理分散化程度。其次,以企业社会责任的五大维度作为研究对象;以利益相关者理论和委托代理理论等为理论基础,从地理分散化带来的信息传递影响和资源获取影响角度进行剖析,对二者的影响关系进行实证检验。最后,以空间计量模型检验了中国企业社会责任分布的空间效应,从地区和行业两个角度考察了企业间社会责任表现的相互影响。

主要结论是:①母子公司的地理分散化与企业的社会责任表现之间呈现倒"U"形关系:一定程度的地理分散化有助于提升企业社会责任表现以及改善股东、员工和其他利益相关者权益责任,然而过高的地理分散程度可能抑制企业股东责任的实现和降低对员工及其他利益相关者权益的投入。并且，在发达的市场化环境下，企业地理分散化与股东、员工及其他利益相关者责任的倒"U"形趋势更明显，而且员工和其他利益相关者责任的表现明显优于在欠发达的市场化环境下的表现。②地理分散化与环境和公益责任存在显著的正相关性。可能的原因在于，企业为了获取合法性，会不断适应规制要求，按照社会期望的方式行事。当企业地理分散化程度越高时，企业面临的利益相关者群体范围越广泛，来自政府和公众的监督效力越强。随着新常态背景下地方政府对环境保护和定向捐赠的大力倡导，企业在跨区域发展时，受到地方政府施加的环境和公益责任的压力愈发明显。此时，企业出于获取政治合法性动机，会增加其在环境和公益责任方面的投入，进而提升相关责任表现。③考虑企业的产权性质，国有企业在环境责任和公益责任的表现显著优于民营企业。并且，对国有企业而言，地理分散化程度对于股东、员工和利益相关者权益责任的倒"U"形影响存在曲率增大、平峰厚尾的特征，表明地理分散化对国企和民企的社会责任表现起到相同性质的作用，但在国企中效果更明显；此外，随着分散化程度的提高，相比民营企业而言，国有企业受到的负面影响较小。④企业社会责任存在行业和地区的空间效应。具体而言，当企业所处地区的平均企业社会责任表现提高1个单位时，企业会提升10%~20%的自身社会责任表现。同时，当企业所处行业的平均企业社会责任表现提高1个单位时，企业会提升1.10%~1.27%的自身社会责任表现。

7 地域文化特征与企业社会责任关系的实证研究——基于宗教文化的视角

在探讨宗教文化与企业社会责任的关系方面,已有文献提供了合理的分析框架和技术路径:从公司高管层的个人宗教信仰和公司所在地的宗教文化氛围两个视角进行研究。然而,目前尚未有文献从企业跨区域发展的现实情境出发,根据母子公司的地理分散格局,推演母子公司所在地的宗教文化氛围对企业决策和行为的潜在影响,本章对此研究进行了充实。首先,本章建立了宗教文化影响企业社会责任的理论路径,从宗教文化的公司治理效应、信息改善效应以及风险厌恶效应分析其对企业社会责任的促进作用。其次,根据宗教塑造的遵守社会规范、因果循环和慈悲仁爱等价值观,具体分析宗教文化对企业的产品质量、节能减排成效以及企业慈善捐赠行为的影响。这三个维度的企业社会责任内容分别是对消费者权益责任、环境责任和公益责任的典型例证。因此,本章实证检验了企业所在地的宗教文化氛围对企业社会责任的具体影响。最后,基于上一章母子公司的地理分布数据,本章构建了度量母子公司所在区域宗教文化氛围的综合指标,作为稳健性检验探讨母子公司的宗教文化对企业社会责任的影响。

7.1 问题提出

中国长达数千年的发展,积淀形成了宗教信仰、语言艺术、传统习俗等多种文化要素,并对中国社会的平稳发展和自然演进产生了长远深厚而不可忽视的内在影响(贺建刚,2015)。具体到中国这样一个转型和新兴市场国家,探究其社会和经济问题,如果仅局限于政策、法律、法规和规章等制度要素的影响,是不能全面而深刻地解答中国问题的(陈冬华 等,2008)。因此,对中国宏观经济问题和微观企业行为的考察,有必要将文化要素纳入分析框架。而中国作为一个多宗教国家，具有悠久的宗教历史，现如今仍有相当数量的宗教信徒和宗教场所。可以说，宗教形成了中国公共文化的重要供给（阮荣平 等，2010），宗教是中国文化要素的典型代表。

宗教文化与社会的相互影响体现在，宗教文化在潜移默化中影响人类的认知和理念，塑造了经济个体的价值体系，反过来基于宗教信仰群体的行为所产生的社会认知又会重塑宗教文化。同时，宗教作为社会规范的重要组成部分，又与社会的共同文化、商业精神、信任与规则等有着密不可分的关联。马克斯·韦伯的经典著作《新教伦理与资本主义精神》（1904）便始于这样一个观察：在19世纪欧洲地域范围内，基督新教盛行、教徒云集、教会场所丰富的区域往往也是资本主义经济活动较为发达和领先的区域。由此引出该书的命题：基督新教塑造的职业道德和人文伦理，对近代资本主义活动的发展和市场制度的构建产生了较为重要的影响。因此，在中国转型经济时期特定的制度环境下，探讨宗教文化对企业的观念塑造和伦理行为的影响，对于构建新发展格局具有重要的现实意义。

时代的快速发展，正式拉开了科技革命的序幕，人文要素不断革新，产业基础持续变革，经济和社会文明蒸蒸日上地向前发展和推进。同时，宗教的伦理特征与商业伦理之间具有天然的联系，宗教通过教义、伦理和道德形成了隐形的道德规范和行为标准（Miller，2000；贺建刚，2015），这一规范投射到公司行为决策上，表现为企业社会责任的承担和履行。社会责任行为在一定程度上反映了宗教传统通过社会规范影响公司伦理行为的路径和机制。所以，对企业所在地的宗教文化进行研究，讨论其对社会责任的影响具有重要的理论和现实意义。

7.2 理论分析和研究假设

7.2.1 宗教文化对企业社会责任的直接影响：提升公司治理的意愿和能力

宗教文化是一种可以间接改善社会治理和公司治理的非正式制度机制。宗教宣扬的道德和伦理标准，在一定程度上会影响企业管理层的行为决策，使其倾向于放弃与企业长期发展的价值观不相符合的短视行径，这样也大大缓解了企业治理中的代理问题。这些都是宗教文化改善公司治理和优化公司行为的具体体现。原因如下：

第一，宗教文化通过教义、伦理、道德等社会规范塑造了个体的价值观和伦理观，个体认知外化为个体决策和行为（杜兴强 等，2020）。因此，宗教文化会直接或间接地影响企业高管的情感要素和价值判断，促进其形成忠实诚信和一以贯之的长期性等性格特点（杜颖洁和冯文滔，2014），进而引导企业高管遵守社会规范，降低代理成本，减少短视行为。Dyreng 等（2012）、Mc Guire 等（2012）发现，企业所在地的宗教氛围越浓厚，其出现财务造假和财务重述等违规行为的情况越少；当其他外部监督效果较差时，宗教文化可以作为社会规范机制发挥抑制代理冲突的替代功能。同时，当企业高管处于宗教氛围浓厚的地区时，短视行为而导致其遭受的声誉损失、惩罚成本和社会否认会更严重（黄灿 等，2019）。此时，宗教文化改善公司治理的作用机制体现为：宗教文化→个体价值观→管理层认知→公司决策和行为。

第二，宗教文化有助于提升信息环境质量，提高利益相关者对管理层的监督意愿和监督能力，进而减少代理问题。宗教文化可以增进社会整体信任（辛宇 等，2016），促使企业高管削弱利己心态，激发对合作共赢的追求。在交流互动的过程中，共同的宗教文化缩短了社会心理距离，降低了信息传播的壁垒，为彼此获取"软信息"提供了有利的氛围。同时，受宗教文化的影响，利益相关者自身的利己心态也会削弱，更愿意出于公平公正和牺牲奉献的心态，承担监督管理层的责任（Callen and Fang，2015）。此时，宗教文化改善公司治理的作用机制体现为：宗教文化→社会信任水平→信息流动性→外部监督的能力和意愿→公司决策和行为。

综上，宗教文化树立了社会规范和行动准则，抑制了企业高管的利己心态和败德行为，减少了公司治理的代理成本，成为企业积极承担社会责任的动力。所以，宗教文化通过影响公司治理能力和意愿进而对企业社会责任产生正向影响。

7.2.2 宗教文化对企业社会责任的间接影响：缓解信息不对称和影响企业风险偏好

1. 缓解信息不对称

社会责任投资需要长期性，因此信息不对称可能会对企业社会责任产生抑制作用。普通投资者对投资的理解缺乏系统性和长远性，导致其与企业之间存在较大的信息不对称。具体而言，企业需要在一般性产业投资和可持续性社会责任投资之间权衡利弊，做出选择。企业社会责任具有利益相关者覆盖范围广、履责成本高、持续周期长、回报不确定等特征，而普通投资者对企业社会责任价值的理解较为浅显。信息不对称可能使普通投资面临逆向选择，导致其倾向于低估企业社会责任的价值（辛宇 等，2016）。因此，管理层更愿意增加回报稳定的一般性产业投资，而减少企业社会责任投资（陈欣怡 等，2018）。此时，信息不对称起到了抑制企业履行社会责任的作用。

宗教文化可以缓解企业与利益相关者（包括普通投资者）之间的信息不对称，进而促进企业履行社会责任。原因如下：首先，从微观层面，宗教文化可通过改善公司治理缓解企业与利益相关者之间的信息不对称，因为公司治理有助于提升企业的信息披露质量，为利益相关者提供更多可靠的公开信息，降低信息不对称程度。其次，从宏观层面，作为重要的社会规范载体，宗教文化增进了社会整体信任（辛宇 等，2016），改善了企业所在地的信息环境，增强了企业和投资者之间的认可和信任。因此，宗教文化通过改善信息环境，缓解了企业与利益相关者之间的信息不对称，进而促进企业履行社会责任。

2. 影响企业风险偏好

风险厌恶和诚实是与宗教文化最相关的两项社会规范（Dyreng et al.，2012）。宗教文化会潜在地影响企业，使其更遵从道德约束（Akerlof，1980；Emerson and Conroy，2004），更厌恶风险（Baesky et al.，1997），投资决策更为长远（Renneboog and Spaenjers，2012）。位于宗教氛围浓厚地区的企业，会有明显的风险厌恶倾向，采取更稳健的会计政策和更保守的投资策略（Hilary and Hui，2009），资本结构会更合理（何鑫萍 等，2016）。Blau（2017）发现，在宗教信仰氛围浓厚的国家，投资者的风险厌恶程度较高，导致金融市场的投机性交易较少。

随着企业社会责任实践日趋广泛，全社会各界关注和推动其继续发展的局面正逐步形成。利益相关者对企业在产品质量、售后服务、员工成长、环境保护和慈善救助等维度的诉求更为具体。一方面，企业承担社会责任完全出于道德情操和利他主义；另一方面，面对社会期待和舆论压力等外部约束，企业履行社会责任成为增强组织合法性的被动选择，因为社会责任可以为企业提高声誉、提升利益相关方满意度及强化组织合法性等。社会责任为企业积累了一定的声誉资本，当企业爆发负面新闻时，投资者可能将此情况归因于管理者能力而非品质问题，进而缓解负面事件的冲击（付超和吉利，2017）。

中国的宗教文化对生死、道德、理想和世俗等的认知宣扬，使得信徒更倾向于保持谨慎和厌恶风险。而企业积极履行社会责任具有声誉保险的功效，减轻企业面临恶性冲击时的极端后果。受宗教文化的影响，具有风险厌恶偏好的企业高管会更积极履行社会责任，以帮助企业更好应对不利局面。因此，宗教文化因为风险厌恶而对企业社会责任有促进作用。

综上，宗教文化对企业社会责任的影响路径如图 7-1 所示。

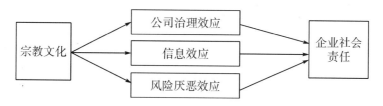

图 7-1　宗教文化对企业社会责任的影响路径

基于上述理论分析，本章提出研究假设 7-1。

假设 7-1：企业所在地的宗教文化越浓厚，企业社会责任整体表现越好。

根据制度同构理论中非正式制度的社会规范原则（social norm theory），在社会规范的指引下，社区成员将社会规范作为重要的行为准则，使个体行为遵循社会共同认可的行为模式（Johlberg，1981；Elster，1989）。社会规范是经过社区成员认知并共同认可的意识形态产物。一旦个体违背社会规范，就暗示着个体的价值观念与社会认知产生了直接冲突，此时，个体可能遭遇其他社会成员的孤立和制裁（Festre，2010）。宗教作为重要的社会规范，形成了信仰者必须遵循的行为规则和价值体系。对宗教信徒而言，宗教教规对他们的行为约束范围较大，且强调人类对欲望的约束和抑制。从这个角度看，宗教的约束范围比法律制度更大，虽然宗教的约束是非强制性的，但无形中增加了更多的行为准则要求。在浓厚的宗教氛围中，企业管理层会以更高的标准来要求自己和合作伙伴，会更严格地遵守和执行各种法规制度。具体表现为：企业的生产流程更规范，产品质量保障体系更完善，供应链管理更严格。本章提出假设 7-2：

假设 7-2：企业所在地的宗教文化越浓厚，其产品质量越高，消费者权益责任表现越好。

宗教文化引导个体行为具有长期性（杜颖洁和冯文滔，2014）。佛教的"轮回"观认为因果具有相续性，"欲知前世因，今生受者是；欲知来世果，今生做者是"[①]，今世的"缘起"是前世善恶业的"果报"，而今世的善恶业会决定来生能否得道。当佛教倡导的个人当下行为与未来的生活报偿具有因果循环时，信徒的个人行为在潜移默化中具有长期性特征。Vasconcelos（2010）发现，宗教的"因果法则"引导个体不仅关注自身，也给予周边环境最大限度的关怀。"道曰今生，佛说来世"，道教倡导天人合一，道法自然，无所不

---

①　出自佛教《三世因果经》。

容，无为而治，天地人三者融合，通力合德，相互依存。因此，宗教文化会引导信徒与自然建立和谐共生关系。

同时，宗教教义的终极理想会激励信徒的环保行为。佛教设定的终极理想是"涅槃"，进入庄严美妙、祥和安宁、和谐自然的西方极乐世界；道教描述的是逍遥快活、环境优美的仙境（史向前，2004）。因此，宗教教义构建的幸福畅想，可以发挥教徒的主观能动性（Cooper and James，2017；陈红兵，2012），使其以一己之力带动周围环境以赞助天地、爱护自然、滋养人间万物。本章提出假设7-3：

假设7-3：企业所在地的宗教文化越浓厚，其节能减排越多，环境责任表现越好。

宗教文化倡导人应怀有慈悲仁爱之心，互帮互助，团结友爱，反对绝对的利己主义和自我行径。比如，基督教就强调人应对自己的过错有忏悔之心，并通过祈祷得到宽恕和原谅；佛教倡导以大慈、大悲、大喜、大舍的"四无量心"去同情怜悯众生，为他人解除痛苦，给予他人真诚和快乐（Du et al.，2014）；道教宣扬"天地与我并生，而万物与我为一"的观点，认为人与自然万物本是一体，世间万物受损就如同自己受损一样（尹志华，2003）。同时，道教"齐同万物"的思想强调了人的价值标准的主体特征，凸显出人作为道德主体而肩负的责任，宣扬了齐同慈爱的人性光彩（尹志华，2003）。总之，宗教的价值观倡导"自利利他"，对待世间万物应仁慈怜悯、行善积德、救济众生。本章提出假设7-4：

假设7-4：企业所在地的宗教文化越浓厚，其慈善捐赠越多，公益责任表现越好。

图7-2展示了本章的假设7-2、7-3和7-4的理论分析路径。

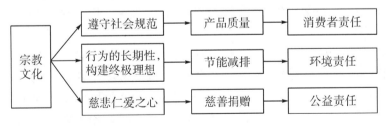

图7-2 宗教文化对三个维度社会责任的影响路径

根据合法性理论（legitimacy theory），组织在社会网络中的一切活动必须建立在保证组织合法性的基础上，不被法律认可的组织就丧失了基本的存在价值（Freeman，1994；Donaldson，1995）。企业获得合法性基础需要满足一系列社会、经济和法律的约束条件，其中最重要的一条便是企业的行为决策必须遵循当地的社会规范要求（杜兴强 等，2020）。与国有企业相比，民营企业获取组织合法性的愿望和需求更强。当民营企业面临社会期望与舆论压力时，不得不被动做出回应，支配企业资源以履行社会职能。面对社会规范的约束力和政策制度的强制力，企业社会责任成为民营企业的微观战略选择。此时，民营企业将社会责任实践作为提升自身竞争力、增强组织合法性和创造综合价值的行为选择。对国有企业而言，随着对国有企业本质的不断认知和其使命的持续调整，目前国有企业在经济社会中应承担的社会职能与应履行的社会责任内容较为明确和清晰。从社会规范的影响效果来看，国有企业受影响程度不及民营企业显著。本章提出假设7-5：

假设7-5：相比国有企业，宗教文化对企业社会责任的正向影响在民营企业中更明显。

7.3 研究设计

7.3.1 样本与数据

本章的数据处理过程与第6章一致，最终获得了5 063个研究样本。核心变量"宗教文化"的数据源自手工收集整理。其他公司财务及治理数据来自CSMAR 和 RESSET 数据库。

7.3.2 变量定义与回归模型

1. 被解释变量：产品质量（CSR_pro）、节能减排（CSR_env）和慈善捐赠（CSR_soc）

第5章详细描述了和讯网构建的企业社会责任评分体系，可以看出，消费者及其他利益相关者权益责任（下文简称"消费者责任"）主要是从产品质量的角度进行评价的，考察了企业的产品质量管理意识和第三方认证情况，因此本章以消费者责任评分度量企业的产品质量（CSR_pro）。环境责任涵盖了企业的环保意识、环保投入金额、排污种类和减排污染物种类等，是对企业环保行为的全面评价，因此本章以环境责任评分度量企业的节能减排成效（CSR_env）。公益责任包括企业纳税金额（50%）和慈善捐赠金额（50%），因此本章用公益责任的50%评分度量企业的慈善捐赠情况（CSR_soc）。

2. 解释变量：宗教文化（Religion）

根据前期研究，现有四种方法对宗教文化进行侧重性度量和刻画（杜兴强 等，2020）。①区域内宗教人口数量或者比例（Dyreng et al.，2012）；②区域内宗教场所数量（Gul et al.，2018）；③关于宗教信仰的调查问卷；④相邻地理距离的宗教场所的数量（Du，2013；陈冬华 等，2013）。其中，前三种方法是采用行政区域内的数量特征度量宗教文化，第四种方法是基于地理近邻性概念，测度每家企业所处的宗教文化氛围的独特数据。

中国经济市场面临的特殊情况：地区间市场分割的情况较为严重（陆铭和陈钊，2006；曹春方 等，2015），这是影响企业行为的重要宏观背景，也是学术研究应该考虑的现实情况。市场分割的根本原因在于，在中央每年对地方经济效益的评价考核下，地方政府为应对绩效考评，利用本地的管辖和决策权，为本地经济资源自由流向外地设置壁垒，限制本土企业向其他区域扩张发展（朱希伟 等，2005）。在市场分割的情况下，由于信息和资源的流动性受到明显限制，社会规范更容易在行政区域内部形成。这时，社会规范的影响力在区域内部更明显，而不与地理距离的远近产生直接关系。我国的宗教文化经过长时间的发展和沉淀，已经较为稳定，且存在地域性差异。因此，本章采用第二种度量方法，以企业的母公司所在城市的宗教场所数量来度量宗教文化。

国家宗教事务局①的宗教基础信息查询系统提供了包括宗教场所类别和所在城市在内的基本信息，本章自此系统手工收集了全国各城市的佛教和道教活动场所的数量，以道教和佛教活动场所求和得到城市的宗教场所数量。

在本章后续的稳健性检验中，考虑了子公司所在城市的宗教文化的影响。子公司所在城市的数据是从企业年度报告中手工获取的。对母子公司所在地的宗教文化（Religion）进行度量如式7-1所示：

$$Religion = (Religion_m + \alpha \sum Religion_j/N)/10 \qquad (7-1)$$

其中，$Religion_m$ 是母公司所在城市的宗教场所数量；$Religion_n$ 是子公司所在城市的宗教场所数量；$j=1$，2，3，…，n；N 为子公司数量；考虑到母公司与子公司对企业决策的影响程度存在较大的差异性，对子公司赋予一定权重，α 是对子公司赋予的权重值，分别对 $\alpha=0.3$，$\alpha=0.5$，$\alpha=0.7$ 和 $\alpha=1$ 进行稳健性检验。

3. 控制变量

本章的控制变量（Control）包括公司财务特征、公司治理特征和地域特征变量。其中，财务特征和治理特征变量与第6章保持一致，地域特征变量引入了城市经济水平（LnGDP），以控制当地经济发展程度对企业社会责任可能产生的影响。

4. 回归模型

借鉴 Kim 等（2011）和徐细雄等（2020）的研究，构建式7-2，检验宗

---

① 网址：www. sara. gov. cn.

教文化对企业社会责任的影响：

$$CSR_{i,\,t+1} = \alpha_0 + \alpha_1\,Religion_{i,\,t} + \sum \alpha_j\,Control_{i,\,t} + \sum Year + \sum Industry + \varepsilon_{i,\,t}$$

$$(7-2)$$

其中，$CSR_{i,\,t+1}$ 为被解释变量，分别代表企业社会责任的总体表现和三个维度的具体表现，包括消费者责任、环境责任和公益责任表现；$Control_{i,\,t}$ 为控制变量；Year 和 Industry 为年度和行业虚拟变量；$\varepsilon_{i,\,t}$ 为残差项。具体的变量定义如表 7-1 所示。

表 7-1　变量定义与说明

变量	名称	符号	定义
被解释变量	企业社会责任	CSR	企业社会责任评分
	产品质量	CSR_con	消费者责任评分
	节能减排	CSR_env	环境责任评分
	慈善捐赠	CSR_soc	公益责任评分
解释变量	宗教文化	Religion	企业母公司所在城市的宗教场所数量／10
控制变量	公司规模	Size	年末总资产的自然对数
	资产负债率	Lev	总负债／总资产
	营业收入增长率	Growth	营业收入增长额／上年营业收入总额
	总资产净利率	ROA	净利润／平均资产总额
	上市年限	Age	公司上市年限数的自然对数值
	实际控制人性质	SOE	企业实际控制人为国有单位或法人，取值为1；否则为0
	两职兼任	Dual	CEO与董事长两职兼任时，取值为1；否则为0
	董事会规模	Board	董事会人数的自然对数值
	独立董事比例	Indirect	独立董事／董事会总人数
	高管持股比例	Mahold	管理层持股数／上市公司发行股票总股数
	股权集中度	Top1	第一大股东持股比例
	当地经济水平	LnGDP	企业母公司所在城市的名义GDP的自然对数值

7.4 实证结果分析

7.4.1 描述性统计和相关性分析

1. 描述性统计

由表 7-2 可以看到，企业社会责任（CSR）的均值为 22.84，最小值为 -4.39，最大值为 70.75，由此可见，我国上市公司的企业社会责任实践尚在起步阶段，总体评分较低，而且企业社会责任的管理水平参差不齐、差异程度较大。宗教文化（Religion）的均值为 6.323，最小值为 0.3，最大值为 39。说明样本企业的母公司所在市的宗教场所数量均值为 63.23 家，最小值样本所在市有 3 家宗教场所，最大值样本所在市有 390 家宗教场所，由此可见母公司所在市的宗教文化差异显著。对子公司分别赋予 0.3/0.7/1 的权重后，宗教文化 Religion0.3/ Religion0.7/ Religion1 的均值分别为 9.209、12.14 和 16.53，最大值分别为 46.5、59.52 和 79.11，说明样本企业的母子公司分布广泛，子公司面临的宗教文化浓度差异较大。其他控制变量的分布与已有文献（宋军和陆旸，2015；许志勇和邓超，2019）基本一致。

表 7-2　描述性统计结果

variable	N	mean	sd	min	p25	p50	p75	max
CSR	5 063	22.84	13.68	-4.390	16.08	22.14	27.43	70.75
CSR_con	5 063	0.961	3.689	0	0	0	0	19
CSR_env	5 063	0.872	3.409	0	0	0	0	17
CSR_soc	5 063	5.384	4.825	-10	2.710	5	9.210	15
Religion	5 063	6.323	6.143	0.300	2.600	4.500	7.700	39
Religion0.3	5 063	9.209	8.157	0.564	4.019	7.017	11.26	46.50
Religion0.7	5 063	12.14	10.52	0.761	5.386	9.377	14.83	59.52
Religion1	5 063	16.53	14.09	0.991	7.343	13.04	20.25	79.11
Size	5 063	22.84	1.338	20.14	21.92	22.68	23.62	26.74
Lev	5 063	0.496	0.198	0.083	0.346	0.498	0.647	0.905
Growth	5 063	0.371	1.623	-0.490	0.162	0.443	0.811	12.99
ROA	5 063	0.034	0.045	-0.126	0.011	0.028	0.053	0.183

表7-2(续)

variable	N	mean	sd	min	p25	p50	p75	max
Age	5 063	3.010	0.287	2.080	2.890	3.090	3.180	3.330
SOE	5 063	0.635	0.482	0	0	1	1	1
Dual	5 063	0.139	0.346	0	0	0	0	1
Board	5 063	2.168	0.203	1.609	2.079	2.197	2.197	2.708
Indirect	5 063	0.373	0.053	0.333	0.333	0.364	0.400	0.571
Mahold	5 063	0.003	0.013	0	0	0	0	0.108
Top1	5 063	0.364	0.155	0.084	0.243	0.341	0.473	0.773
LnGDP	5 063	10.28	0.687	7.855	9.945	10.26	10.76	11.44

2. 相关性分析

表7-3报告了主要变量的相关性分析结果。宗教文化Religion与企业社会责任CSR、产品质量CSR_pro、节能减排CSR_env和慈善捐赠CSR_soc显著正相关，初步支持了企业母公司所在地的宗教文化会提升企业社会责任表现的假设，即假设7-1，具体表现为促进产品质量、提高节能减排成效和增加公益捐赠，也分别验证了假设7-2、7-3和7-4的构想。变量之间不存在严重的多重共线性。

表7-3 相关性分析结果

Variables	CSR	CSR_con	CSR_env	CSR_soc	Religion	Religion0.3	Religion0.7	Religion1
CSR	1.000							
CSR_con	0.654 ***	1.000						
CSR_env	0.727 ***	0.188 ***	1.000					
CSR_soc	0.515 ***	0.303 ***	0.052 ***	1.000				
Religion	0.037 ***	0.030 **	0.031 **	0.022 **	1.000			
Religion0.3	0.032 **	0.040 ***	0.027 **	0.024 **	0.985 ***	1.000		
Religion0.7	0.038 ***	0.045 ***	0.031 **	0.030 **	0.968 ***	0.996 ***	1.000	
Religion1	0.043 ***	0.050 ***	0.024 *	0.034 **	0.945 ***	0.986 ***	0.996 ***	1.000

7.4.3 回归结果分析

1. 宗教文化对企业社会责任的影响

本部分主要考察宗教文化对企业社会责任的影响，因此需要关注宗教文化

Religion 的回归系数及其显著性，表 7-4 列示了回归结果。第（1）列未加入控制变量，仅控制年度和行业固定效应，结果显示宗教文化 Religion 的回归系数为 0.229，在 1% 的水平上显著。加入控制变量后，宗教文化 Religion 的回归系数为 0.112，在 1% 的水平上显著。结果说明，企业母公司所在城市的宗教场所越多，企业社会责任的整体表现越好，检验结果支持了假设 7-1。在经济意义上，母公司所在城市的宗教场所每增加 10 个，企业社会责任评分会增加 0.112 分。以上证据表明，宗教文化在经济和统计意义上均显著提升了企业社会责任的整体表现。

表 7-4　宗教文化与企业社会责任

VARIABLES	(1) CSR	(2) CSR
Religion	0.229 ***	0.112 ***
	(4.965)	(3.597)
Size		2.229 ***
		(12.238)
Lev		0.445 **
		(1.357)
Growth		−0.013
		(−0.417)
ROA		3.671 ***
		(5.343)
Age		2.103 ***
		(3.196)
Dual		0.477 ***
		(2.886)
SOE		0.824 *
		(1.959)
Board		0.467
		(0.424)
Indirect		1.328

表7-4(续)

VARIABLES	(1) CSR	(2) CSR
		(0. 328)
Top1		3. 525 ***
		(1. 304)
LnGDP		0. 909 ***
		(3. 249)
Year	Y	Y
Industry	Y	Y
Constant	24. 790 ***	−47. 397 ***
	(50. 344)	(−7. 877)
N	5 063	5 063
R−squared	0. 196	0. 211

2. 宗教文化对产品质量的影响

本部分主要考察宗教文化对产品质量的影响，表7-5列示了回归结果。第（1）列未加入控制变量，仅控制年度和行业固定效应，结果显示宗教文化 Religion 的系数为0.03，且在5%的水平上显著。加入控制变量后，结果显示宗教文化 Religion 的系数为0.053，在1%的水平上显著。这说明企业的母公司所在城市的宗教场所越多，企业的产品质量越好，消费者权益责任表现越好，检验结果支持了假设7-2。在经济意义上，母公司所在城市的宗教场所每增加10个，消费者权益责任评分增加0.053分。以上证据表明，宗教文化在经济和统计意义上均显著提升了企业的产品质量，促进了消费者权益责任表现。

表7-5 宗教文化与产品质量

VARIABLES	(1) CSR_con	(2) CSR_con
Religion	0. 030 **	0. 053 ***
	(2. 123)	(4. 120)
Controls	N	Y
Year	Y	Y

表7-5(续)

VARIABLES	(1) CSR_con	(2) CSR_con
Industry	Y	Y
Constant	12. 773 ***	− 14. 502 ***
	(55. 047)	(− 5. 798)
N	5 063	5 063
R−squared	0. 209	0. 288

3. 宗教文化对节能减排的影响

本部分主要考察宗教文化对节能减排的影响，表7-6列示了回归结果。第（1）未加入控制变量，仅控制年度和行业固定效应，结果显示宗教文化Religion的系数为0.001，在10%的水平上显著。加入控制变量后，宗教文化Religion的系数为0.023，且在1%的水平上显著。这说明企业的母公司所在城市的宗教场所越多，企业的节能减排成效越好，环境责任表现越好，检验结果支持了假设7-3。在经济意义上，母公司所在城市的宗教场所每增加10个，环境责任评分增加0.023分。以上证据表明，宗教文化在经济和统计意义上均显著提升了企业的节能减排成效，促进了环境责任表现。

表 7-6　宗教文化与节能减排

VARIABLES	(1) CSR_env	(2) CSR_env
Religion	0. 001 *	0. 023 ***
	(1. 180)	(3. 629)
Controls	N	Y
Year	Y	Y
Industry	Y	Y
Constant	2. 975 ***	− 9. 667 ***
	(32. 115)	(1. 219)
N	5 063	5 063
R−squared	0. 121	0. 177

4. 宗教文化对慈善捐赠的影响

本部分主要考察宗教文化对慈善捐赠的影响,因此需要关注宗教文化 Religion 的回归系数及其显著性,表7-7列示了回归结果。第(1)列未加入控制变量,结果显示宗教文化 Religion 的系数为0.009,在10%的水平上显著。加入控制变量后,第(2)列显示宗教文化 Religion 的系数为0.014,在5%的水平上显著。这说明企业的母公司所在城市的宗教场所越多,企业的慈善捐赠越多,公益责任表现越好,检验结果支持了假设7-4。在经济意义上,企业的母公司所在城市的宗教场所每增加10个,社会公益责任评分增加0.014分。以上证据表明,宗教文化在经济和统计意义上均显著促进了企业的慈善捐赠行为,提升了社会公益责任表现。

表7-7 宗教文化与慈善捐赠

VARIABLES	(1) CSR_soc	(2) CSR_soc
Religion	0.009*	0.014**
	(1.831)	(3.227)
Controls	N	Y
Year	Y	Y
Industry	Y	Y
Constant	5.191***	−6.811***
	(28.590)	(2.211)
Observations	5 063	5 063
R-squared	0.041	0.068

5. 企业产权性质的对比分析

为了检验不同产权性质下宗教文化对企业社会责任的影响是否存在差异,本章将全样本分为国有企业子样本和民营企业子样本进行回归分析。表7-8列示了民营企业和国有企业样本中宗教文化对企业社会责任的回归结果。民营企业样本中,第(1)列中未加入控制变量,宗教文化 Religion 的系数为0.096,在10%的水平上显著。加入控制变量后,宗教文化的系数为0.126,在1%的水平上显著。国有企业样本中,第(3)列中未加入控制变量,宗教文化 Religion 的回归系数为0.082,在10%的水平上显著。加入控制变量后,宗教文化的系数为0.113,在1%的水平上显著。通过比较回归系数的数值大小和统计显著性水平，不难看出，民营企业受到宗教文化对其社会责任表现的影响更显著。如前文所述，与国有企业相比，民营企业获取组织合法性的愿望和需求更强。当民营企业面对社会规范的约束力和政策制度的强制力时，履行社会责任成为合适的微观战略选择。此时，民营企业将社会责任实践作为提升自身竞争力、增强组织合法性和创造综合价值的行为选择。因此，从社会规范的影响效果来看，民营企业受到宗教文化的影响比国有企业显著。在经济意义上，母公司所在城市的宗教场所每增加 10 个，民营企业社会责任评分增加0.126 分，国有企业社会责任评分增加 0.113 分。以上证据表明，与国有企业相比，宗教文化对企业社会责任的正向影响在民营企业中更明显。

表 7-8　宗教文化与企业社会责任：民营企业和国有企业

VARIABLES	(1) CSR	(2) CSR	(3) CSR	(4) CSR
Religion	0.096*	0.126***	0.082*	0.113***
	(1.809)	(2.804)	(1.770)	(2.642)
Controls	N	Y	N	Y
Year	Y	Y	Y	Y
Industry	Y	Y	Y	Y
Constant	23.746***	−60.016***	25.247***	−42.523***
	(29.061)	(−5.812)	(40.920)	(−5.557)
N	1 853	1 853	3 210	3 210
R-squared	0.191	0.233	0.170	0.216

7.4.4　进一步分析

在积累经济资源后，相当数量的企业开始突破自身的地域边界，向区域外发展，企业的子公司在空间上呈现地理分散化特征。随着企业边界的不断拓展，母公司与子公司之间不再是纯粹的单向控制的关系，而是相互依赖、相互影响的关系（O·Donnell，2000；Manev，2003）。在母子公司网络中，子公司能够自主控制优势资源、实施资产配置、制定治理决策。自然地，子公司所处的文化环境也会影响企业整体战略、行为和绩效（Jong et al.，2015）。母子公司的地理分散化特征，意味着企业拓展的地域边界面临的宗教氛围不尽相同。在当今企业跨区域发展的趋势下，仅考虑母公司的宗教文化对企业行为的影响是缺乏全面性的。因此，本部分将子公司所在市的宗教文化氛围纳入进一步分析的框架。具体的指标定义在本章变量定义中进行了详细描述，Religion0.3、Religion0.7 和 Religion1 分别表示赋予 $\alpha = 0.3$，$\alpha = 0.7$ 和 $\alpha = 1$ 权重时，母子公司所在市的宗教文化氛围的综合指标的取值。

1. 母子公司所在市的宗教文化对企业社会责任的影响

在表 7-9 的回归结果中，加入控制变量后，宗教文化 Religion0.3、Religion0.7 和 Religion1 的回归系数分别为 0.094，0.076 和 0.059，均在 1% 的水平上显著。从经济意义上看，当对子公司的权重赋予 0.3 时，母子公司的宗教文化对社会责任的影响最大且最显著，此时，宗教场所每增加 10 个，企业社会责任整体评分增加 0.094 分。总体而言，检验结果继续支持了假设 7-1，说明母子公司所在市的宗教场所越多，企业社会责任的整体表现越好。

表 7-9　母子公司所在市的宗教文化与企业社会责任

VARIABLES	（1） CSR	（2） CSR	（3） CSR
Religion0.3	0.094 ***		
	（4.066）		
Religion0.7		0.076 ***	
		（4.271）	
Religion1			0.059 ***
			（4.416）
Controls	Y	Y	Y
Year	Y	Y	Y
Industry	Y	Y	Y
Constant	−47.264 ***	−47.077 ***	−46.842 ***
	（−7.878）	（−7.859）	（−7.830）
N	5 063	5 063	5 063
R-squared	0.211	0.212	0.212

2. 母子公司所在市的宗教文化对产品质量的影响

考察母子公司所在市的宗教文化对产品质量的影响结果如表 7-10 所示。控制其他变量影响后，宗教文化的回归系数分别为 0.044、0.034 和 0.026，均在1%的水平上显著。从经济意义上看，当对子公司赋予0.3的权重时，母子公司的宗教文化对产品质量的影响最大且最显著，此时，宗教场所每增加10个，消费者责任评分增加0.044分。这说明母子公司所在市的宗教场所越多，企业的产品质量越好，消费者权益责任表现越好，检验结果支持了假设7-2。

表7-10　母子公司所在市的宗教文化与产品质量

VARIABLES	(1) CSR_con	(2) CSR_con	(3) CSR_con
Religion0.3	0.044***		
	(4.541)		
Religion0.7		0.034***	
		(4.624)	
Religion1			0.026***
			(4.722)
Controls	Y	Y	Y
Year	Y	Y	Y
Industry	Y	Y	Y
Constant	−14.524***	−14.401***	−14.282***
	(−5.826)	(−5.785)	(−5.744)
N	5 063	5 063	5 063
R-squared	0.290	0.290	0.291

3. 母子公司所在市的宗教文化对节能减排的影响

表7-11展示了母子公司所在市的宗教文化对企业节能减排行为的影响结果。加入控制变量后，结果显示宗教文化Religion0.3、Religion0.7和Religion1的系数分别为0.018、0.014和0.010，均在1%的水平上显著。因此，回归结果也支持了本章的假设7-3，即母子公司所在市的宗教文化会提升企业的节能减排成效，促进企业环境责任表现。

表7-11　母子公司所在市的宗教文化与节能减排

VARIABLES	(1) CSR_env	(2) CSR_env	(3) CSR_env
Religion0.3	0.018***		

表7-11(续)

VARIABLES	(1) CSR_env	(2) CSR_env	(3) CSR_env
	(3.810)		
Religion0. 7		0.014***	
		(3.851)	
Religion1			0.010***
			(3.846)
Controls	Y	Y	Y
Year	Y	Y	Y
Industry	Y	Y	Y
Constant	−9.701***	−9.647***	−9.590***
	(−7.981)	(−7.948)	(−7.910)
N	5 063	5 063	5 063
R-squared	0.179	0.179	0.179

4. 母子公司所在市的宗教文化对慈善捐赠的影响

母子公司所在市的宗教文化对慈善捐赠的影响结果如7-12所示。宗教文化 Religion0. 3、Religion0. 7 和 Religion1 的回归系数分别为 0.015、0.013 和 0.011，分别在 10%、10% 和 5% 的水平上显著。在经济意义上，赋予子公司 0.3、0.7 和 1 的权重影响，母子公司所在市的宗教场所平均每增加 10 个，企业的社会公益评分分别增加 0.015、0.013 和 0.011 分。以上证据表明，母子公司所在市的宗教场所越多，企业的慈善捐赠越多，宗教文化促进了企业的公益责任表现。

表 7-12　母子公司所在市的宗教文化与慈善捐赠

VARIABLES	(1) CSR_soc	(2) CSR_soc	(3) CSR_soc
Religion0. 3	0.015*		
	(1.767)		
Religion0. 7		0.013**	
		(2.017)	

表7-12(续)

VARIABLES	(1) CSR_soc	(2) CSR_soc	(3) CSR_soc
Religion1			0. 011**
			(2. 163)
Controls	Y	Y	Y
Year	Y	Y	Y
Industry	Y	Y	Y
Constant	−7. 288***	−7. 294***	−7. 267***
	(−3. 278)	(−3. 285)	(−3. 277)
N	5 063	5 063	5 063
R−squared	0. 054	0. 054	0. 055

5. 企业产权性质的对比分析

考虑子公司所在地的宗教文化的影响，表7-13列示了民营企业和国有企业样本中母子公司整体的宗教文化对企业社会责任的回归结果。民营企业样本中，加入控制变量后，宗教文化的系数分别为0.114、0.094和0.073，均在1%的水平上显著。国有企业样本中，加入控制变量后，宗教文化的系数分别为0.089、0.070和0.052，也均在1%的水平上显著。通过比较回归系数的数值大小和统计显著性水平，不难看出，民营企业受到宗教文化对其社会责任表现的影响更显著。在经济意义上，比较对子公司赋予0.3、0.7和1的权重影响，当赋予子公司0.3的权重时，宗教文化对企业社会责任的影响最大，此时，母子公司所在市的宗教场所平均每增加10个，民营企业社会责任评分增加0.114分，国有企业社会责任评分增加0.089分。以上证据表明，与国有企业相比，宗教文化对企业社会责任的正向影响在民营企业中更明显。

表7-13　母子公司所在市的宗教文化与企业社会责任：民营企业和国有企业

Panel A：民营企业样本			
VARIABLES	(1) CSR	(2) CSR	(3) CSR
Religion0. 3	0. 114***		
	(3. 318)		

表7-13（续）

	（1）	（2）	（3）
Religion0. 7		0. 094 ***	
		（3. 504）	
Religion1			0. 073 ***
			（3. 638）
Controls	Y	Y	Y
Year	Y	Y	Y
Industry	Y	Y	Y
Constant	−58. 638 ***	−58. 303 ***	−57. 869 ***
	（−5. 722）	（−5. 699）	（−5. 666）
N	1 853	1 853	1 853
R-squared	0. 234	0. 235	0. 235
Panel B：国有企业样本			
VARIABLES	（1）CSR	（2）CSR	（3）CSR
Religion0. 3	0. 089 ***		
	（2. 814）		
Religion0. 7		0. 070 ***	.
		（2. 893）	
Religion1			0. 052 ***
			（2. 940）
Controls	Y	Y	Y
Year	Y	Y	Y
Industry	Y	Y	Y
Constant	−44. 531 ***	−44. 337 ***	−44. 132 ***
	（−5. 837）	（−5. 819）	（−5. 797）
N	3 210	3 210	3 210
R-squared	0. 211	0. 211	0. 211

7.4.5　稳健性检验

（1）变换宗教文化的度量方式。将宗教文化变量从当期 t 期更换为 $t-1$ 期和 $t-2$ 期变量重新进行回归，结果发现，宗教文化仍与企业社会责任呈显著的正相关关系，支持原假设。

（2）调整企业社会责任的度量方法，以验证宗教文化对社会责任的影响结果不受度量指标的影响。一是以和讯网评分的自然对数（lnCSR）作被解释变量，进行回归。二是以润灵环球的评分数据（rksCSR）作被解释变量，进行回归。结果仍然支持了宗教文化与企业社会责任正相关的研究假设。

（3）宗教文化的核心影响之一便是创造社会信任，而城市社会信任水平并不会对企业社会责任产生直接影响。因此，采用社会信任水平做宗教文化的代理变量是合适的。根据《中国城市商业信用环境指数》披露的指标体系和评价方法，对企业母公司所在城市的社会信任水平进行较为准确的度量，以此作为企业社会责任的工具变量。重新进行回归，结果发现，社会信任仍与企业社会责任呈显著的正相关关系，支持原假设。

（4）考虑到宗教文化的涵盖范围广泛，可能对企业的其他特征产生影响，最终影响企业社会责任表现，因此，本章在原有控制变量的基础上进一步增加控制变量的维度。一是分别加入行业竞争指数、机构持股比例、分析师跟踪人数以及聘用的会计师事务所是否四大会计师事务所等控制变量。二是考虑企业高管层的个体特征对企业决策的影响，因此，加入 CEO 的个人特征数据作为控制变量，其中包括 CEO 宗教信仰、CEO 任期和 CEO 从政经历。加入控制变量后进行回归检验，仍支持了研究假设。

7.5　研究小结

已有文献在探讨宗教传统与企业社会责任的关系方面提供了科学的分析框架和技术路径，主要是从公司高管的个人宗教信仰和公司注册地的宗教氛围两条路径出发进行探讨。目前尚未有文献从母子公司地理分散的视角出发，考虑子公司所在地的宗教氛围对企业行为产生的潜在影响。因此，本章基于母子公司地理分散的视角，构建了母子公司所在市的宗教文化的综合指标，检验了母子公司所在市的宗教文化对企业社会责任的影响。同时，本章建立了宗教文化影响企业社会责任的理论路径，以宗教文化倡导的风险厌恶、规则遵守、长期主义和慈悲仁爱等价值观，讨论其对企业的产品质量、节能减排和慈善捐赠行为的影响。由于以上三个维度的责任分别对应着消费者责任、环境责任和公益责任，因此可以较为全面地涵盖企业社会责任，有助于验证社会责任具体表现。研究发现，宗教文化与企业社会责任表现之间存在着显著的正相关关系，说明宗教文化促进了企业社会责任表现，具体表现为产品质量越高、节能减排越多、慈善捐赠越多。进一步地，民营企业更容易受社会规范的制约和影响，因此宗教文化对民营企业的社会责任表现的促进作用更大。

8 地域经济特征与企业社会责任关系的实证研究——基于市场化进程的视角

外部压力理论认为，外部利益相关者的压力会促使企业提高社会责任信息披露的质量。因此，研究外部环境中的关键因素——经济环境对企业履行社会责任的影响机制，其意义重大。而经济环境作为外部环境中重要的部分，则可以用市场化环境来表示（颜克高，2016）。其中，市场化环境的差异又包括了竞争压力、人力资源、商务环境、金融基础和融资渠道等因素的差异。因此，本章以市场化进程视角为切入点，研究地域经济特征对于企业履行社会责任的影响。特别是以利益相关者理论为基础，从股东、员工等其他利益相关者和环境三个不同的对象来分别进行探究分析，结合声誉理论、融资约束、政府干预机制，深入研究市场化水平与企业社会责任之间的关系。这有助于企业更好地融入社会，增强企业的市场竞争力。

8.1 问题提出

地域经济特征包括企业所在地域的社会经济发展水平、产业结构升级状况、要素产品竞争程度、市场化进程等。对于一个发展中国家来说，在向发达国家迈进和转变的过程中，国家的经济体制是需要不断改进和调整来适应这个国家自身的发展和需求的。一个国家、地区早期的计划经济体制向逐渐成熟的市场经济体制逐渐转变的这一过程，就是市场化过程。这一过程表明，该国家、地区的主要经济活动的决策权力和指导意见，一步一步由中央经济规划部门或者地方政府，向该地区经济活动主体的组织分散，例如向地区商业、行业协会和经营个体手中分散。如此，一个地域经济特征的活跃程度，是该地域市场化进程的一种外在表现，经济特征越活跃，越能推动地域经济活动向更自由的市场发展，越能形成更完整和独立的市场运行和修正机制。地区的市场化程度越高，市场在资源调配和交易过程中发挥的作用越大；市场的流动性越强，市场主体的参与性和投入性越强。通过相对成熟的市场规则、完备的法律制度来确认市场参与者财产的所有权，可以相对直观地反映地区经济稳定发展的状况。

经济特征对于企业的影响越来越明显，其战略的制定和行为的实施都与所处的经济环境息息相关。企业经营战略则是企业处于竞争激烈、挑战严峻的市场环境时进行长期性和总体性的战略规划，以获取更多资源、优化资源配置和发挥竞争优势的决策行为。企业更需适应不同的地域特征，因地制宜地融合地域文化，根据经济活动的市场化特色来制定企业战略决策。与此同时，随着社会的发展和企业经营规模的扩张，企业开始愈发重视履行社会责任的作用（Karnani，2010），以此应对人类经济社会日益增长的高质量发展需求。企业应该积极地洞察并根据市场发展和变动趋势进行预测，在考虑企业自身利润最大化的同时，兼顾多方利益相关者，具有前瞻性和创新性地履行企业社会责任。不论是主动承担抑或是被动履行，实现企业社会责任已经成为企业塑造优良形象、获取各类资源、增强社会认同感的有效行为（沈洪涛 等，2016）。例如，2021年上半年因捐款事件而火爆全网的鸿星尔克事件，就是企业积极履行社会责任所带来的正向反馈。企业社会责任够促进具有社会、环境偏好的目标消费者的购买行为，进而使企业获得竞争优势（King，2007）。

8.2 理论分析与研究假设

市场化进程和企业社会责任是近年来学术界讨论的热点话题。Femandez和Santalo（2007）的研究表明，企业位于市场竞争程度越高的地区，为追求利润最大化，其承担的社会责任也会越多，以此来促进产品的差异化。Declerck（2012）也通过对美国制造行业的实证研究发现，市场化竞争有助于提高企业社会责任履行的质量进而推动企业发展。这些研究将企业社会责任视作企业发展的策略，是企业为应对外部环境压力的自利行为（Baron，2001）。不过，以上结论均来自发达国家，而中国的特殊国情所衍生出来的社会主义市场经济体制与文化，使得其可能需要进一步探究企业社会责任的对象和影响因素。利益相关者理论的引入，为企业承担责任的对象群体和责任的内容范畴研究提供了相对清晰的总体框架。该理论认为，公司不应该只由公司股东所有，还应包含与企业行为有经济或非经济性关联的其他利益相关者。企业的规模增长和市场扩张，建立在企业对广泛的利益相关者诉求的积极回应之上。因此，本章对企业社会责任表现的度量依据具体维度进行深入讨论。

本章进一步从企业经营发展策略的角度探讨企业社会责任。我国目前处于经济转型发展的关键时期，由于许多中小型民营企业得不到资金的补充，面临着严重的融资困境，难以在激烈的市场竞争中站稳脚跟。究其原因，投资是一个双向的过程，根据信息不对称理论以及信号传递理论，企业的信息不对称比率越高，其资本成本越高。唐松等（2011）研究发现，在市场化程度较高的地区，公司面临更好的金融环境与更通畅的融资渠道，倾向于披露更多有价值的信息，降低信息不对称程度。张纯和吕伟（2007）的研究表明，高质量的披露能够有效帮助企业突破融资困境，获得较为可观的外部融资，参与更多的项目，减轻融资约束的负面影响。同时，利用股东增资持续改进技术和设备，拓宽销售渠道，扩展销售市场，可以有效提高企业的研发能力、盈利能力，增大企业规模，从而促进企业成长，提升企业业绩。

经济基础决定上层建筑。一个地区的市场化水平越高，政治和法律环境越优越，文化水平和技术水平也越高。而市场化水平的提高则可以在一定程度上促进企业的治理能力提升。COSO 认为，内部控制本质上是对公司治理的风险管理过程。有效的内部控制可以缓解公司治理结构失衡带来的利益相关者利益冲突问题，为企业与利益相关者的沟通疏通了障碍，提供了更有效的解决途径。汤晓建（2016）在此基础上进一步研究发现，强的制度环境促进了内部控制，提高了企业社会责任信息披露质量。因此，随着市场化水平的提高，企业内部控制结构日趋完善，企业可以更好地履行利益相关者责任、公开透明披露信息，从而提高企业业绩。本章提出假设 8-1：

假设 8-1：市场化进程的推进可以提升企业社会责任表现。

不同维度的社会责任对企业的需求强度和约束力度存在差异性，因此，本章进一步探讨了市场化进程对具体维度的社会责任的影响。

首先，市场化程度对于企业股东责任的影响主要表现在财务绩效的提升上。股东作为资源的投入者，其目的就是获得利益。而随着市场化程度的提高，要素市场的发育程度也提高了，对融资也提出了更加严格的要求。普通企业为缓解融资约束，将加大履行企业社会责任的力度，获得资金以促进企业发展。同时，对人力资本的争夺难度也将加大，企业必须通过提升治理能力才能引入更多的人力资本，进而提高企业的财务绩效。此外，随着市场化程度的提高，产品市场发育的程度也提高了，这意味着产品的销售渠道增多，消费者种类也越多，更有利于企业提升业绩。企业只有积极履行股东责任，包括对产品和技术进行迭代创新，实现产品差异化，才能推动企业获得市场竞争优势；在赢得股东支持的同时，降低竞争者的威胁，获得消费者的忠诚以及取得更大的经营利润。本章提出假设8-2：

假设8-2：市场化进程的推进有助于提升企业股东责任表现。

根据声誉理论和声誉机制（Fombrun和Rinadova，1996），企业声誉是企业行为和结果的融合，代表企业能为利益相关者提供价值的能力。随着市场化水平的提高，人与人之间的消息传递速度也越来越快。媒体作为公共舆论的导向者，对企业履行社会责任的关注度开始逐渐增加（陶文杰，2011）。例如，王老吉就因为在汶川地震中的捐款表现而受到大众青睐，这体现出企业社会责任能作为一种"信号策略"来帮助企业树立好的形象，以此获得利益相关者的认可。

因此，随着市场化进程的提高，企业面临的正式与非正式监督更多（李寿喜，2007）。企业在中介组织发育越好，制度、法律环境越完善的地方，越可能获得良好声誉，因此更倾向于积极履行员工等利益相关者责任，与其形成长期稳定的关系和获得更多的社会资本（靳小翠，2018）。特别是随着要素市场发育程度的提高，人力资本也将拥有更多的选择机会。如果企业积极履行企业员工责任，按期支付员工薪酬，为员工提供丰富的福利和稳定的保障，则员工会以更高的积极性参与工作，企业在获得更加稳定团结的员工队伍的同时，也能吸引更多的优质人力资本加入，为企业的人才培养和创新发展提供内在助力。企业更好地履行员工责任，意味着企业关心员工成长、优化激励机制和改善内部管理模式，提升了企业市场竞争优势，推动了企业成长。本章提出假设8-3：

假设8-3：市场化进程的推进有助于提升企业员工责任表现。

为了更好地鼓励本土经济自由化发展，中央政府逐步将原本由中央政府掌管的财政权和决策权部分移交给地方政府。当地方政府变成区域经济的规划制定者和发展模式的决策者时，其作为"有形的手"有力地调控着区域经济的格局。随着新常态背景下国家对环境保护和定向捐赠的大力倡导，地方政府在对企业履行环境责任提出更高要求的同时，也开始对具有绿色技术创新能力的企业进行鼓励和扶持，企业出于政治动机，也会主动承担环境和公益责任，以此作为企业提高业绩的策略，从客观上推动了企业全要素生产率的提升。同时，企业通过引入绿色工艺创新，提高产品的生产技术和改善工艺流程，以此提升产品的质量等级和生产效率。特别是随着产品市场发育程度提高，越来越多的群众开始注重生活品质，追求绿色产品，这也能够提高企业绩效。另外，企业不断创新生产技术，提高生产和管理设备的运行效率，形成自动化和智能化的生产流程，既可以降低耗损节约材料，又可以减少生产过失。尤其是通过绿色技术的创新和运用，开发节能技术和材料，可以降低企业的环境成本和提高资源利用率，进而提升企业的盈利能力并推动企业成长。本章提出假设8-4：

假设8-4：市场化进程的推进有助于提升企业环境责任表现。

基于第5章对中国企业社会责任演变历程的分析，不难看出，国有企业和民营企业的企业实质和经营目标存在显著的差异。随着市场化进程的加快，国有企业的市场属性不断增强，但仍在规模范围、社会职能和经营策略等方面与民营企业存在显著不同，这导致两类企业履行社会责任的动力和绩效具有较大的差异性。因此，探讨地域经济特征对企业社会责任的影响，应该将企业的产权性质纳入分析框架。只有宏观环境叠加微观个体性质，对该研究问题的解答才能更加深刻和全面。

当市场化程度较高时，位于发达地区的企业的内部信息更容易被获取，信息传播和扩散的效率更高，利益相关者的监督能力更强。同时，当市场化程度较高时，媒体关注和舆论压力较强，增加了企业出现败德行为而遭受揭露和惩罚的概率，加大了企业面临的社会监督压力。与民营企业相比，国有企业享受了更多的政策支持、资源倾斜和国家背书，如Brandt等（2004）发现我国企业存在因产权性质分异的"金融歧视"效应，即银行倾向于将资金过度借贷给国有企业，导致民营企业实际获取的银行贷款较为不足。国有企业得到了更多的资源优待，相应也面临着更严格的社会要求，政府机关、行业协会、科研机构、媒体和社会大众等众多利益相关方从不同视角监督着国有企业的社会责任表现。所以，市场化进程的推进对国有企业的社会责任的促进作用更为显著。本章提出假设8-5：

假设8-5：相比民营企业，市场化进程对企业社会责任的正向影响在国有企业中更明显。

8.3 研究设计

8.3.1 样本与数据

本章的数据处理过程与第6章一致，最终获得6 436个研究样本。核心变量"地区市场化指数"的数据源自王小鲁等（2018）发布的市场化指数。CS-MAR和RESSET数据库提供了企业财务及治理相关数据。

8.3.2 变量定义与回归模型

1. 解释变量：市场化进程（Mkt）

市场化指数是衡量区域的市场化改革程度的指标，是对区域的市场体制状况和资源配置效率的综合评价。本章以《中国分省份市场化指数报告（2018）》提供的地区市场化指数度量企业的母公司所在地区的市场化进程（Mkt）。市场化指数包含五个方面的指数，其中产品市场的发育程度、要素市场的发育程度以及市场中介组织的发育程度分别从产品、要素和中介三个视角量化了企业所处市场环境的情况。因此，本章用这三个方面的指标进一步细化了对市场化进程的度量。由于《中国分省份市场化指数报告（2018）》公布了中国各省份 2008—2016 年市场化总指数、方面指数评分及排序的相关数据，但缺失了 2017 年以后的数据，为了使研究样本数据更加连贯完整，本书采用移动平均法计算出各省份市场化进程的增长率，据此估计出后面年份的缺失数据，由此得到完整的指标数据。

2. 被解释变量：企业社会责任（CSR）

被解释变量与第 6 章一致，此处不再赘述。

3. 控制变量

本章的控制变量（Control）包括公司财务特征、公司治理特征和地域特征变量。其中，财务特征和治理特征变量与第 6 章一致，不再赘述；地域特征变量引入了宗教文化氛围（Religion），以控制当地宗教文化对企业社会责任可能产生的影响。表 8-1 对相关变量做了具体界定和说明。

表 8-1　变量定义与说明

变量	名称	符号	定义
被解释变量	企业社会责任	CSR	企业社会责任评分
	股东责任	CSR_sta	股东责任评分
	员工责任	CSR_emp	员工责任评分
	消费者责任	CSR_con	消费者责任评分
	环境责任	CSR_env	环境责任评分
	公益责任	CSR_soc	公益责任评分

表8-1(续)

变量	名称	符号	定义
解释变量	地区市场化进程	Mkt	基于三级指标的实际值生成的10分制相对指数,得分越高,说明地区市场化程度越高
	产品市场发育程度	Mkt_pro	得分越高,说明地区产品市场发育越成熟
	要素市场发育程度	Mkt_fac	得分越高,说明地区要素市场发育越成熟
	市场中介组织发育程度	Mkt_org	得分越高,说明地区市场中介组织发育程度越高
控制变量	公司规模	Size	年末总资产的自然对数
	资产负债率	Lev	总负债/总资产
	营业收入增长率	Growth	营业收入增长额/上年营业收入总额
	总资产净利率	ROA	净利润/平均资产总额
	上市年限	Age	公司上市年限数的自然对数值
	实际控制人性质	SOE	企业实际控制人为国有单位或法人,取值为1;否则为0
	两职兼任	Dual	CEO与董事长两职兼任时,取值为1;否则为0
	董事会规模	Board	董事会人数的自然对数值
	独立董事比例	Indirect	独立董事人数除以董事会总人数
	股权集中度	Top1	第一大股东持股比例
	宗教文化	Religion	以企业母公司为圆心300千米半径范围内的宗教场所数量

4. 构建回归模型

式8-1列示了本章的基准模型,本章采用固定效应模型,探讨在不考虑产权性质情况下地区市场化进程对企业社会责任的影响。

$$\mathrm{CSR}_{i,\,t+1} = \alpha_0 + \alpha_1 \mathrm{Mkt}_{i,\,t} + \sum \alpha_j \mathrm{Control}_{i,\,t} + \sum \mathrm{Year} + \sum \mathrm{Industry} + \varepsilon_{i,\,t}$$

$$(8\text{-}1)$$

其中,$\mathrm{CSR}_{i,\,t+1}$ 为被解释变量,分别代表企业社会责任的总体表现和三个维度的具体表现,包括股东责任、员工责任和环境责任表现;$\mathrm{Control}_{i,\,t}$ 为控制变量;Year 和 Industry 为年度和行业虚拟变量;$\varepsilon_{i,\,t}$ 为残差项。

为了对两种产权性质下市场化进程对企业社会责任的异质性影响进行考察,本章采用式 8-2 的模型进行交互效应研究。其中,∂_1 的估计量衡量了民营企业样本中,市场化进程对企业社会责任的影响大小。$\partial_1 + \partial_3$ 的估计量衡量了国有企业样本中，市场化进程对企业社会责任的影响大小。如果 $\partial_1 + \partial_3$ 的回归估计量显著为正且大于 ∂_1 的估计值，则说明国有企业样本中，市场化进程对企业社会责任的影响更大，验证了本章假设 8-5。

$$CSR_{i,\,t+1} = \alpha_0 + \alpha_1 Mkt_{i,\,t} + \alpha_2 SOE_{i,\,t} + \alpha_3 Mkt_{i,\,t} \times SOE_{i,\,t} + \sum \alpha_j Control_{i,\,t} +$$

$$\sum Year + \sum Industry + \varepsilon_{i,\,t} \tag{8-2}$$

8.4 实证结果分析

8.4.1 描述性统计和相关性分析

1. 描述性统计

表 8-2 列示了本章选用的模型变量的描述性统计结果。可以看出，样本企业的社会责任评分（CSR）的最小值为 -14.03，最大值为 90.01，均值为 23.21，标准差为 14.10，由此可见，样本企业的社会责任评分差异较为显著，且整体履责状况处于较低水平。地区市场化指数（Mkt）的最小值为 -1.14，最大值为 10.83，均值为 8.094，中位数为 8.64，说明样本企业所在城市的市场化程度差异较大，且整体的市场化水平相对较高。同时，不同城市的市场化水平存在明显差异，为本章验证不同城市的市场化进程对企业社会责任的影响提供了基础。另外，产权性质（SOE）的均值为 0.635，说明样本中有 63.5% 的企业为国有企业。

表 8-2 描述性统计结果

Variables	N	mean	sd	min	p25	p50	p75	max
CSR	6 436	23.21	14.10	-14.03	16.32	22.30	27.70	90.01
CSR_sta	6 436	13.27	6.188	-9.430	9.450	13.73	17.80	27.69
CSR_emp	6 436	2.523	2.742	0	0.860	1.770	3	15
CSR_con	6 436	1.023	3.816	0	0	0	0	20
CSR_env	6 436	0.977	3.763	0	0	0	0	27.50
CSR_soc	6 436	5.412	4.939	-15	2.770	5	9.160	28.02
Mkt	6 436	8.094	1.859	-1.140	6.820	8.640	9.680	10.83
Mkt_pro	6 436	8.077	1.365	1.310	7.720	8.270	8.900	9.790
Mkt_fac	6 436	7.716	2.792	-1.120	5.710	7.110	9.500	14.52
Mkt_org	6 436	10.04	5.078	0.010	5.640	9.650	14.02	21.57

表8-2(续)

Variables	N	mean	sd	min	p25	p50	p75	max
Size	6 436	22. 87	1. 394	18. 22	21. 93	22. 73	23. 68	28. 52
Lev	6 436	0. 498	0. 199	0. 017	0. 349	0. 505	0. 648	1. 352
Growth	6 436	0. 566	1. 721	−0. 692	−0. 030	0. 140	0. 469	12. 69
ROA	6 436	0. 033	0. 054	−0. 803	0. 012	0. 028	0. 054	0. 590
Age	6 436	3. 005	0. 289	2. 080	2. 890	3. 090	3. 180	3. 400
SOE	6 436	0. 635	0. 482	0	0	1	1	1
Dual	6 436	0. 146	0. 353	0	0	0	0	1
Board	6 436	2. 171	0. 208	0	2. 079	2. 197	2. 197	2. 890
Indirect	6 436	0. 374	0. 057	0	0. 333	0. 357	0. 400	0. 800
Top1	6 436	0. 364	0. 155	0. 028	0. 243	0. 343	0. 473	0. 899
Religion	6 346	11. 29	10. 92	0	4	8	13	66

2. 相关性分析

表8-3列示了主要变量的相关性分析结果,可以看出市场化进程与企业社会责任的相关性系数为0.078,显著为正,初步验证了市场化进程与企业社会责任呈正相关关系的研究假设。

表 8-3　相关性分析

Variables	CSR	CSR_sta	CSR_emp	CSR_con	CSR_env	CSR_soc	Mkt
CSR	1. 000						
CSR_sta	0. 644***	1. 000					
CSR_emp	0. 735***	0. 189***	1. 000				
CSR_con	0. 749***	0. 134***	0. 800***	1. 000			
CSR_env	0. 717***	0. 099***	0. 831***	0. 894***	1. 000		
CSR_soc	0. 515***	0. 301***	0. 055***	0. 073***	0. 010	1. 000	
Mkt	0. 078***	0. 105***	0. 047***	−0. 033***	−0. 043***	0. 122***	1. 000

8.4.2　回归结果分析

1. 市场化进程对企业社会责任的影响

本章采用逐步回归的方法,先后在回归方程中加入地区市场化指数(Mkt)、产品市场发育程度(Mkt_pro)、要素市场发育程度(Mkt_fac)、市场中介组织发育程度(Mkt_org)等各分指标以及一系列控制变量,表8-4列示了市场化进程对企业社会责任的影响的检验结果。

在第（1）列中，地区市场化指数（Mkt）为解释变量，未加入其他控制变量，仅控制年度和行业固定效应，结果显示 Mkt 的回归系数为 0.874，在 1%的水平上显著。第（2）列加入控制变量，Mkt 的回归系数为 0.641，在 1%的水平上显著，所以当地区市场化指数每增加 1 分，企业社会责任表现增加 0.641 分。前两列结果说明，控制住其他相关变量的影响后，地区市场化进程与企业社会责任表现呈显著的正相关关系。另外，宗教文化（Religion）的回归系数为 0.008，显著为正，再次验证了第 7 章的核心假设，宗教文化对企业履行社会责任有正向促进作用。

第（3）、（4）和（5）列中分别引入了地区市场化指数的三个分项指标：产品市场的发育程度（Mkt_pro）、要素市场的发育程度（Mkt_fac）以及市场中介组织的发育程度（Mkt_org）作为解释变量，具体的回归模型设定与式 8-1 是一致的。第（3）、（4）和（5）列的回归结果表明，Mkt_pro、Mkt_fac 和 Mkt_org 的回归系数为 0.363，0.193 和 0.216，均在 1%的水平上显著。这说明产品市场的发育程度和要素市场的发育程度能显著提升企业社会责任表现，同时，市场中介组织的信号传导也会间接提升企业的社会责任意识，引导企业更加规范和优质地履行社会责任。为了排除地区市场化进程与企业社会责任之间存在非线性关系的可能，把 Mkt 的二次项加入模型中并进行 Utest 测试，结果发现 t 值为 0.13，即接受不具备"U"形关系的原假设，因此地区市场化进程与企业社会责任之间不存在非线性关系。因此，关于企业所在地的市场化进程有助于促进企业社会责任履行的假设 8-1 得到了验证。

表 8-4　市场化进程与企业社会责任：基准模型

VARIABLES	（1）CSR	（2）CSR	（3）CSR	（4）CSR	（5）CSR
Mkt	0.874***	0.641***			
	(9.608)	(6.875)			
Mkt_pro			0.363***		
			(2.859)		
Mkt_fac				0.193***	
				(3.052)	
Mkt_org					0.216***

表8-4(续)

VARIABLES	(1) CSR	(2) CSR	(3) CSR	(4) CSR	(5) CSR
					(6.283)
Size		2.239***	2.330***	2.232***	2.249***
		(4.006)	(4.494)	(3.830)	(4.061)
Lev		-1.722	-1.856*	-1.652	-1.682
		(-1.546)	(-1.660)	(-1.477)	(-1.509)
Growth		-0.001	-0.000	-0.000	-0.000
		(-0.128)	(-0.020)	(-0.103)	(-0.118)
ROA		3.925***	3.861***	4.680***	4.480***
		(5.138)	(5.048)	(5.265)	(5.261)
Age		2.595***	2.446***	2.597***	2.729***
		(4.340)	(4.059)	(4.327)	(4.557)
Dual		0.480	0.665	0.582	0.498
		(0.976)	(1.349)	(1.178)	(1.011)
SOE		0.741*	0.789**	0.642*	0.817**
		(1.938)	(2.055)	(1.667)	(2.134)
Board		0.349	0.046	0.133	0.264
		(0.356)	(0.047)	(0.135)	(0.269)
Indirect		-1.597	-2.653	-2.707	-2.077
		(-0.462)	(-0.765)	(-0.781)	(-0.601)
Top1		0.041***	0.047***	0.041***	0.039***
		(3.433)	(3.907)	(3.475)	(3.318)
Religion		0.008**	0.011***	0.011***	0.009***
		(0.003)	(0.003)	(0.003)	(0.003)
Year	Y	Y	Y	Y	Y
Industry	Y	Y	Y	Y	Y
Constant	19.013***	-40.385***	-39.228***	-35.826***	-37.662***

表8-4(续)

VARIABLES	（1）CSR	（2）CSR	（3）CSR	（4）CSR	（5）CSR
	（23.875）	（-9.004）	（-8.495）	（-8.053）	（-8.469）
N	6 436	6 436	6 436	6 436	6 436
R-squared	0.106	0.212	0.206	0.207	0.211

2. 市场化进程对股东责任的影响

表 8-5 列示了市场化进程对股东责任表现的回归结果，模型设定和前述一致。回归结果说明，市场化进程（Mkt）能够显著正向影响股东责任表现（CSR_sta），同时随着产品市场和市场中介组织发育程度的提升，企业股东责任表现也不断提高。但要素市场的发育水平的提高不能显著促进企业履行股东责任。为了排除可能存在的非线性关系，把 Mkt 的二次项加入式 8-1 中进行 Utest 测试，结果接受了不具备 "U" 形关系的原假设，因此地区市场化进程与企业股东责任表现之间不存在非线性关系。综上所述，企业母公司所在地的市场化进程的推进有助于提高企业的股东责任表现，假设 8-2 得到了验证。

表 8-5　市场化进程对股东责任的影响

VARIABLES	（1）CSR_sta	（2）CSR_sta	（3）CSR_sta	（4）CSR_sta	（5）CSR_sta
Mkt	0.392***	0.201***			
	（9.387）	（5.236）			
Mkt_pro			0.279***		
			（5.347）		
Mkt_fac				-0.001	
				（-0.023）	
Mkt_org					0.060***
					（4.245）
Controls	N	Y	Y	Y	Y
Year	Y	Y	Y	Y	Y
Industry	Y	Y	Y	Y	Y
Constant	10.165***	-9.667***	-10.912***	-8.191***	-8.741***

表8-5(续)

VARIABLES	(1) CSR_sta	(2) CSR_sta	(3) CSR_sta	(4) CSR_sta	(5) CSR_sta
	(27.798)	(−5.224)	(−5.749)	(−4.467)	(−4.763)
N	6 436	6 436	6 436	6 436	6 436
R-squared	0.021	0.249	0.249	0.245	0.248

3. 市场化进程对员工责任的影响

表8-6列示了市场化进程影响员工及其他利益相关者责任表现的回归结果，模型设定和前述一致。根据第（1）和（2）列的回归结果，市场化进程（Mkt）能够显著促进企业履行员工责任（CSR_emp）。同时，第（3）至（5）列的结果说明，产品市场、要素市场和市场中介组织的发育程度越高，企业的员工责任表现越好。

同样地，为了排除可能存在的非线性关系，本章把Mkt的二次项加入模型中进行Utest测试，结果发现，加入Mkt二次项的模型接受了不具备"U"形关系的原假设，因此地区市场化进程与企业员工及其他利益相关者责任表现不存在非线性关系。综上，企业母公司所在地区的市场化进程能显著促进企业在员工责任上的表现，验证了假设8-3。

表8-6 市场化进程对员工及其他利益相关者责任的影响

VARIABLES	(1) CSR_emp	(2) CSR_emp	(3) CSR_emp	(4) CSR_emp	(5) CSR_emp
Mkt	0.128 ***	0.121 ***			
	(7.385)	(6.359)			
Mkt_pro			0.074 ***		
			(2.849)		
Mkt_fac				0.035 ***	
				(2.703)	
Mkt_org					0.041 ***
					(5.862)
Controls	N	Y	Y	Y	Y
Year	Y	Y	Y	Y	Y

表8-6(续)

VARIABLES	(1) CSR_emp	(2) CSR_emp	(3) CSR_emp	(4) CSR_emp	(5) CSR_emp
Industry	Y	Y	Y	Y	Y
Constant	2.169***	−8.165***	−7.998***	−7.305***	−7.655***
	(14.251)	(−8.930)	(−8.502)	(−8.058)	(−8.445)
N	6 436	6 436	6 436	6 436	6 436
R-squared	0.137	0.189	0.184	0.184	0.188

4. 市场化进程对环境责任的影响

如表8-7所示,根据第(1)和(2)列的回归结果,市场化进程(Mkt)与企业环境责任(CSR_env)呈正相关关系,且在10%的水平上显著。同时,产品市场、要素市场和市场中介组织的成熟程度的回归系数为正,说明其对企业环境责任具有促进作用。可能的原因在于,较低的市场化程度导致市场竞争的缺失,企业缺少履行环保责任的紧迫性;而较高的市场化程度导致企业间市场竞争的加剧,企业出于声誉价值、政治利益等因素考虑会加大环境治理投入,进而表现出较高的相关社会责任。所以,市场化进程的推进会促进企业环境责任的表现,验证了假设8-4的推导。

表8-7　市场化进程对环境责任的影响

VARIABLES	(1) CSR_env	(2) CSR_env	(3) CSR_env	(4) CSR_env	CSR_env
Mkt	0.025*	0.027*			
	(−1.196)	(−1.677)			
Mkt_pro			0.085**		
			(2.372)		
Mkt_fac				0.031*	
				(−1.716)	
Mkt_org					0.008
					(−0.807)
Controls	N	Y	Y	Y	Y
Year	Y	Y	Y	Y	Y

表8-7(续)

VARIABLES	(1) CSR_env	(2) CSR_env	(3) CSR_env	(4) CSR_env	CSR_env
Industry	Y	Y	Y	Y	Y
Constant	2.065***	−7.324***	−8.206***	−7.356***	−7.305***
	(9.932)	(−5.758)	(−6.293)	(−5.853)	(−5.797)
N	6 436	6 436	6 436	6 436	6 436
R-squared	0.144	0.172	0.173	0.173	0.172

5. 不同产权性质下市场化进程对企业社会责任的影响

为了检验不同产权性质下市场化进程对企业履行社会责任的影响是否存在异质性,本章分别采用交互效应和分组回归的方式进行了验证。表8-8列示了两种方法检测产权性质的异质性影响的回归结果。其中,第(1)列采用全样本对式8-2进行估计,第(3)、(4)列和第(5)、(6)列分别采用民营企业子样本和国有企业子样本对式8-1进行回归分析。对比六列结果数据可以发现,在不同产权性质企业中,市场化进程对企业社会责任的影响具有明显的差异性。

第(2)列显示Mkt+ mktsoe的回归系数为0.841,在1%的水平上显著为正,说明国有企业中市场化进程对企业社会责任的影响显著为正,且明显比民营企业中的影响大,支持了本章的假设8-5。第(4)列和第(6)列的回归结果显示,国有企业中Mkt的回归系数为0.868,在1%的水平上显著;比民营企业中Mkt的回归系数0.322的数值更大,且更为显著。相比民营企业,企业所在地的市场化进程与企业社会责任表现的正相关关系在国有企业中更显著,同时回归系数的估计值更大,这说明市场化进程的提高对国有企业履行社会责任的促进作用更大,回归结果支持了假设8-5。

从经济意义上看,企业母公司所在地区的市场化程度越高,企业的社会责任水平越高。具体而言,地区市场化指数每提高10分,国有企业社会责任评分提高0.868分,民营企业社会责任评分提高0.322分。随着市场化程度的提高,利益相关者的集聚程度提高,组成了更广泛的监督群体;同时,市场化进程提升了市场信息环境的透明度和信息传递的便利性,增强了利益相关方获取和扩散信息的能力,降低了监督成本。外部环境的监督增强,提升了企业履行社会责任的动力和意愿。进一步地,企业的产权性质的差异也会导致市场化进程对企业履行社会责任的影响产生异质性。利益相关方对国有企业的社会责诉求范围更广、要求更多，社会期待和舆论压力促使国有企业更好地履行社会责任以获取制度的支持。所以，当市场化进程较高时，国有企业提升的企业社会责任表现显著比民营企业高。

表 8-8　市场化进程与企业社会责任：国有企业与民营企业

VARIABLES	(1) CSR	(2) CSR	(3) CSR	(4) CSR	(5) CSR	(6) CSR
Mkt	0.307 **	0.340 **	0.267 *	0.322 **	1.266 ***	0.868 ***
	(2.115)	(2.311)	(1.832)	(2.239)	(10.956)	(7.053)
soe	−5.850 ***	−3.326 **				
	(−3.827)	(−2.106)				
mktsoe	0.936 ***	0.501 ***				
	(5.101)	(2.654)				
Controls	N	Y	N	Y	N	Y
Year	Y	Y	Y	Y	Y	Y
Industry	Y	Y	Y	Y	Y	Y
Constant	22.548 ***	−37.033 ***	22.084 ***	−56.768 ***	16.964 ***	−29.293 ***
Mkt+ mktsoe	1.243 ***	0.841 ***				
	(18.154)	(−7.952)	(17.082)	(−7.395)	(16.910)	(−4.994)
N	6 436	6 436	2 351	2 351	4 085	4 085
R-squared	0.113	0.213	0.072	0.202	0.135	0.226

8.4.3　稳健性检验

1. 变换对地区市场化进程的度量指标

对市场化进程（Mkt）这一核心变量变换了以下三种度量方式以进一步检验本章结论的稳健性：①根据国家住建部对城镇体系的规划，全国共有十个具有优质资源环境和良好经济发展基础的中心城市①。因此，以企业母公司是否位于中心城市（Central）可以较好地度量企业所在地的市场化进程，当母公司位于中心城市时，取值为 1，否则为 0。②考虑到企业在跨地域发展过程中，

---

① 根据 2010 年 2 月住房和城乡建设部发布的《全国城镇体系规划（2010—2020 年）》，国家中心城市包括北京、天津、上海、广州、重庆、深圳、成都、武汉、杭州、西安十个城市。

其子公司存在空间分散化分布的特征，当位于中心城市的子公司占比越高时，企业面临的市场化环境越复杂和成熟，此时企业做出的社会责任战略决策可能发生改变。因此，用企业位于中心城市的子公司占比（Main）衡量企业的市场化环境情况，重新回归分析。③市场化进程的重要度量指标之一是城市人均GDP水平，人均GDP越高，城市的市场化环境越成熟、市场化程度度越高。因此，以城市的人均GDP水平（GDP）度量城市的市场化进程，重新进行回归分析。表8-9列示了变换市场化进程的度量指标后的回归分析结果。可以看出，Central、Main和GDP的回归系数分别为1.626、2.151和1.280，均在1%的水平上显著为正。所以，市场化进程对企业社会责任有显著的促进作用，再次验证了本章的假设8-1。

表8-9　稳健性分析：对市场化进程的度量

VARIABLES	(1) CSR	(2) CSR	(3) CSR
Central	1.626***		
	(4.592)		
Main		2.151***	
		(4.367)	
GDP			1.280***
			(5.218)
Controls	Y	Y	Y
Year	Y	Y	Y
Industry	Y	Y	Y
Constant	-35.967***	-33.623***	-49.869***
	(-8.086)	(-7.528)	(-9.578)
N	6 436	6 436	6 436
R-squared	0.208	0.208	0.209

2. 变换对企业社会责任的度量指标

对企业社会责任（CSR）这一核心变量变换了以下三种度量方式以进一步检验本章结论的稳健性。①对企业社会责任指标取与解释变量同期的数值（CSRt）进行度量，不滞后一期，重新进行回归分析。②对企业社会责任指标取自然对数（LnCSR）度量企业社会责任，重新进行回归分析。③采用润灵环球发布的企业社会责任评级数据（RksCSR），重新度量企业社会责任表现，并进行回归分析。表 8-10 列示了变换企业社会责任的度量指标后的回归分析结果。可以看出，Mkt 在三个模型中的回归系数分别为 0.631、0.028 和 0.001，均在 1% 的水平上显著为正。所以，变换企业社会责任的度量指标后，市场化进程对企业社会责任仍然具有显著的促进作用，再次验证了本章的假设 8-1。

表 8-10　稳健性分析：对企业社会责任的度量

VARIABLES	(1) CSRt	(2) LnCSR	(3) RksCSR
Mkt	0.631***	0.028***	0.001***
	(6.672)	(6.071)	(3.801)
Controls	Y	Y	Y
Year	Y	Y	Y
Industry	Y	Y	Y
Constant	−51.627***	0.443***	−0.127***
	(−11.343)	(2.218)	(−2.926)
N	6 436	6, 254	5, 261
R-squared	0.218	0.133	0.174

3. 工具变量法：市场化进程

尽管本章的核心解释变量市场化进程是地区层面的指标，而非企业层面的指标，但为了最大限度排除可能出现的逆向因果的内生性问题，本章进一步采用面板数据固定效应工具变量法，借鉴张杰等（2017）构造工具变量的方法，使用企业所在地级市 GDP 最为接近的三个其他地级市的城市市场化进程的平均值作为该城市市场化进程的工具变量，表示为 Market_ins。一方面，经济发展水平相似的地级市，市场化进程相对一致；另一方面，由于不同地级市面临不同的要素资源禀赋和经济条件，企业的经济行为较为独立，具有一定地区的分割性，因此，某地区的市场化水平难以直接影响其他城市的企业社会责任表现。第一阶段回归结果显示，工具变量 Market_ins 的系数显著为正，说明与企业所在地级市生产总值最接近的其他三个地级市的市场化水平的平均值和城市市场化进程存在显著的正向关系，因此，使用该指标作为城市市场化进程的工具变量是合理的。两阶段最小二乘估计的结果显示，变量 Market_ins 的系数显著为正，表明市场化进程的提高会促进企业履行社会责任。因此，检验结果与前文的结论保持了一致性，再次印证了研究假设。

表 8-11 稳健性分析：工具变量法

VARIABLES	(1) Mkt	(2) CSR
Market_ins	0.593 ***	
	(21.530)	
Market		3.342 ***
		(4.590)
Controls	Y	Y
Year	Y	Y
Industry	Y	Y
Constant	−1.717 ***	−7.174
	(−3.090)	(−0.840)
N	6 436	6 436
R−squared	0.668	0.059

4. 工具变量法：企业社会责任

为了解决市场化进程与企业社会责任之间可能存在的内生性问题，本章参考权小锋等（2015）和宋献中等（2017）的方法，采用工具变量法对主要结论进行稳健性检验。具体地，选取同年度同行业的平均企业社会责任水平（Ind_CSR）和同年度同省份的平均企业社会责任水平（Pro_CSR）作为企业社会责任（CSR）的工具变量，重新进行回归分析。表 8-12 列示了使用工具变量进行两阶段回归的估计结果。第（1）列为第一阶段的回归估计结果，可以看出，企业社会责任（CSR）的两个工具变量（Ind_CSR 和 Pro_CSR）的拟合值分别为 0.366 和 0.750，且都在 1%的水平上显著为正。这反映了行业和省份平均企业社会责任对个体企业社会责任有显著的正向影响，即企业社会责任在行业和地区间具有传染性。该结论与现有文献以及第 6 章的研究结论均保持了一致性（刘柏和卢家锐，2018），也证明了该工具变量具有较好的解释力度。第二阶段的回归结果表明，Mkt 的系数分别为 0.256 和 0.234，分别在 1%的水平上显著为正。上述结果说明，通过工具变量缓解内生性问题后，仍然可以发现市场化进程与企业社会责任的显著正相关关系，再次验证了本章的假设 8-1。

表 8-12　稳健性分析：工具变量法

VARIABLES	(1) CSR	(2) Ind_CSR	(3) Pro_CSR
Mkt		0. 256 ***	0. 234 ***
		(3. 310)	(6. 027)
Ind_CSR	0. 366 ***		
	(6. 213)		
Pro_CSR	0. 750 ***		
	(13. 204)		
Controls	Y	Y	Y
Year	Y	Y	Y
Industry	Y	Y	Y
Constant	−0. 794 ***	−8. 060 ***	−0. 166 ***
	(18. 337)	(32. 240)	(7. 280)
N	6 436	6 436	6 436
R-squared	0. 319	0. 542	0. 094

5. 分组回归

按照企业所处地区的市场化程度的高低进行分开讨论，将研究样本分为高、中、低三组，作为虚拟变量进行回归，三个分指标也采取同样的方法进行处理。从表 8-13 可以看出，在市场化程度最低的第一组中，市场化进程抑制了企业社会责任表现；市场化程度最高的第三组中，市场化进程显著促进了企业社会责任表现，且促进作用大于市场化程度居中的第二组。因此，本章的核心研究假设得到了验证。

表 8-13　区分高、中、低市场化进程

VARIABLES	(1) CSR	(2) CSR	(3) CSR
Mkt1	−3. 015 ***		
	(−8. 120)		
Mkt2		1. 848 ***	
		(3. 946)	

表8-13(续)

VARIABLES	(1) CSR	(2) CSR	(3) CSR
Mkt3			2.237***
			(4.232)
Controls	Y	Y	Y
Year	Y	Y	Y
Industry	Y	Y	Y
Constant	2.862	0.737	2.236
	(0.790)	(0.202)	(0.614)
N	6 436	6 436	6 436
R-squared	0.185	0.179	0.177

8.5 拓展性检验

前面研究了市场化进程对企业社会责任表现因为产权性质的差异而产生的异质性影响，发现在国有企业中，市场化进程对社会责任的促进作用更加明显。深入企业社会责任的五个维度的具体表现，市场化进程对各个维度社会责任表现的影响是否因为产权性质的差异而存在不同的作用结果？为此，本章将样本分为国有企业和民营企业，分别探讨市场化进程对五个维度的企业社会责任的具体影响，回归结果如表8-14所示。

表8-14 分维度检验：国有企业与民营企业

Panel A：国有企业样本					
VARIABLES	(1) CSR_sta	(2) CSR_emp	(3) CSR_con	(4) CSR_env	(5) CSR_soc
Mkt	0.115*	0.161***	0.048	0.011	0.409***
	(1.705)	(6.156)	(1.333)	(0.285)	(9.659)
Controls	Y	Y	Y	Y	Y
Year	Y	Y	Y	Y	Y

表8-14(续)

Industry	Y	Y	Y	Y	Y
Constant	−7.574***	−5.712***	−6.243***	−5.494***	−4.269**
	(−3.419)	(−4.579)	(−3.628)	(−3.123)	(−2.117)
N	4 085	4 085	4 085	4 085	4 085
R-squared	0.292	0.202	0.214	0.194	0.076
Panel B：民营企业样本					
VARIABLES	(1) CSR_sta	(2) CSR_emp	(3) CSR_con	(4) CSR_env	(5) CSR_soc
Mkt	0.240***	0.069***	0.030	−0.019	0.188***
	(5.153)	(2.579)	(0.750)	(−0.524)	(3.298)
Controls	Y	Y	Y	Y	Y
Year	Y	Y	Y	Y	Y
Industry	Y	Y	Y	Y	Y
Constant	−13.798***	−10.806***	−10.331***	−8.814***	−13.019***
	(−3.841)	(−7.619)	(−4.793)	(−4.613)	(−4.282)
N	2 351	2 351	2 351	2 351	2 351
R-squared	0.227	0.172	0.143	0.133	0.080

将国有企业和民营企业样本的回归分析结果进行比较分析，可以得出以下结论：

首先，在国有企业中，市场化进程显著地促进了五个维度的社会责任表现。具体比较而言，除股东责任外，市场化进程对其他四个维度社会责任的促进作用显著大于其在民营企业中发挥的作用。

国有企业和民营企业在不同维度社会责任表现的差异性，可以从两个角度进行分析阐释。第一，设立环境和运行机制赋予了国有企业经济和社会双重属性，决定其在经济收益和社会收益的目标函数中不断调整和平衡。因此，与民营企业相比，国有企业在社会责任上整体投入较多，各个维度的社会责任表现较好。第二，市场化进程对民营企业股东责任的促进作用更为显著（表现为系数数值更大和系数统计显著性更强），因为市场化进程的推进，加强了资源流动和行业竞争，使得民营企业的营利性动机更强，会更关注公司治理的改善、投资者信息沟通和公司经济价值创造，进而产生更好的股东责任表现。对国有企业而言，已有文献发现，国有企业在创新绩效（韩美妮和王福胜，2016）、资本结构（陆正飞 等，2015）和股利政策（韩雪，2016）等方面的表现还有较大提升空间。考虑到政府干预的力度较大、内部治理较为集权、经济目标函数较为模糊，国有企业在与经济收益直接联系的股东责任方面的表现相对较弱。因此，国有企业在股东责任方面的表现不及民营企业。

其次，在民营企业中，市场化进程显著促进了股东责任、员工责任和公益责任的表现，而抑制了环境责任的表现。具体原因分析如下：民营企业面临的资源约束和行业竞争压力较大，考虑的首要问题是如何获取资金和拓展规模以保证自身的存活和发展，因此，民营企业需要获取良好的经济收益，最关注的是股东责任。民营企业的制度合法性问题一直是需要协调解决的问题，当政府和公众对企业的社会职能有所诉求时，民营企业出于战略考量，选择较好地履行公益责任以获取组织合法性和企业声誉。

最后，为了实现经济效益，民营企业需要协调好和内部员工的关系，发挥员工在工作中的创新性和参与性，所以企业也较为关注员工的成长和诉求。而民营企业履行环境保护责任要求企业不断升级技术设备、优化生产工艺流程和严格环境监控标准，这些行为属于长期性投资，短期内责任成本远大于责任收益，故而对于受资源约束严重的民营企业，承担环境责任不是理性的短期选择。因此，市场化进程抑制了民营企业环境责任的表现。

8.6　研究小结

本章研究发现，市场化进程会显著促进企业社会责任表现，具体表现为促进企业股东责任、员工责任和环境责任表现。原因在于：在市场化程度较低的地区，由于行业竞争和舆论压力较小，企业只单纯出于制度要求，履行基本的社会责任；而在市场化程度较高的地区，利益相关者的集聚性强，市场环境的信息透明度和信息流动性高，增强了外部监督压力，同时企业为了更好地获取资源和维系声誉，企业履行社会责任的内生动力会更强，因而会更加主动承担社会责任。进一步地，市场化进程对企业社会责任的影响因产权性质而存在差异。市场化进程对民营企业股东责任的影响显著比国有企业大，主要是由于民营企业的营利性动机更强，更关注公司治理的改善、投资者信息沟通和公司经济价值创造，进而产生更好的股东责任表现。

由以上结论，本章得到如下启示：由于我国社会主义市场化经济体制的特殊性，我们必须同时兼顾市场与政府，目前我国已实现全面脱贫，但各地经济水平存在着较大的差距，市场化程度差别也很大。在市场化程度较低的地区，我们应注重政府对于企业履行社会责任的引导，通过安排奖项等措施，激励企业自主担责，提高自身信息披露质量，同时加大监管力度，以强制措施来降低企业违法行为出现的概率。同时，在市场化程度较高的地区，应进一步推进完善市场机制，提高法治程度，让企业自觉履行社会责任。

9 区域协调发展新格局下企业跨区域发展、企业规模与社会责任

促进区域协调发展，是实现高质量发展的必然要求。本章基于区域协调发展战略与企业跨区域经营双向促进的理论逻辑，以2014—2021年中国A股上市公司为样本，实证检验了企业跨区域发展与企业社会责任的影响关系和作用机制。研究表明，企业跨区域发展与企业规模和企业社会责任都存在显著倒"U"形曲线关系，意味着企业偏安一隅或超远距离跨区域发展，都不利于企业规模成长和履行社会责任；此外企业规模在企业跨区域发展与企业社会责任之间产生部分中介作用。本书的研究为政府和企业决策者把握区域协调发展战略如何引领企业跨区域发展，在促进企业发展壮大的同时，积极履行社会责任，创造共享价值，推动实体经济高质量发展提供理论支撑和经验借鉴。

9.1 问题提出

党的二十大报告以推动高质量发展为主题擘画了建设现代化经济体系的宏伟蓝图。我国经济四十多年的快速发展取得了举世瞩目的成就，同时，不同地区之间发展不平衡、不充分的矛盾也逐渐显现。当前，国家对经济发展做出了更具前瞻性、长远性的部署，强调区域经济的高水平协调发展。要深入实施区域协调发展战略，就要促进各类要素向优势地区集聚，构建优势互补、高质量发展的区域经济布局。

企业作为实体经济的主体，是建设现代化产业体系的主要参与者，是构建高水平社会主义市场经济体制的核心支柱和重要力量。面对现代化建设进程中空间格局和区域结构变化所释放和创造的巨大需求和供给，越来越多的企业倾向将子公司或研发机构分散于全国乃至世界各地，以期获取不同区域的知识技术与优势要素。企业在国家区域协调发展的战略引领下，通过构建分散式的经

营网络，有效整合跨边界的异质性资源，立足区域特色禀赋，因地制宜开展业务，在推动自身产业发展多元化的同时促进经营规模的扩张（郑棣，2022）。我国广袤的地域和数千年历史、政治与文化的积淀，形成层次多元的区域经济特征（徐现祥，2015），使得企业在获取不同区域间优势要素的同时，也面临"市场分割"问题所带来的挑战。例如，不同区域的知识与技术存在地域黏性，增加了企业整合、吸收的难度。此外，不同区域间的经济、文化、政策等宏观环境的差异带来的信息不对称可能加剧企业内的代理冲突问题（李彬和郑雯，2015）。此"二律背反"（康德，1960）现象使得探索企业如何准确把握国家区域协调发展战略目标，并据此制定合理有效的跨区域发展战略，优化生产经营活动的空间布局，促进企业规模成长，以此推动区域经济协调发展，具有重要的政治和经济意义。

与此同时，随着企业经营规模的不断扩大，企业开始愈发注重承担社会责任以应对人类经济社会日益增长的高质量发展需求（Karnani and Aneel，2010）。企业作为人民群众实现共同富裕的贡献者（习近平，2014），更是国家现代化治理体系中的重要组成部分，履行社会责任是其参与社会治理的实现方式，对推动经济发展方式转变、优化经济结构、促进质量变革等方面具有显著作用（肖红军，2020）。更进一步讲，企业以社会责任实践方式推动现代化社会治理，其本质目标是创造多维度的社会共享价值：一是企业强则国家强。企业致力建设成为产品卓越、品牌卓著、创新领先、治理现代的一流企业，能引领发展，创造财富。二是促进高质量充分就业。企业通过提升内部管理能力，优化激励机制，创造就业岗位的同时，还能关心员工成长，为员工提供良好的劳动报酬、安全保障、文化氛围和组织关怀。三是整合供应链资源。企业通过与上游供应商、下游消费者建立健全"全生命周期"管理体系，能提升产业链、供应链韧性和安全水平。四是企业积极投身实现共同富裕的伟大目标。从朴素的慈善行为到助力脱贫攻坚，再到企业促进农村集体经济创新"共富企业"模式推动乡村振兴。五是企业积极推进绿色环保。升级技术设备、优化生产流程、严格环境监控标准，推进低碳环保，让绿色成为普遍形态。由此可见，企业社会责任为增加社会整体福利与构建新发展格局提供了动力，与国家着力推进高质量发展的目标具有天然契合性。

研究企业社会责任，不能脱离对企业自身发展需求的分析，企业在生命周期的不同阶段，存在差异化的产业发展空间、投资增长机会和市场竞争程度，这些因素会决定企业履行社会责任的意愿和能力（邢斐 等，2022）。鉴于企业规模能够生动描述出企业的市场地位，又是企业所处生命周期最直观的刻画，本书将企业规模作为中介变量纳入"区域协调发展—企业社会责任"的研究框架中，探究企业在跨区域发展的过程中，空间边际拓展带来的外部宏观环境差异，对企业履行社会责任的微观行为产生影响的内在机理。边际贡献在于：在理论层面上拓展了地域分工理论对企业战略行为的内在影响机理，基于区域经济学视角与公司治理视角丰富了企业社会责任理论研究；在实践层面上探索了推动区域协调发展的国家战略如何引领企业跨区域发展，增强企业的资源配置和整合能力；如何使企业在规模发展壮大的过程中，主动履行社会责任，创造社会共享价值，为建设现代化产业体系、推动实体经济高质量发展提供经验借鉴。

9.2 我国区域发展战略与企业跨区域发展的理论联系

9.2.1 早期区域发展战略的演变路径

我国经济发展跨越了多个阶段，经历了从落后经济体到世界经济大国的转变，而广阔的领土、丰富的地域特征决定了推动区域经济发展是国家经济发展的重要战略。党中央坚持中国特色社会主义经济制度，不断与时俱进改革创新，根据不同时期的发展重心，形成了"平衡—非平衡—协调"的区域经济发展特征。

1. 区域平衡发展战略特征

新中国成立初期，我国绝大部分工业聚集于占国土面积12%的东部沿海地区，而西北、西南和内陆超过半数国土面积的地区仅贡献不足10%的工业产值。国家以"社会主义生产布局理论"为指导制定了向内地推进的区域平衡发展战略（1949—1978年）。区域平衡发展战略缩小了东部沿海与中、西部内地经济发展的差距，推动国家大力发展内地冶金、电子、机械等工业和交通、能源行业，在内地奠定了坚实的发展基础，同时也构建了特殊时期应对中苏关系恶化的战略防御型经济布局。但是，区域平衡发展战略也产生了忽视东部沿海高生产效率的较大机会成本。

2. 区域非平衡发展战略特征

改革开放之后，国家以实现经济快速增长为主要目标，引入梯度推移理论，为发挥地区间资源禀赋的比较优势，优化各区域资源配置效率，提出非平衡发展战略（1979—1999年）。这一时期，我国向东部沿海地区大力倾斜政治、经济资源，使工业产能大、贸易流通迅速的东部地区经济得到了极大的发展。此外，东部地区的快速发展不仅创造了大量的工作岗位，解决了中、西部地区劳动力就业的问题，也为我国整体国民经济效率的提升做出了巨大贡献。然而非平衡发展战略也使得全国的人才、技术、创新资源和资本等要素向东部发达地区聚集，使其与中、西部欠发达地区的经济差距进一步扩大，甚至引发地区间经济恶性竞争、各地政府相继构筑政策壁垒、市场分割加剧等社会发展不平衡的问题。

9.2.2 区域协调发展战略的形成和深化路径

1. 区域协调发展战略启动

区域协调发展是国家对区域发展战略的调整和创新。东部率先发展取得成功也推动了中、西部地区的发展，促进了市场主体多元化的产生，使我国各区域呈现不同的经济活跃态势（樊杰和王亚飞，2019）。基于此，国家从区域发展的总体布局出发，进而提出并推进了西部大开发、东北振兴和中部崛起的区域战略。东部发达地区以改革创新作为产业结构升级转型的引擎推动经济高速发展；西部大开发大力推进基础设施建设，以西气东输、西电东送的方式加强我国能源、资源保障；东北振兴在保障了我国粮食安全的同时提升了我国重型工业生产能力；中部崛起充分发挥中原六省承东启西的地域区位战略优势。此后，中央更进一步提出"一带一路"倡议、京津冀协同发展和长江经济带。四大区域和三大支撑带的战略组合，显示出国家强调重点地区优先和不同区域间协调并进的发展原则，标志着我国区域发展进入了协调发展的战略启动期。

2. 区域协调发展战略转型深化

四大区域和三大支撑带的总体区域布局充分发挥了各大区域资源、要素和地理区位的比较优势，显著提升了我国的全要素生产率，但是优势区域内资源的循环累积效应导致区域间差距难以缩小（潘文卿，2012）。党的十九大报告进一步明确我国社会主要矛盾已经转化为人民日益增长的美好生活需要和不平衡不充分的发展之间的矛盾，区域协调发展上升为国家战略。此外，2018年以来我国既面临着出口需求降低、内部消费收缩、能源结构转型等考验，又要应对贸易保护主义、疫情冲击等复杂的国际局面（刘耀彬和郑维伟，2022），更显示出我国全方位、多维度地建设和塑造具有协调联动发展体系的区域新格局的重要性（肖金成，2019）。这一阶段，坚持以"创新、协调、绿色、开放、共享"作为发展理念，优化区域间协调合作机制，探索激发各地区经济潜能的有效路径，引导战略导向由"追求效率"转向"兼顾效率与公平"成为区域协调发展由低水平逐渐向高水平转变的重要特征。

3. 高质量发展促进区域协调发展战略高水平实施

党的二十大报告以实现经济高质量发展为目标，对促进区域协调发展做出更高层面的系列重大战略部署：一是从区位特征、地区主体功能、城乡结构等维度进行区域类型划分；二是根据区域特征统筹规划，构建连接东中西、贯通南北的多中心、网络化的空间结构和区域格局，致力于加强区域联系、缩小地区差距；三是强调以城市群、都市圈为依托，发挥地区增长极的辐射作用，带动周边中小城市发展，推进以县城为载体的新型城镇化；四是以城乡融合带动乡村振兴，为实现全体人民共同富裕提供根本保障。这一系列举措，为促进我国经济整体增长与区域高水平协调发展指明了方向。

9.2.3　区域协调发展战略与企业跨区域发展双向促进

我国区域协调发展的实践是伴随着不断成熟、完善的基础理论和系统性政策而推进的，因此要实现高水平区域协调发展，需要充分考虑高质量发展的目标导向、政府与市场的关系、多元化地域等因素带来的中国式特征。此外，企业作为经济活动的主要参与者，是构建区域间投入产出的生产关系、联系区域间供给与需求关系的重要载体，其跨区域的生产经营活动对深入实施区域协调发展战略的推动作用尤为重要。

第一，从政府与市场关系来看，我国地方政府通常参股、控股地方国有企业，共享其利润分配权，因此形成一种地方保护主义的政策壁垒，对想要跨区域进入本地市场的民营企业或者其他地区的国有企业具有一定的排斥性，进而产生市场分割，影响资源的配置效率，造成区域间明显的梯度差异。

基于此，国家为促进区域协调发展战略深入实施，在制度上进行体制改革和治理模式创新，鼓励和引导地区间产业链的交融和延伸，优化地区间利益协调，要求相邻地区共享产业集聚带来区域创新成果（张可，2019），这是打破地方保护与市场分割的主要举措，有效降低了区域间的制度差异。制度同构理论显示，区域间较低的制度差异提升了地方政府对企业跨区域进入市场的资源承诺水平，会使得跨区域企业加大对所设立分支机构投资的力度（宋铁波 等，2016），同时，跨区域企业的进入推动了区域内市场的良性竞争，有利于打破垄断，促进相关产业链上下游的健康发展，优化地区产业结构。不仅如此，跨区域企业以自身为纽带，能够促进相邻区域间产业合作、互利共赢，使区域间差距不断缩小。

第二，虽然深入实施区域协调发展的国家战略推动了地方经济体制的改革和创新，打破了地方政府的政策壁垒，提升了区域协调发展的外生动力。然而发展动力由外向内转换仍需要挥动市场自身无形的手，我国多元化的地域特征形成了地理风貌、人文习俗、经济状况各异的地区差异，区位理论表明这些差异会带来空间属性、环境属性、区际属性的天然隔离，可能阻碍人才、技术、资本、创新理念、劳动力和其他生产要素在不同区域间的自由流动。

虽然早期的区域发展战略使得我国东部发达地区发挥了先进示范作用，吸纳了大量中、西部地区的劳动力，但是市场分割也造成了中、西部地区剩余劳动力技能不匹配、产业结构单一、工业化程度较低等。然而，随着区域协调发展战略深入实施，各地方在中央的号召下，以高质量发展为导向，立足自身优势要素禀赋，大力发展地区特色资源型产业（李兰冰，2020），进而形成地区比较优势，吸引作为市场主体的企业主动进行空间协同与区域调整的战略布局。企业跨区域发展，带动了创新人才、高精尖技术和企业家精神等企业专有资源流入投资区域。先进的理念、生产技术和管理方法的传播与应用，带动被投资区域经济的加速发展，进而促进区域间经济的高质量协调并进。由此可见，区域协调发展战略吸引企业跨区域发展，而企业跨区域又进一步推动区域协调发展迈向更高水平。这一切均体现了区域协调发展和企业跨区域发展的双向促进。

9.3 理论分析和研究假设

企业跨区域发展在积极响应国家战略的同时，也受益于区域协调发展战略深入实施带来的诸多有利因素。这些因素对企业自身经营规模的扩张，企业履行社会责任创造共享价值均产生重大影响。

9.3.1 企业跨区域发展与企业社会责任

企业跨区域发展对企业社会责任的作用机制有多个方面。第一，发达地区经济高速增长使市场竞争加剧，企业选择跨区域设立分支机构，一方面避免了相似产业过于集中而形成红海市场；另一方面带动人才、创新理念等先进生产要素突破行政区划限制，向更广泛区域扩散的同时将企业的研发成果应用于当地，助力地区产业结构优化。企业因此既提升自身市场竞争力，又促进区域高水平协调发展，充分体现企业以社会责任实践推动高质量发展的价值。第二，跨区域发展增加了企业与上游供应商、下游消费者等利益相关者近距离交流的机会，便于其对企业生产经营活动进行监督，优化企业供应链管理，体现企业在提升产业链、供应链韧性和安全水平的社会责任价值。第三，跨区域发展拓宽了企业涉及公众利益的范围，出于维护良好政企关系和提升企业自身形象的目的，企业有更强的动力实现环境保护与公益的社会责任。整体来看，企业跨区域发展能促进企业履行社会责任。但是，企业跨区域距离太远，进入制度、文化差异过大的地区，形成"飞地"特征太强的子公司分散布局，可能导致严重的代理成本和不被当地利益相关者认同的"外来者劣势"的问题，从而阻碍企业履行相关社会责任。据此，本书提出：

假设9-1：限定其他条件，企业过度集中或者远距离跨区域发展，都不利于企业履行社会责任，即企业跨区域程度与企业社会责任之间存在非线性倒"U"形关系。

9.3.2　企业跨区域发展与企业规模

企业跨区域发展对企业规模的影响存在正向的"扩张效应"和负向的"成本效应"。"扩张效应"体现为以下三个方面：第一，不同区域的自然、文化、经济、政治资源存在地域黏性，企业跨区域发展，分散设立分支机构有利于整合跨边界的异质性资源，促进企业以创新驱动产业多元发展，带动规模扩张（郑棣 等，2021）。第二，企业跨区域发展优化企业自身功能区域布局，在原材料产地、劳动力密集区域设立分支机构控制生产成本；在高校集中的城市投资研发中心聚集人才；在中心城市建设销售网点精准投放增大销量，这些均能有效改善企业经营状况，促进企业规模扩张。第三，城市商业银行为降低流动性风险溢出效应，往往专注当地企业的交易活动（郑棣 等，2019），企业跨区域设立子公司，便于加强银企合作，拓宽自身融资渠道，缓解融资约束。稳定的现金流增强了企业应对风险的能力，助力企业进行长周期的创新投资，自然增加了企业规模成长的潜力。

但是，也要看到企业跨区域发展的成本效应。一方面，企业设立过多分支机构会增加企业的运营和管理成本，母子公司过于分散会使信息传递产生较高的协调和沟通成本，上述财务资源的耗费会抑制企业规模的扩张；另一方面，有研究表明企业的子公司数量越多、地域分布越广、业务占比越大，企业战略不确定性越强，现金持有量就越大（张会丽和吴有红，2011）。企业持有大量现金容易引起企业追逐热点，过度参与资本市场，形成脱实向虚的过度金融化现象，这不仅增大了企业金融风险，还压缩了企业聚焦主业的生产经营占比，会显著抑制企业规模成长（Lei et al.，2022）。据此，本书提出：

假设9-2：限定其他条件，企业过度集中或者远距离跨区域发展，都不利于企业规模成长，即企业跨区域程度与企业规模之间存在非线性倒"U"形关系。

9.3.3　企业跨区域发展、企业规模与企业社会责任

企业跨区域发展从多个维度对企业社会责任产生影响，而企业自身发展阶段决定了企业履行社会责任的能力和意愿。企业规模直观反映企业的行业地位和市场竞争力，是体现企业所处发展阶段的重要指标。研究表明，产业集聚对规模以上企业造成的域内竞争效应弱于中小企业（白积洋，2012），因此大型企业跨区域发展以避免红海竞争，能带动更多专业化经济资源向外扩散，使其在推动区域协调发展中体现更好的社会责任价值。同时，规模大、成长性良好的企业往往吸引更多的投资者和顾客，因此会出于商誉动机，积极披露社会责任信息（彦晶，2014）。此外，企业在公益和环保方面提高治理能力，实现社会责任价值需要耗费大量经济、人力成本，企业只有拥有稳定的盈利来源，才能真正引领前瞻型环境战略、实现企业社会责任。据此，本书提出：

假设9-3：限定其他条件，企业规模在企业跨区域与企业社会责任之间产生部分中介作用，企业规模对企业社会责任具有促进作用。

9.4　研究设计

9.4.1　样本选取

本书选取的研究样本为2014—2021年的中国沪深A股上市公司。借鉴已有研究的做法，按如下标准对初始样本进行处理：①剔除金融保险行业样本；②剔除研究期间曾被ST或＊ST的样本；③剔除交叉上市的样本；④剔除资不抵债的样本；⑤剔除数据存在遗漏的部分样本。经过上述筛选，本书最终获得16 195个样本观测值。为了排除异常值对回归结果的影响，所有连续变量均在1%的水平进行了Winsor缩尾处理。其中，企业跨区域发展数据源自手工收集，企业社会责任数据源于和讯网企业社会责任评级数据库，其他企业财务及治理数据来自CSMAR和RESSET数据库。

9.4.2　变量定义

1. 被解释变量：企业社会责任（CSR）

目前国内公开的企业社会责任数据库和讯网与润灵环球使用了综合类评分

指数，对企业在经济、社会与价值等多方面表现进行综合评价。其中，润灵环球是对企业社会责任报告的内容实质进行评分；和讯网是依据利益相关者对象的具体划分，对各个维度的社会责任表现给出综合评价。本书考察的是企业履行社会责任水平的相关情况，因此采用和讯网评分来衡量企业社会责任表现更为综合全面、客观可比。

2. 解释变量：企业跨区域发展（DIS）

企业在地域边界上的动态扩张，形成了母公司与分支机构之间的空间分散化特征。本书用这种地理分散化特征衡量企业跨区域发展程度。具体来说，以母公司坐标为球心，计算各个分支机构坐标到母公司坐标的球面距离的平均值。步骤如下：首先，从上市公司年度报告中收集分支机构对应的注册地地址，换算成对应的经纬度数据；其次，用式 9-1 和式 9-2 计算出母公司与各分支机构间的球面距离 Dis_{pj}；最后，对每一年份的一组球面距离数据 Dis_{pj} 求平均值 $\mathrm{DIS}_{i,t}$，以衡量企业 i 在 t 年的跨区域发展程度。$\mathrm{DIS}_{i,t}$ 数值越大，代表企业跨区域发展程度越大。

$$\Delta_{p,j} = \sin(\mathrm{lon}_p) \times \cos(\mathrm{lat}_p) \times \sin(\mathrm{lon}_{p,j}) \times \cos(\mathrm{lat}_{p,j}) + \cos(\mathrm{lon}_p) \times$$
$$\cos(\mathrm{lat}_p) \times \cos(\mathrm{lon}_{p,j}) \times \cos(\mathrm{lat}_{p,j}) + \sin(\mathrm{lat}_p) \times \sin(\mathrm{lat}_{p,j}) \qquad (9\text{-}1)$$

$$\mathrm{Dis}_{p,j} = \mathrm{acros}(\Delta_{p,j}) \times \frac{\pi}{180} \times R \qquad (9\text{-}2)$$

其中，下标 p 表示母公司，下标 j 表示母公司 p 下属的第 j 个分支机构；R 为地球平均半径，取 6 371.04 千米；D_{pj} 表示母公司 p 到其下属的第 j 个分支机构的球面距离。由于计算出的球面距离数值较大，借鉴罗进辉等（2017）的做法，取球面距离的百分之一对地理距离进行度量；lon_p 和 lat_p 分别表示经度和纬度，母公司坐标为（lat_p，lon_p），分支机构坐标为（$\mathrm{lat}_{p,j}$，$\mathrm{lon}_{p,j}$）。

3. 中介变量：企业规模（Size）

参考前期文献，企业规模通常采用企业的资产总额、营业总收入或员工人数来度量（邹国平 等，2017）。由于企业规模反映了企业对产品生产、销售、技术创新和员工培养等各个环节进行统筹管理的综合绩效。因此，用员工人数来度量企业规模存在以偏概全的问题。而营业总收入受宏观因素的影响较大，企业可能出现盈利和亏损交替产生的情况，回归模拟结果存在较大偏差。所以，本书采用资产总额来度量企业规模，更为综合客观。

4. 控制变量

本书选取如下变量作为控制变量：①公司特征变量，包括营业收入增长率（Growth）、总资产净利率（ROA）、市值（Tobin-Q）、企业年龄（Age）、产权性质（SOE）；②公司治理变量，包括两职兼任（Dual）、董事会规模（Board）、独立董事比例（Indirect）、股权集中度（Top1）、机构持股比例（Ildn）；③地区变量，当地经济水平（LnGDP）。

具体的变量定义如表9-1所示。

表9-1　变量定义

变量	名称	符号	定义
被解释变量	企业社会责任	CSR	和讯网企业社会责任评分
解释变量	企业跨区域发展程度	DIS	母公司和分支机构间的地理距离的平均值 /100
中介变量	企业规模	Size	企业年末总资产的自然对数
控制变量	营业收入增长率	Growth	营业收入增长额／上年营业收入总额
	总资产净利率	ROA	净利润／平均资产总额
	市值	Tobin-Q	托宾 Q 值
	上市年限	Age	公司上市年限数的自然对数值
	实际控制人性质	SOE	企业实际控制人为国有单位或法人，取值为1；否则为0
	两职兼任	Dual	CEO 与董事长两职兼任时，取值为1；否则为0
	董事会规模	Board	董事会人数的自然对数值
	独立董事比例	Indirect	独立董事／董事会总人数
	股权集中度	Top1	第一大股东持股比例
	机构投资者持股比例	Ildn	机构投资者持股数量/总股数
	当地经济水平	LnGDP	企业母公司所在城市的名义 GDP 的自然对数值

9.4.3　模型设定

参考 Sui 等（2015）、林伟鹏和冯保艺（2022）对非线性关系和中介效应的检验方法，本书分别建立了以下三个公式进行检验。其中，式9-3检验企业跨区域发展对企业社会责任的影响；式9-4检验企业跨区域发展对企业规模的影响；式9-5检验企业跨区域发展影响企业社会责任时，企业规模产生的部分中介效应。此外，三个模型都控制了年度固定效应和行业固定效应。

$$CSR_{i,t} = \alpha_0 + \alpha_1 \, DIS_{i,t} + \alpha_2 \, DIS^2_{i,t} + Controls_{i,t} + \sum Ind + \sum Year + \varepsilon_{i,t}$$

$$(9-3)$$

$$Size_{i,t} = \beta_0 + \beta_1 \, DIS_{i,t} + \beta_2 \, DIS^2_{i,t} + Controls_{i,t} + \sum Ind + \sum Year + \varepsilon_{i,t}$$

$$(9-4)$$

$$CSR_{i,t} = \gamma_0 + \gamma_1 \, DIS_{i,t} + \gamma_2 \, DIS^2_{i,t} + \gamma_3 \, Size_{i,t} +$$
$$Controls_{i,t} + \sum Ind + \sum Year + \varepsilon_{i,t}$$

$$(9-5)$$

9.5 实证结果分析

9.5.1 描述性统计

表9-2展示了主要变量的描述性统计结果。可以看出,企业社会责任(CSR)的均值为23.00,最小值为-3.78,最大值为74.30,显示上市公司的企业社会责任水平普遍不高且差异巨大。企业跨区域发展(DIS)的最小值为0,最大值为21.16,中位数为4.495,均值为5.294,显示样本企业跨区域发展较为普遍,且跨区域的距离差异显著。具体而言,样本企业中母公司与分支机构的平均地理距离为529.4千米,其中跨区域发展程度最小的样本是分支机构均和母公司集中于同一城市,而跨区域最大的样本是母公司与分支机构的平均空间距离是2 116千米以上地理距离的分布数据,与罗进辉等(2017)的统计结果较为一致,验证了数据的真实可靠。企业规模(Size)的均值为22.47,最小值为20.06,最大值为26.37,与已有文献基本一致。其他变量的统计结果也与现有文献较为相近,为实证分析提供了可靠的数据基础。

表9-2 描述性统计结果

变量	样本量	均值	标准差	最小值	p25	p50	p75	最大值
CSR	16 195	23.00	14.91	-3.780	15.78	21.34	26.77	74.30
DIS	16 195	5.294	4.400	0	1.736	4.495	7.830	21.16
Size	16 195	22.47	1.287	20.06	21.57	22.30	23.21	26.37
Growth	16 195	0.152	0.411	-0.596	-0.039	0.087	0.239	2.592
ROA	16 195	5.803	12.69	-65.73	2.540	6.450	11.18	34.56
Tbin-Q	16 195	2.054	1.342	0.837	1.212	1.611	2.369	8.600

表9-2（续）

变量	样本量	均值	标准差	最小值	p25	p50	p75	最大值
Age	16 195	2.328	0.668	0.693	1.946	2.398	2.890	3.296
SOE	16 195	0.396	0.489	0	0	0	1	1
Dual	16 195	0.242	0.429	0	0	0	0	1
Indirect	16 195	37.01	9.456	16.67	30	36.36	42.86	62.50
Board	16 195	2.418	0.303	1.609	2.197	2.398	2.639	3.178
Top1	16 195	33.39	14.63	8.322	21.82	30.98	43.07	73.13
Insti	16 195	0.442	0.236	0.004	0.263	0.462	0.628	0.898
GDP	16 195	8.915	1.086	6.101	8.142	8.989	9.842	10.55

9.5.2 基准回归结果

1. 企业跨区域发展对企业社会责任的影响

考察企业跨区域发展对企业社会责任的影响，需要关注 DIS 及平方项 DIS^2 的回归系数，回归结果如表9-3所示。前两列以 DIS 为解释变量，第（1）列仅控制年份和行业固定效应，第（2）列加入控制变量进行回归分析。结果显示，DIS 的回归系数为0.114，在5%的水平上显著，说明 DIS 与 CSR 呈正相关关系。后两列模型进一步引入解释变量的平方项 DIS^2。结果显示，DIS 及 DIS^2 的回归系数为0.410和−0.019，均在1%的水平上显著。对比回归结果，可以看出第（4）列模型的可决系数 R^2 比第（2）列大，说明相比线性关系，非线性的"U"形关系能更好地解释 DIS 对 CSR 的影响。依照 Haans 等（2016）对"U"形曲线中斜率和拐点的检验方法，确认两个变量之间的倒"U"形关系需满足以下三个条件：一是解释变量二次项系数显著为负；二是当解释变量的取值达到最小时，对应的曲线斜率为正；当解释变量的取值达到最大时，对应的曲线斜率为负；三是在解释变量的取值范围内，可以找到曲线的拐点取值。本书按上述方法进一步验证 DIS 与 CSR 的倒"U"形关系：首先，DIS 的一次项系数显著为正（0.410），其平方项的系数显著为负（−0.019）；其次，当 DIS 取最小0时，曲线斜率为正（0.410），当 DIS 取最大值21.160时，曲线斜率为负（−0.394）；最后，当 DIS = 10.789时，曲线斜率为0，曲线达到拐点位置，此时 DIS 的取值位于 DIS［0，21.160］的取值区间内。经过上述检验，假设9-1得到了验证，企业跨区域发展与企业社会责任之间存在显著的倒

"U"形关系。

表9-3　企业跨区域发展对企业社会责任的影响

变量	（1） CSR	（2） CSR	（3） CSR	（4） CSR
DIS	0.152***	0.114**	0.536***	0.410***
	（2.742）	（2.127）	（4.161）	（3.257）
DIS^2			−0.024***	−0.019***
			（−3.524）	（−2.815）
Controls	否	是	否	是
Year FE	是	是	是	是
Industry FE	是	是	是	是
Constant	31.237***	31.867***	30.468***	31.415***
	（75.208）	（2.657）	（63.470）	（2.613）
N	16 195	16 195	16 195	16 195
R-squared	0.167	0.181	0.168	0.182

本书采用的"U"形关系检验方法，是在线性模型中加入解释变量的二次项进行回归，这也是现有研究主要采用的方法（张杰 等，2021）。但也有文献认为，以一次项和二次项的系数作为判断"U"形关系的依据有点薄弱（Lind and Mehlum，2010），因为严格的"U"形关系还需满足极值点左侧斜率递增（或递减）和极值点右侧斜率递减（或递增）的条件。因此，Lind 和 Mehlum（2010）编写了 Utest 检验命令，对取值区间内的"U"形关系进行精确测试。基于此，本书进行 Utest 测试，结果显示：在 DIS 数据区间范围内，CSR 达到极值；Slope 在数据区间内可以取到负值，且在 1% 的统计水平上拒绝原假设，因此假设9-1再次得到了验证。

表9-4　企业跨区域发展对企业社会责任的影响：Utest 测试

变量	Lower bound DIS	Upper bound DIS
Interval	0	21.161
Slope	0.023 0	−0.217

表9-4(续)

变量	Lower bound	Upper bound
	DIS	DIS
t-value	0.330	−1.881
p-value	0.370	0.029

2. 企业跨区域发展对企业规模的影响

考察企业跨区域发展对企业规模的影响，需要关注 DIS 及平方项DIS^{2}的回归系数，表9-5列示了回归结果。前两列以 DIS 为解释变量，结果显示，DIS 的回归系数为 0.023，在 1% 的水平上显著，说明 DIS 与 Size 呈正相关关系。后两列中进一步引入DIS^{2}作为解释变量，结果显示，DIS 及 DIS^{2}的回归系数为 0.051 和−0.002，均在 1% 的水平上显著。可以看出，第（4）列回归模型的可决系数R^{2}明显比第（2）列大，说明相比线性关系，非线性的"U"形关系能更好地解释 DIS 与 Size 的关系。对回归结果做进一步验证：首先，DIS 的一次项系数显著为正（0.051），其平方项的系数显著为负（−0.002）；其次，当 DIS 取最小值 0 时，曲线斜率为正（0.051），当 DIS 取最大值为 21.160 时，曲线斜率为负（−0.034）；最后，当 DIS = 12.750 时，曲线斜率为 0，曲线达到拐点位置，此时 DIS 的取值处于 DIS [0，21.160] 的取值区间内。因此，可以确认，企业跨区域发展与企业规模存在显著的倒"U"形关系。

表9-5 企业跨区域发展对企业规模的影响

变量	（1）Size	（2）Size	（3）Size	（4）Size
DIS	0.029 ***	0.023 ***	0.066 ***	0.051 ***
	(7.460)	(7.275)	(8.481)	(7.794)
DIS^2			−0.002 ***	−0.002 ***
			(−5.595)	(−5.000)
Controls	否	是	否	是
Year FE	是	是	是	是
Industry FE	是	是	是	是
Constant	21.837 ***	18.515 ***	21.763 ***	18.473 ***
	(68.570)	(34.799)	(83.339)	(35.004)

表9-5(续)

变量	(1) Size	(2) Size	(3) Size	(4) Size
N	16 195	16 195	16 195	16 195
R-squared	0.439	0.545	0.445	0.548

为了更精确地判断 DIS 与 Size 间的倒"U"形关系,进一步进行 Utest 测试。表9-6 结果显示:在 DIS 数据区间范围内,Size 达到极值,并且 Slope 在数据区间内可以取到负值,且在 1% 的统计水平上拒绝原假设。因此,假设9-2 再次得到了验证。

表9-6　企业跨区域发展对企业规模的影响:Utest 测试

变量	Lower bound DIS	Upper bound DIS
Interval	0	21.161
Slope	0.101	-0.105
t-value	16.946	-10.622
p-value	0.000	0.000

3. 企业规模的中介效应

考察企业规模的中介效应,需要关注 Size、DIS 及平方项DIS^2的回归系数。表9-7 列示了回归结果。第(1)和(3)列仅控制年份和行业固定效应,第(2)和(4)列加入控制变量进行回归分析。前两列以 Size 和 DIS 为解释变量,结果显示,Size 的回归系数为 2.946,在 1% 的水平上显著,而 DIS 的回归系数为 0.046,不具有统计显著性,说明 Size 在线性关系中的中介效应不显著。后两列中进一步引入DIS^2作为解释变量,结果显示,Size、DIS 及DIS^2的回归系数为 2.892、0.263 和 -0.014,分别在 1%、5% 和 5% 的水平上显著,说明 Size 在非线性关系中的中介效应具有统计显著性。因此,本书的假设 9-3 得到了验证,即企业规模在企业跨区域发展与企业社会责任的倒"U"形关系中发挥了部分中介效用。

表9-7　企业跨区域发展对企业规模的影响

变量	（1） CSR	（2） CSR	（3） CSR	（4） CSR
DIS	0.048	0.046	0.305 **	0.263 **
	（0.893）	（0.860）	（2.381）	（2.081）
DIS^2			−0.016 **	−0.014 **
			（−2.363）	（−2.052）
Size	3.585 ***	2.946 ***	3.515 ***	2.892 ***
	（10.736）	（7.847）	（10.447）	（7.667）
Controls	否	是	否	是
Year FE	是	是	是	是
Industry FE	是	是	是	是
Constant	−47.043 ***	−22.682	−46.027 ***	−22.010
	（−6.459）	（−1.621）	（−6.300）	（−1.571）
N	16 195	16 195	16 195	16 195
R-squared	0.177	0.187	0.178	0.188

9.5.3　稳健性检验

1. 滞后一期检验

将企业跨区域发展（DIS）和企业规模（Size）滞后一期重新进行回归，结果如表9-8所示。可以看出，第（1）列中，DIS 的回归系数显著为正，DIS^2 的回归系数显著为负，DIS 与 CSR 显著呈现倒"U"形关系；第（2）列中，DIS 的回归系数显著为正，DIS^2 的回归系数显著为负，DIS 与 Size 显著呈现倒"U"形关系；第（3）列中，Size、DIS 与 DIS^2 的回归系数均具有统计显著性，说明 Size 在 DIS 与 CSR 的影响关系中存在部分中介效应。因此，缓解内生性问题后，本书的研究结论再次得到了验证。

表9-8　滞后一期的稳健性检验

变量	（1） CSR	（2） Size	（3） CSR
DIS	0.388 ***	0.051 ***	0.281 **

表9-8(续)

变量	(1) CSR	(2) Size	(3) CSR
	(2.942)	(8.032)	(2.095)
DIS^2	−0.016**	−0.002***	−0.013*
	(−2.288)	(−5.251)	(−1.842)
Size			3.669***
			(10.247)
Controls	是	是	是
Year FE	是	是	是
Industry FE	是	是	是
Constant	35.198***	18.397***	−23.645
	(2.606)	(33.088)	(−1.524)
N	14 130	14 130	14 130
R−squared	0.173	0.572	0.179

2. 替换企业跨区域的度量指标

使用母公司与分支机构间地理距离的标准差作为企业跨区域发展的替换变量，对研究结论进行稳健性检验。结果如表9-9所示，可以看出，DIS_sd 与 CSR 呈倒 "U" 形关系，DIS_sd 与 Size 呈倒 "U" 形关系，且 Size 在 DIS_sd 与 CSR 的影响关系中存在部分中介效应。上述结果说明，在替换企业跨区域的度量指标后，回归结果仍然支持了本书的主要研究假设，研究结论较为稳健。

表9-9 替换变量度量指标的稳健性检验

变量	(1) CSR	(2) Size	(3) CSR
DIS_sd	0.434***	0.047***	0.297**
	(2.926)	(6.505)	(2.005)
DIS_sd^2	−0.033***	−0.003***	−0.025**
	(−2.885)	(−4.623)	(−2.245)
Size			2.932***
			(7.807)

表9-9(续)

变量	(1) CSR	(2) Size	(3) CSR
Controls	是	是	是
Year FE	是	是	是
Industry FE	是	是	是
Constant	32. 282***	18. 604***	−22. 274***
	(2. 692)	(35. 190)	(−5. 590)
N	16 195	16 195	16 195
R−squared	0. 183	0. 543	0. 188

3. 工具变量法

考虑到企业跨区域发展与企业社会责任之间可能互为因果关系，导致回归模型存在内生性问题，本书进一步采用工具变量法进行稳健性检验。选取同年度同行业企业的平均跨区域发展程度（Ind_DIS）作为企业跨区域发展（DIS）的工具变量，进行两阶段回归分析，结果如表 9-10 所示。第（1）列是 Ind_DIS 对 DIS 的第一阶段回归，可以看出，Ind_DIS 与 DIS 显著正相关，说明工具变量的选取较为合理。第（2）和（3）列的第二阶段回归结果显示，DIS 的回归系数为正，其平方项的系数为负，且均通过了 1% 的显著性水平检验。以上结果说明，在缓解内生性问题带来的研究偏差后，企业跨区域发展与企业社会责任之间仍存在显著的倒 "U" 形曲线关系。

表 9-10 工具变量法

变量	(1) first DIS	(2) second DIS	(3) second DIS
DIS		0. 430***	0. 079***
		(2. 59)	(3. 266)
DIS^2			−0. 003**
			(−2. 452)
Ind_DIS	0. 581***		
	(19. 33)		

表9-10(续)

变量	(1) first DIS	(2) second DIS	(3) second DIS
Constant	2.693***	12.640***	3.214
	(5.10)	(6.76)	(1.395)
N	16 195	16 195	16 195
R-squared	1.000	0.041	0.156

9.6 研究小结

本书以区域发展战略的演变历程为分析框架,构建了区域协调发展战略与企业跨区域发展双向促进的理论逻辑。具体体现:企业作为区域间生产关系和贸易关系的重要载体,其生产经营活动对区域内经济的协调发展产生着重大影响。区域协调发展战略的深入实施,通过机制体制创新改革的方式推动政府打破区域间的地方保护和市场分割,助力企业跨区域发展;企业的跨区域发展又带动各类要素在不同区域间自由流动,激发不同区域特殊资源禀赋的创新活力,为区域经济的协调发展奠定了基础。由此可见,宏观层面的区域协调发展战略与微观层面的企业跨区域发展形成了明确的双向促进作用。

基于上述理论框架,本书进一步探讨了企业在响应国家区域协调发展战略、制定企业跨区域发展、促使企业发展壮大的同时,通过履行社会责任、创造共享价值,推动经济高质量发展。本书以2014—2021年中国A股上市公司为样本,实证检验了企业跨区域发展对企业社会责任的影响关系和作用机制。研究发现:①跨区域发展与企业规模和企业社会责任都存在显著的倒"U"形曲线关系,表明企业偏安一隅的本土化发展和"飞地"特征太强的分散式发展,都不利于企业的规模成长和社会责任表现。②企业规模在企业跨区域发展与企业社会责任之间产生部分中介作用。上述结论经多种稳健性检验后依然可靠。

本书研究表明,政府需要推动地方经济体制的改革和创新,打破地方政府的政策壁垒,为区域协调发展的深化落实提供强大的外生动力。企业发展应该紧跟国家战略,通过合理跨区域扩张,利用区域优势,打造更大空间格局的产业链，带动要素跨区域流动，形成更大范围的规模经济效应，促进区域协调高水平发展。因此，本书的研究为政府把握区域协调发展大格局下如何引领企业跨区域发展，企业决策者如何推动企业跨区域发展，在壮大企业规模的同时，如何积极履行社会责任，创造共享价值，促进经济高质量发展，提供了理论支撑和经验借鉴。

10 "共富企业"——企业社会责任在乡村振兴中促进共同富裕的案例分析

乡村振兴是实现高质量发展的"压舱石",发展农村集体经济是助力乡村振兴的重要抓手,探寻农村集体经济创新意义重大。本章选择成都市温江区寿安镇的"共富企业"创新模式为个案进行研究。"共富企业"是农村集体经济创新追求共同富裕过程中,以村集体资产引进社会资本和国有资本形成的新型经济主体。研究发现,在经济欠发达的西部地区,"共富企业"有效整合"政府、社会资本、村集体"三方的优势要素,从缓解融资约束、降低信息不对称和提升风险承担能力等方面提升了农村集体经济创新能力,推动了城乡融合、区域协同激发文旅融合、生态长效发展等内容的创新,促成"民、企、政"携手共进的三赢局面。因此,"共富企业"促进新型农村集体经济创新,拓宽了农村经济领域的研究边界,体现了企业以社会责任的实践价值支持乡村振兴和共同富裕。

10.1 问题提出

党的二十大报告以推动高质量发展为主题擘画了建设现代化经济体系的宏伟蓝图。乡村振兴作为经济高质量发展需求中的"压舱石",全面推进乡村振兴,扎实推动乡村产业、人才、文化、生态、组织振兴也是我国实现共同富裕的必由之举。农村集体经济作为我国公有制经济体系中的重要组成部分,促进农村集体经济创新发展,是扎实推动共同富裕的重要路径。2022 年中央一号文件指出,要巩固提升农村集体产权制度改革成果,建立农村集体资产监督管理服务体系,探索农村集体经济发展的新路径。可见,"发展壮大集体经济"

已是助力乡村振兴的重要抓手，探寻农村集体经济模式与机制的创新势在必行。

随着改革的深入，农村集体经济的发展进程逐渐加快，但是与其相对应的政策与制度仍需健全。因此，农村集体经济发展理论研究的重要性和机制创新必要性越发凸显。我国广袤的地域和数千年历史与文化的积淀，形成了层次多元的区域经济特征，探究农村集体经济创新的具体路径，不能忽视我国地域、文化、经济特征的多样性影响。因此，农村集体经济发展特征与农村集体自身资源状况密切相关，其进度也因为区域间经济的发展模式和侧重点不同、区域资源禀赋与市场发达程度各异而形成了十分明显的差距。与东、中部地区相比，西部地区农村集体经济整体发展还相当薄弱（陈全功，2021），现已成为影响地区经济高质量发展和全体人民共同富裕的新短板。立足西部地区，探寻农村集体经济创新机制既是助推乡村振兴的有效途径，也是促进区域经济协调发展、追求共同富裕的重要内容。

实现全体人民共同富裕是中国式现代化的本质要求（习近平，2022），共同富裕不是平均主义，也不是劫富济贫，而是一个先富带动后富的长期的历史过程。习近平总书记曾提出要让企业成为"人民群众实现共同富裕的贡献者"，这一科学定位明确了企业在推动共同富裕中的主体地位。鉴于此，本章结合农村集体经济发展的内涵特征与现实状况，在考察成都市温江区寿安镇农村集体经济发展基础上，总结提炼出农村集体经济的创新实践模式和发展机制。寿安镇因地制宜地构建企业与农村集体稳定和谐的劳资关系、互利共赢的利益关系和以人为本的价值取向，形成了共创共建、共享共富、共生共荣的创富共同体——"共富企业"，进而实现政府治理、企业发展与农民致富相融合。"共富企业"追求以自身发展的"小循环"推动农村集体经济发展"大循环"的创新，引领产业兴旺，促进农民增收，为实现共同富裕贡献力量的有益经验值得借鉴。

10.2 "共富企业"影响农村集体经济创新能力提升的理论分析

10.2.1 "共富企业"——农村集体经济与现代化企业结合的创新产物

"共富企业"是农业经济体系演变发展的产物，是农村集体经济与现代化企业结合的创新模式。这种创新模式推动社会资本实现经济价值，促进政府和国有资本提升社会责任表现，扶助农村、农民，形成三位一体"共创共建、共享共富、共生共荣"的创富共同体。

回顾我国农业经营组织体系的演变历程，最初主要是依靠龙头企业带动发展，将农户转换为生产经营活动的基本内部单元，实现产业化经营（廖祖君和郭晓鸣，2015）。随后，农业经营与企业发展相融合，龙头企业引领农户，具体表现形式为"公司+农户"（牛若峰，2002）。而交易费用的屏障则促使中介进入组织形式（杨明洪，2002）。再后，农业产业化经营由龙头企业带动型模式向中介组织联动型模式和合作社一体化模式演化，逐次形成"龙头企业+合作社+农户"和"龙头企业+大户+农户"等新形态（郭晓鸣 等，2007）。发展至今，党的二十大报告将全面推进乡村振兴写入"着力推动高质量发展"板块，提出要坚持农业农村优先发展，加快建设农业强国（习近平，2022），而实现乡村振兴离不开对农村集体经济形式的创新和完善。

农村集体经济作为一类经济主体，创新的基础在于农业产业化经营形式的多元发展。探索农村集体经济创新发展路径，可借鉴企业发展的战略规划特征，立足特色地域黏性资源，因地制宜拓宽业务领域（郑棣 等，2021），发展特色产业，切实增强农村经济增长的内生动力。对于西部地区的农村集体经济发展，现有研究总结归纳了以下八种模式：资源依托型、产业带动型、综合服务型、物业管理型、村企合作型、社会治理型、金融扶贫型、合作社带动型（陈亚东 等，2019）。基于现有研究结论，本章尝试将现代化企业优化公司治理结构的理念与农村集体经济创新机制相融合，提出"共富企业"作为农村集体资产与社会资本和国有资本共同整合形成的新型经济体，是依照现代化企业的管理和运营体系催生出的农村集体经济的创新模式。

图 10-1 为理论分析框架。

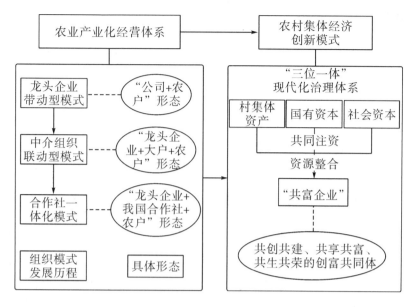

图 10-1　理论分析框架

10.2.2 "共富企业"对农村集体经济创新能力提升的促进效应

传统经济学观点认为，集体经济和市场效率是不相容的（Megginson and Netter，2001）。但在农村集体经济创新的发展进程中，以振兴乡村、追求共同富裕为目标，将政府资源、社会资本和农村集体经济要素规范、有效地整合，形成的新的经济模式——"共富企业"能有效消除集体经济和市场效率不相容问题。农村集体在乡村振兴的宏伟目标下，虽然得到政策大力扶持，但是作为一类经济主体，获取资本的途径相对有限（Ball，2014）。因此，对农村集体要素资源进行整合，引入国有资本和社会资本共同组建"共富企业"，是现代化治理体系在振兴乡村、追求共同富裕道路上的有益探索，有助于多方形成良好共生关系，从而缓解农村集体经济创新发展活动中面临的融资约束，并有力提升农村集体经济创新能力（Zhou et al.，2017）。

首先，无论是对于一般企业还是农村集体经济，创新存在着高投入、长周期和信息不对称带来的逆向选择等特点。而在农村集体经济的发展过程中，积极争取外部融资以获取创新资金已经是一种更有效的行动。当前我国直接融资市场仍然不够完善，一方面，单一的农村集体经济缺少人才、技术和先进理念作为支撑；另一方面，金融机构倾向于将资金投放给有政府背书的创新项目来有效控制自身信贷风险。基于此，在农村集体经济、民营企业和国有资本统一整合后，三者之间形成的共生关系以农村集体资产为社会资本提供担保，传递出企业获得政府背书的信号。这样形成的"共富企业"作为农村集体经济创新产物，能够缓解信息不对称问题并有效降低融资成本。

其次，民营企业通过注资农村集体资产和引入国有资本，一方面，加强与村镇和上级政府之间的共生关系，在促进农村集体经济高质量发展的同时，也为企业获取更多的政府支持提供了重要途径；另一方面，我国政府实行的垂直管理税收征管体制为政策调整提供了一定的空间（李维安 等，2013），地方政府有能力也有意愿降低入股农村集体资产的民营企业的有效税负（郝阳阳和龚六堂，2017），从而为社会资本与农村集体形成的"共富企业"积累创新资源提供了巨大支持。不仅如此，各级地方政府在乡村振兴和区域协调发展的战略引领下，将优先供给重要的基础设施资源以鼓励和推动农村集体经济创新模式发展，并且政府还会划拨大量相关研发资金（Sun and Liu，2014），从而有效缓解"共富企业"的融资约束。

最后，以往的农村集体经济受制于创新和实践不足的农业产业化经营体系（郭晓鸣和廖祖君，2012），缺少突破式创新项目。突破式创新项目的高知识需求和高风险承担特性易使农村集体经济陷入财务困境，而以社会资本为主的民营企业因为信息不对称也会面临金融机构有效资金供给不足的问题（竺李乐 等，2021）。基于此，农村集体经济体引入社会资本为主的民营企业，并与国有资本和地方政府在现代化治理体系思想的引领下，形成共创、共建、共享的"共富企业"模式，可以极大缓解单一农村集体资产或者民营企业可能面临的高额融资约束。不仅如此，即使"共富企业"因为突破式创新项目的实行而陷入财务困境，也会因为与国有资本和地方政府之间的共同利益而获得强有力的外部支持，从而为"共富企业"推进农村集体经济创新解决后顾之忧。"共富企业"对农村集体经济创新能力提升的路径如图10-2所示。

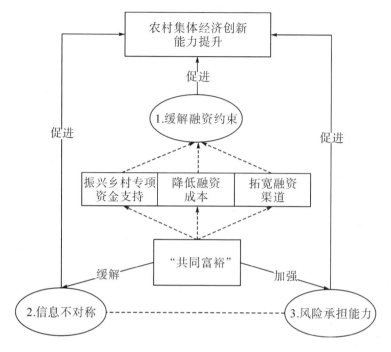

图 10-2 "共富企业"对农村集体经济创新能力提升的路径分析

10.2.3 "共富企业"对农村集体经济创新能力提升的异质性影响

"共富企业"虽然对推进农村集体经济创新能力提升具有显著作用,但是资金来源与股权结构差异也使其影响作用存在异质性,较高的国有资本占比可能削弱"共富企业"对农村集体经济创新能力提升的促进作用。制度同构理论表明(唐鹏程和杨树旺,2016),虽然企业引入国有资本会与政府形成共生关系,有助于缓解制度空缺时企业难以获取创新资源的困境(Xu et al.,2017),但国有产权本身存在较为复杂的代理问题,生产经营和投资决策等行为具有明显的短期化特征(周黎安,2007)。例如国有资本占据主导地位时,能在短期内带来正现金流回报的生产项目、能够充分显示政绩的经营项目,对"管理人"的吸引力远远大于需要长期投入的农村集体创新项目,从而在一定程度上抑制"共富企业"推动农村集体经济创新能力的提升。

市场化环境的差异也给"共富企业"的影响带来异质性。市场化程度较高的地区市场信息不对称程度较低,融资渠道更为畅通(唐松 等,2011),"共富企业"对于农村集体经济创新能力提升的积极影响也会有所减弱。此外，在市场化程度越高的区域，当地政府的影响和干预能力越弱（Li et al.，2013），"共富企业"通过共生关系来获取创新资源的成本越会上升。不仅如此，市场化程度较高的地区民营企业之间抱团发展、合作创新更为普遍，金融机构也会更加注重避免对于民营企业的信贷歧视，使得"共富企业"的共生优势相对市场化程度低的地区而言不够显著。

"共富企业"对农村集体经济创新能力提升的异质性影响如图10-3所示。

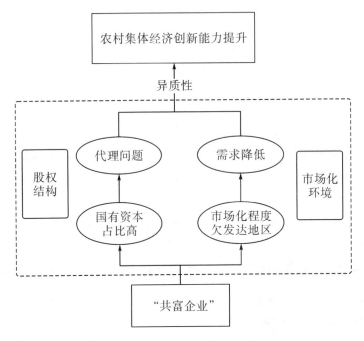

图10-3　"共富企业"对农村集体经济创新能力提升的异质性分析

10.3 "共富企业"推进农村集体经济创新发展的寿安探索

西部地区农村集体经济相对于东、中部地区来说还相当薄弱，如何创新农村集体经济，探索一套灵活有效的农村集体资产管理运营体系具有重要的理论意义和现实意义。集体资产规模指标、集体资产建设管理和集体资产运营管理是当前三大主要问题（陶勋花，2022），已成为影响地区经济高质量发展和全体人民共同富裕的新短板。基于此，寿安镇积极分析当地资源特点与发展利弊，主动与上级政府探讨并共同寻找发展所需求的资源匹配机制。与此同时，寿安镇有机结合理论界归纳的西部地区的农村集体经济八种发展模式，围绕"产业兴旺、生态宜居、乡风文明、治理有效、生活富裕"乡村振兴战略的总要求，通过深化动能创新、业态创新、场景创新来大力推进农村集体经济机制体制创新。寿安镇在探索乡村振兴新路径中，一方面，以高质量区域协调发展为战略引领，依托自身区位优势与地理资源，鼓励并引导当地农民和集体组织积极参与；另一方面，以农村集体资产结合国有资金共融社会资本，以多业态创新发展为主线，立足产业转型升级，以"共创、共建、共享"为宗旨构建"共富企业"，形成了三方共生共荣的事业共同体和追求共同富裕的利益共同体。寿安镇先后获得"全国优美小城镇""全国小康建设明星乡镇""第六届全国文明村镇""四川省综合经济实力百强镇""成都市实施乡村振兴战略推进城乡融合发展先进镇"等殊荣。可见，寿安镇以"共富企业"经济模式为发展逻辑，引领和促进了卓有成效的农村集体经济创新机制探索。

10.3.1 "共富企业"寿安探索的主要做法与基本特征

成都市温江区寿安镇位于"温郫都"国家级生态示范区腹心地带，是镶嵌在"金温江"北端的一颗美丽明珠，更是城乡综合配套改革试验区的重点发展区域。全镇辖有 7 个社区和 3 个行政村；辖区面积 48.16 平方千米，其中耕地面积 47 714 亩（1 亩≈667 平方米，下同），人口 41 872 人。镇域内有陈家桅杆、鱼凫王墓等历史文化遗迹，是成都市历史文化名镇，也是植物编艺和川派盆景的发源地，素有"古蜀文明""花木之乡"的美称。近年来，寿安镇聚焦新时代现代化经济发展要求，创新"共富企业"模式，构建"土地释放、项目投建、运营服务"三个环节，进行全链条农民利益联结机制探索。寿安镇以"坝坝会""幸福讲堂"等形式因地制宜地进行宣传，引导农民和农村集体经济组织合理分工，实现了资本有利益、集体有效益、农民有收益的农村集体经济机制创新。

1. "共富企业"持续推动农民和农村集体经济组织参与产业经营

一是促进村集体土地释放，吸引项目投建。"淼兮帐篷客""九坊宿墅"等项目数年间引进资金逾 10 亿元，为农村集体资产引入社会资本提供了丰富而优质的示范。二是创新联合经营模式，优化分配形式增加农民收入。寿安镇集体经济由早期的"土地入股"结合"前店后厂"，最终发展为政、企、民三方联营的"共富企业"模式。

具体来说，"土地入股"分红模式是将有意愿的农户小规模聚居后，把结余土地流转或租赁给投资商用于产业化项目，企业每年定期分红、交付租金，增加群众财产性收益。2021年，寿安镇盘活闲置集体建设用地300余亩，总投资约26.5亿元，全镇村集体经济资产总额达到6914万元，农村居民人均纯收入34708元，增长10.2%。"前店后厂"合作模式是农户与社会资本合作，由农户负责产品加工、手工体验；由企业搭建平台，负责销售展示、技能培训，带动群众就业。例如，农户和企业在天星村共同打造了集精品展示、创新研发、平台交易、研学旅行为一体的全国唯一编艺博览园。"共富企业"全面推进农村资产资源"三权"分置，创新"农户+集体经济组织+运营公司"合作模式，制定村民、农村集体、投资企业三方利益分配机制，推动村民从单一的传统农业生产经营收入过渡到财产、股份分红、工资、经营等多种收入，通过"联股联业、联股联责、联股联心"，实现"风险共担、利益共沾"。

2. "共富企业"助力整合现代技术平台，促进产业综合发展

近几年来，该镇致力于打造多个农业文旅康养产业生态圈，以精致化的有机农业为基础，探索创新经营模式，打造多产业融合发展的田园新型产业新区。项目在"吃、住、行、游、购、娱"资源六要素基础上，更加充分考虑"商、养、学、闲、情、奇"主题六要素，进一步完善微度假服务体系，2021年实现旅游收入近4.5亿元，游客数量达30万人次。

此外，"共富企业"助力寿安镇农村集体经济通过网络销售平台，打通产品流通渠道，实现网络营销和线下销售齐头并进。一方面，积极推动花木交易中心的建成与运营，通过举办花木产品展览、展销会，深度植入观光休闲等；另一方面，深化服务，提供送货上门服务，减少客户往返的时间消耗，借助蓉欧国际快速铁路货运直达班列将花木产品销售到欧洲等，预计2025年实现花木销售收入15亿元。

不仅如此，寿安"共富企业"还积极探索数字化技术与金融服务产品的融合。数字化技术与农村产权交易在"共富企业"得到融合，区块链、数字化技术的发展不仅推动集体资产管理体系、集体经济组织股权管理体系等农村主体经济要素健全发展，也为乡村振兴聚力、为实现中国式农业现代化赋能。

3. "共富企业"凸显地域文化，壮大地区优势产业，引导专业化、品牌化

寿安镇是川派花木盆景发源地，花木种植面积约5万亩，占温江区花木种植面积的35%。全镇拥有园艺高级技术人员23名，中级和初级技术人员逾

600名，并且全镇花木经纪人超过千人。因此，寿安"共富企业"立足花木文化，贯通文旅要素和田园民宿，致力打造花木盆景多元化链条式经营管理模式。该镇花木产业经营模式突破传统的"家庭作坊"，积极采用"种植大户+经纪人"的大户带动模式和"公司+合作社+经纪人"的经营模式，形成区域规模效益。

此外，"共富企业"可以加强对经营户生产技术知识的培训，使栽培从经验主义转变为依靠科学技术，以专业化运营来推动新品种开发和品牌维护。紧邻温江农科园，"共富企业"与农业科研院校进行产学研合作，通过培育出具有自主知识产权、较强市场竞争力的新特优品种，来突破市场同质化对寿安镇花木产业发展的制约，助力寿安镇成为省市级花木创新创业基地。

10.3.2 "共富企业"寿安探索的创新价值

1. 创新了城乡融合体制机制

城乡融合既是城乡之间资源要素均衡配置、经济良性互补发展、居民共享高品质物质生活和精神生活的有机统一新格局，亦是乡村走向自主发展、最终实现城市和乡村的共同富裕与繁荣的全过程。寿安镇通过"共富企业"引进资本助力农村产业的市场化、规模化和专业化发展，以制度、要素、产业与空间等方面的融合互动来推动城乡融合机制的创新。

首先，制度融合是实现共同富裕的保障。城乡社会的稳定运行需要制度体系的保障，"共富企业"从制度融合上联系村集体、社会资本、政府和国有资本，使得城乡生态治理政策着力点得以调整，推动治理资源、财政资金与公共服务不断向农村地区转移延伸，在城乡间实现均衡化配置。其次，要素融合是实现共同富裕的物质基础。"共富企业"凭借自身的资本、信息、技术与人才等要素优势，对周边乡村产生辐射带动作用，促进生产要素的融合发展。再次，产业融合是实现共同富裕的发展依托。"共富企业"在产业之间的延伸、交叉、渗透发展，使得产业链通过横向延伸、纵向拓展等方式延长，并构建产业的生态共生的新业态，为最终实现共同富裕提供支撑和依托。最后，空间融合是实现共同富裕的基本载体。"共富企业"实现空间融合的重点任务，就是优化城乡空间结构与空间功能，促使城乡社会形成功能互补与互惠共生的发展空间格局。城市与乡村空间资源的异质性使其转化为比较优势，以城乡生产、生活与生态的融合发展引领共同富裕。

2. 完善了区域协同发展机制

寿安镇在"共富企业"文旅产业项目的营销运营中，不断突破村域、镇域限制，探索联合营销机制，促进周边镇区利用各自优势资源，开展乡村旅游资源共建和联合营销工作。不仅如此，"共富企业"融合多个农村集体资产、社会资本与国有资本，共同搭建资源共享和人才培训平台，通过资源和人才互融互联，构建人才连片精准对接机制。以人才带动乡村，以乡村促进乡村，积极打造区域间花木、编艺、文创和民宿运营等文旅联合创新项目。此外，"共富企业"促进区域共建联席会议机制，推行跨区域协同引领模式。例如，寿安镇携手都江堰市石羊镇、郫都区友爱镇等周边镇区建立文旅融合发展的营销宣传联席会议机制。该会议主要研究"共富企业"在"成青"旅游一带的文化旅游合作的一体化营销宣传问题，并每季度组织一次主题交流活动进行大范围推广，积极助推"成青"旅游带沿线地区的旅游产业协同发展。

3. 创新构建生态发展长效机制

随着"绿水青山就是金山银山"理念深入人心，"共富企业"构建多元化生态产业模式，深入贯彻人与自然和谐共生的中国式现代化发展理念，将本地特色生态资源转化为产业发展优势。近年来，借助网络平台和流量经济，"共富企业"为"互联网+""生态+""花木+"和"旅游+"等综合业态持续赋能，成功激发乡镇活力。与此同时，"共富企业"通过推进生态产品的价值创新，提升消费者体验。例如依托北林绿道，通过打造布局优美、结构丰富的景观节点、观景道路，促进"绿道+游览+体验"一体化发展。再如利用建筑艺术和景观艺术的手法对寿安绿道沿线的卵石、沼泽等自然资源进行趣味再造，形成以"大地艺术"为主题的自然游乐园，打造田园艺术新体验。同时，"共富企业"着力推进千亩编艺公园、川派盆景园、桂花园等旅游示范场景建设，增加新兴消费场景，加快推进生态价值转化。寿安"两河一心"大美城乡画卷紧密结合人文景观，建成"亲水文旅走廊""城乡生活服务走廊"和"自然生态湿地走廊"，勾勒出"曲水流光、水映风华"的共富美景。

寿安"共富企业"模式一方面有效整合"政府、社会资本、村集体"三方的优势要素，从缓解融资约束、降低信息不对称和提升风险承担能力等方面提升了农村集体经济创新能力；另一方面推动城乡融合和区域协同发展，激发文旅理念融合和生态发展长效制度等内容的创新，促成"民、企、政"携手共进的三赢局面。然而，寿安"共富企业"在推动乡村振兴和城乡融合发展的过程中，仍然面临一些问题。首先，部分农民可能对集体经济组织缺乏信任，参与项目共谋发展的积极性不高。其次，政策保障功能在生态价值考评机制和风险防控机制等方面还需健全。最后，集体建设用地存在拆迁慢、拆迁难、管控地带多等问题。所以，还须深入探索并完善"联农带农机制"，畅通资本下乡途径。

10.4　研究小结

成都市温江区寿安镇在全面推进乡村振兴的背景下，积极探索农村集体经济组织形式和运行机制创新，探索出了"农村集体资产+国有资本+社会资本"的"共富企业"模式，通过对城乡融合机制、区域协同激发文旅融合理念、生态发展长效制度等内容的创新，有效地改善了农村经济产业结构单一、产业基础薄弱、生产方式落后、农民收入较低等现实问题，积极推进了寿安镇"五大振兴工程"。寿安镇的创新实践将政府、社会和农村集体三方的经济要素有效整合，探索出新的经济组织模式，对金融支持实体产业发展，大力助推乡村振兴的理论依据也进行了有益补充。同时，"共富企业"还是金融服务农村经济的一种新模式，不仅从缓解融资约束、降低信息不对称、提升风险承担能力三个方面为"政、企、村"多方形成良好共生关系提供了支持，也拓宽了公司金融的研究领域，并从优化公司治理结构的视角拓宽了对农村集体经济创新研究的边界。

寿安镇作为西部城郊地区的现代化乡镇，在党的全面领导下，以农村集体资产为主体，以现代化企业经营模式为手段，以社会资本和国有资本为动力，追求农村集体经济创新和实现共同富裕的创新模式，具备认真研究和积极推广的理论和现实价值。然而，"共富企业"模式并非"放之四海而皆准"的农村集体经济创新模式。一方面，在市场化程度较高的中部和东南沿海地区，民营企业之间抱团发展、合作创新更为普遍，金融机构也会更加注重避免对于民营企业的信贷歧视，使得"共富企业"的共生优势相对市场化程度低的西部地区而言不够显著；另一方面，"共富企业"股权结构也可能会对其推动农村集体经济创新能力的提升产生异质性影响。

此外，我们必须意识到"共富企业"的寿安探索也有其独特之处。寿安镇地处西部，所在地温江区既是国家批准建设的全国统筹城乡综合配套改革试验区，也是成渝地区双城经济圈的重点发展地区。因而该镇能够在资金引入、政策扶持、社会关注等方面获得较多便利和倾斜。同时，该镇地理、生态、历史、文化等资源丰富，为"共富企业"的孕育和发展提供了优质土壤和条件。因此，具备相同条件的区域可以积极借鉴和发展这种经济模式。未来，结合寿安"共富企业"发展状况，在进一步向更多村镇推广"共富企业"的过程中，还需继续研究探索的问题包括：如何发挥基层党组织在推动农村集体经济创新中的带头作用；如何提升农民对集体经济组织的信任度和参与项目共谋发展的积极性；如何使农民在"共富企业"中体现价值并增加收入，如何使社会资本在"共富企业"中留得住，如何让国有资本在"共富企业"中靠得住，以促成"民、企、政"携手共进的三赢局面。

11　结论与启示

11.1　研究结论

地域间的差异性形成了以地域区位为单元进行研究的基础，而地域特征则为企业行为量订了空间范畴。因此，本书从地域因素出发，探讨地域差异对企业社会责任的影响，为企业社会责任提供新的研究情境和要素补充，从而推动企业社会责任的优质履行和社会经济的良性发展。当企业跨区域扩张时，面临着地域特征的差异，表现为资源的跨区域流动性、职能部门的空间离散化以及区域间文化和经济特征的差异。具体对企业的信息传递效率、资源交换成本和社会信誉资本产生影响，进而影响各维度的企业社会责任表现和企业价值实现。

研究结论如下：

第一，母子公司的地理分散化与企业社会责任表现之间呈现倒"U"形关系：一定程度的地理分散化有助于提升企业的股东责任表现以及改善员工责任和其他利益相关者权益责任，然而过高的地理分散程度可能抑制企业股东责任的实现和降低对员工及其他利益相关者权益的投入。此外，地理分散化与环境和公益责任存在显著正相关关系。考虑企业的产权性质，国有企业在环境责任和公益责任方面的表现显著比民营企业好。引入空间计量模型进行检验，发现企业社会责任存在行业和地区的空间效应，具体而言，同一地区和相同行业的企业会相互模仿而导致社会责任提升或下降。

第二，宗教文化与企业社会责任表现之间存在着显著的正相关关系，说明企业所在地域的宗教文化氛围促进了企业社会责任表现。具体表现为以下几点：首先，企业产品质量更高，能更好地保障消费者作为利益相关者的权益责任。其次，企业在节能减排上投入更多，因而更好地履行了环境保护的企业社会责任。再次，企业的慈善捐赠数额更大，体现了企业在公益责任这个维度的表现突出。最后，考虑企业产权性质，与地理分散程度对企业社会责任影响不同，在民营企业中宗教文化对企业社会责任的促进作用更显著。

第三，市场化进程对企业社会责任的表现有显著正向影响。相对发达区域的企业在股东、员工和其他利益相关者方面的企业社会责任表现，显著优于在欠发达的市场化环境下企业的表现。就企业履行环境和公益责任而言，较低的市场化程度导致市场竞争缺失，企业缺少履行环保和公益责任的紧迫性；而较高的市场化程度导致企业间市场竞争加剧，企业出于声誉价值、政治利益等因素会加大环境治理投入和增加公益捐赠，其相关责任表现明显优异。此外，民营企业的股东责任表现显著比国有企业好，主要是由于民营企业的营利性动机更强，更关注公司治理的改善、投资者信息沟通和公司经济价值创造，进而产生更好的股东责任表现。

第四，区域协调发展战略与企业跨区域发展具有双向促进的理论关系。具体体现：区域协调发展战略通过机制体制创新改革的方式推动政府打破区域间的地方保护和市场分割，助力企业跨区域发展；企业的跨区域发展又带动各类要素在不同区域间自由流动，激发不同区域特殊资源禀赋的创新活力，为区域经济的协调发展奠定了基础。进一步实证检验企业跨区域发展与企业社会责任的影响关系和作用机制，发现跨区域发展对企业规模和企业社会责任都存在显著倒"U"形曲线关系，表明企业偏安一隅的本土化发展和"飞地"特征太强的分散式发展，都不利于企业的规模成长和社会责任表现。另外，企业规模在企业跨区域发展与企业社会责任之间产生部分中介作用。

第五，结合农村集体经济发展的内涵特征与现实状况，在考察成都市温江区寿安镇的农村集体经济发展的基础上，总结提炼出农村集体经济的创新实践模式和发展机制。寿安作为西部城郊地区的现代化城镇，在党的全面领导下，以农村集体资产为主体，以现代化企业经营模式为手段，以社会资本和国有资本为动力，追求农村集体经济创新和实现共同富裕的创新模式，具备认真研究和积极推广的理论和现实价值。寿安积极探索农村集体经济组织形式和运行机制，大胆创新"农村集体资产+国有资本+社会资本"的"共富企业"模式，通过对城乡融合机制、区域协同激发文旅融合理念、生态发展长效制度等内容的创新，有效地改善了农村经济产业结构单一、产业基础薄弱、生产方式落后、农民收入较低等现实问题，积极推进了寿安镇"五大振兴工程"，体现了企业社会责任在共同富裕事业中的具体作用。

11.2 研究启示

我国社会主义市场经济制度发展到今天，仍然还处于高速发展和完善健全期间。由于我国地域辽阔、资源丰富，企业的分散化趋势将愈发扩大，地理因素对社会经济发展作用更加显著。目前，在新的国际国内形势下，以国内大循环为主体、国内国际双循环相互促进的新发展格局进一步加快了企业地理分散化发展趋势。在此背景下，优质地履行社会责任已然成为企业不可回避的使命担当。

根据本书研究结论，得到如下启示：

第一，各级政府需要一城一策，结合本区域优势特性，支持企业做大做强、高质量发展，为企业优质地履行社会责任打下坚实基础。积极采取优惠政策，鼓励优质企业根据地域优势扩大分公司设点规模。这既是对中国经济发展的贡献，更是对企业长期健康发展的前瞻性战略性投资。从企业发展的战略来看，企业应充分利用母子公司地理分散化带来的"扩张效应"优势来抵消"成本效应"，在异地构建分散式的子公司或研发机构，将已有的研发成果应用到当地市场；利用地域优势，充分吸收具有跨区域异质性和地域黏性的地域资源，在此基础上将技术进行整合创新，以此提升经营绩效并对经营规模进行扩张。但是，在采取地域分散化战略时需要注意地域市场的异质性，根据不同地域的不同特点，采取相适应的市场模式、组织结构和业务流程，以做到因地制宜、有的放矢，避免过高的沟通成本、协调成本、管理成本和监督成本对经营规模和绩效产生的负面影响。

第二，作为重要的非正式制度内容，传统文化对企业社会责任产生了显著而深远的影响。本书的研究结论为企业的经营管理和政府监管的政策制定均提供了一定的理论依据和实证参考。对监管者而言，在考虑如何提升企业社会责任表现的时候，不仅要从制度条例等方面进行政策的思考和制定，还应该从提升企业的内生动力的角度进行政策的思考和制定。在中国传统文化在社会发展和规制形成的过程中，都产生过显而易见的影响。因此，政府的市场监管部门可以借助非正式制度的力量，构建利益相关者共同认可的价值体系，引导企业提升产品质量、注重节能减排成效、积极参与慈善公益活动等。这样既可以较好地激发企业履行社会责任的积极性和主观能动性，又可以推动企业道德提升和社会风气的改善。

第三，企业应当意识到履行股东责任与自身规模优化是可以融洽推进的。相关文献和本书的研究都认为，虽然企业履行社会责任从短期看会对经营绩效产生冲击，但长期来看其作用肯定是正面的。因此，企业应从以股东为代表的利益相关者的角度出发，构建长期性和战略性的社会责任价值观。通过积极履行社会责任的行为，传递出企业正面价值品牌和发展潜力，并以此吸引外部投资者，提升消费者和合作者的信任。同时，利用履行社会责任的契机，积极完善企业治理结构，以此避免管理层的代理问题和道德风险问题。各级政府引导企业树立正确的发展观，厘清发展思路、发展规模和优化结构，推进企业履行社会责任。

第四，企业应平衡分散化战略、股东责任和企业经营规模三者之间的关系，理性地将自身资源在履行股东责任与生产经营之间进行合理分配。通过地域分散化战略和社会责任履行战略的有机结合，利用两种战略的叠加效应，共同推动企业的良性发展。企业还应根据其分散地域的不同特点，有针对性地采取不同的社会责任投资模式。在产业集聚区域，企业应将维系供应商和客户关系利益作为首要目标，辅以环境保护和社区回馈。在经济发展程度相对落后地区，企业应重点投身精准扶贫、社会公益和慈善事业。在环境保护要求更高的地区，企业则应更好担当和履行环境维度责任，并可积极采取更为前瞻性的环境保护策略。同时，任何一项战略决策都存在着持久实效性，如果选择了一种战略或维度作为重点，就应当坚持下去，做到久久为功。各级政府应推动和鼓励企业完善治理结构，使其提升治理水平和能力，引导企业理性地将自身资源在履行股东责任与生产经营之间进行合理分配，将企业履行社会责任纳入企业发展的长远战略，为进一步实现企业经营规模优化拓展空间。

第五，仅从外部监管层面来看，各级政府要进一步明确在社会主义市场经济条件下政府与市场的关系，同时，要充分认识到地域特征对经济发展的能动性作用，在推动上市公司与资本市场健康发展时，进一步优化企业生存发展的营商环境。一方面，要加快整合形成更加统一开放的经营环境，消除阻碍企业跨区域发展的制度性障碍，简化行政审批流程，减少各地域事务办理的审批时间，以此从根本上解决实体企业跨区域经营成本难以下降的问题。尤其需要进一步规范化、制度化企业社会责任披露机制，养成和强化企业履行社会责任的主体意识，通过政策制度设计、思想认识、思维习惯养成多方面提升企业管理者的素质水平，推动企业增加社会责任信息披露数量和提高质量，并形成长效机制。进一步提高利益相关者对社会责任认知的广泛性，强化社会对履行企业社会责任的监督和舆论关注，营造企业勇于、乐于承担社会责任的良好社会氛围，促进实体经济和社会经济健康和可持续发展。

11.3　研究展望

第一，将研究对象拓展至未上市的中小企业。本书把我国上市公司作为主要对象进行研究，但我国中小企业的发展和壮大一直是国家经济发展和社会稳定的战略性基础。诚然，未上市的中小企业社会责任相关信息获取难度相对较大，但分析这一经济群体的社会责任表现，对我国企业社会责任研究的理论和现实意义不可小视。后续研究将尝试利用愈加发达的大数据成果，采用分地区问卷调查或实地走访等方式开展对中小企业社会责任的研究。

第二，研究企业社会责任多维度之间的制衡关系。现有研究基本是将企业社会责任整体而论，而本书认为地域特征对企业社会责任不同维度的影响是存在差异的。本书深入剖析了现有文献和交易所相关规定划分的企业社会责任维度，并进行了对应的实证检验。然而在具体梳理和总结企业社会责任不同维度的表现时，发现不同维度社会责任之间存在的利弊难以权衡。比如企业因为过多公益责任表现而不能保障员工福利，如鸿星尔克在郑州洪灾时期的捐赠使得企业获得很高的社会声誉，但其员工收入显著低于同行业的耐克、李宁等公司。可见权衡不同维度的企业社会责任仍是公司战略研究亟待深入的话题。后续将进一步运用金融学的相关理论和金融工程的研究工具深入探索和研究企业社会责任多维度之间的制衡关系。

第三，扩大研究视角的广泛性和提高研究数据的完整性。本书的研究是"地理与金融"的交叉和融合，主要考量了地域的位置、文化、经济特征三个维度中企业社会责任的表现。但深入的研究还应该尝试进一步推广到更多地域属性，比如地质特征、气候特征、人口分布特征、宗教分类的影响以及地区政策差异等。同时，可在现有数据库基础上，充分利用更多数据库来充实和优化研究数据，提高研究的真实性和准确性。

第四，进一步发挥企业社会责任在推动中国式现代化进程中的积极作用。党的二十大对经济发展做出更具前瞻性、长远性的部署。面对现代化进程中空间格局和区域结构变化所创造和释放出来的巨大需求和供给，笔者将以党的二十大精神为引领，继续深入探究企业社会责任如何更全面推动企业在现代化社会治理、创造多维度社会共享价值的过程中发挥作用，为我国社会经济日益增长的高质量发展需求做出贡献。

参考文献

白积洋，2012. 中国制造业集聚的实证研究：基于企业规模异质性视角 [J]. 产经评论，3（2）：17.

曹春方，刘秀梅，贾凡胜，2018. 向家乡投资：信息、熟悉还是代理问题？ [J]. 管理世界（5）：107-119，180.

曾建光，张英，杨勋，2016. 宗教信仰与高管层的个人社会责任基调：基于中国民营企业高管层个人捐赠行为的视角 [J]. 管理世界（4）：14.

陈丁，张顺，2010. 薪酬差距与企业绩效的倒 U 型关系研究：理论模型与实证探索 [J]. 南开经济研究（5）：11.

陈冬华，胡晓莉，梁上坤，等，2013. 宗教传统与公司治理 [J]，经济研究（9）：8.

陈全功，2021. 西部民族地区农村集体经济发展差距及形成原因调查 [J]. 中国集体经济（31）：3-4.

陈婉婷，罗牧原，2015. 信仰·差序·责任：传统宗教信仰与企业家社会责任的关系研究：基于福建民营企业家的调查 [J]. 民俗研究（1）：140-148.

陈曦，席强敏，李国平，2015. 城镇化水平与制造业空间分布：基于中国省级面板数据的实证研究 [J]. 地理科学 35（3）：259-267.

陈亚东，郭淑敏，刘现武，2019. 西部地区集体经济发展路径研究：以宁夏回族自治区为例 [J]. 中国农业资源与区划（2）：116-122.

仇方道，刘继斌，唐晓丹，等，2016. 徐州都市圈工业结构转型及其影响效应分析 [J]. 地理科学，36（9）：11.

杜兴强，殷敬伟，2020. 董事长-CEO 姓氏关系会抑制企业的费用粘性吗？：基于国有企业的经验证据 [J]. 产业经济研究（2）：15.

杜颖洁，冯文滔，2014. 宗教、政治联系与捐赠行为：基于中国上市公司的经验证据 [J]. 当代财经（6）：12.

樊杰，王亚飞，2019. 40 年来中国经济地理格局变化及新时代区域协调发展 [J]. 经济地理，39（1）：8.

方东美，2013. 生生之德 [M]. 北京：中华书局.

方明月，聂辉华，2008. 企业规模决定因素的经验考察：来自中国企业面板的证据 [J]. 南开经济研究（6）：27-36.

冯丽艳，肖翔，张靖，等，2016. 企业社会责任与盈余管理治理：基于盈余管理方式和动机的综合分析 [J]. 重庆大学学报（社会科学版），22（6）：79-92.

付非，赵迎欢，2017. 企业社会责任，员工工作满意度与组织认同 [J]. 技术经济与管理研究（4）：5.

付书科，杨树旺，唐鹏程，等，2014. 我国有色金属行业社会责任评价：来自上市企业数据 [J]. 宏观经济研究（4）：9.

傅超，吉利，2017. 诉讼风险与公司慈善捐赠：基于"声誉保险"视角的解释 [J]. 南开管理评论（2）：108-121.

高勇强，陈亚静，张云均，2012. 企业声誉、慈善捐赠与消费者反应 [J]. 当代经济管理（6）：20-25.

郭晓鸣，廖祖君，2012. 中国城郊农村新型城市化模式探析：来自成都市温江区的个案 [J]. 中国农村经济（6）：40-47.

郭晓鸣，廖祖君，付娆，2007. 龙头企业带动型、中介组织联动型和合作社一体化三种农业产业化模式的比较：基于制度经济学视角的分析 [J]. 中国农村经济（4）：40-48.

国际复兴开发银行，世界银行，2009. 重塑世界经济地理（2009 年世界发展报告概述）[J]. 城市与区域规划研究（3）：34.

韩美妮，王福胜，2016. 法治环境、财务信息与创新绩效 [J]. 南开管理评论，19（5）：13.

韩雪，2016. 政府干预、产权性质与现金股利决策：基于地方财政压力与金字塔层级的检验 [J]. 山西财经大学学报（4）：14.

郝阳阳，龚六堂，2017. 国有、民营混合参股与公司绩效改进 [J]. 经济研究（3）：122-135.

何鑫萍，2016. 佛教氛围对中国上市公司投融资行为影响的实证研究 [D]. 福建：厦门大学.

贺灿飞，毛熙彦，2015. 尺度重构视角下的经济全球化研究 [J]. 地理科学进展 (9)：11.

贺灿飞，朱彦刚，2010. 中国资源密集型产业地理分布研究：以石油加工业和黑色金属产业为例 [J]. 自然资源学报 (3)：488-501.

贺建刚，2015. 宗教传统与资本市场会计研究：文献述评 [J]. 会计研究 (11)：6.

黄灿，李善民，2019. 股东关系网络、信息优势与企业绩效 [J]. 南开管理评论 (2)：15.

黄群慧，钟宏武，张蒽，2021. 中国企业社会责任研究报告 (2021)：履行社会责任，促进共同富裕 [M]. 北京：社科文献出版社.

黄速建，金书娟，2009. 中国国有资产管理体制改革 30 年 [J]. 经济管理 (1)：7.

贾国雄，2014. 论改革开放前后两个三十年中国经济发展的内在联系 [J]. 西南民族大学学报：人文社会科学版，35 (8)：5.

贾兴平，刘益，2014. 外部环境、内部资源与企业社会责任 [J]. 南开管理评论，17 (6)：13-18，52.

江艇，孙鲲鹏，聂辉华，2018. 城市级别、全要素生产率和资源错配 [J]. 管理世界，34 (3)：14.

姜雨峰，田虹，2014. 外部压力能促进企业履行环境责任吗？：基于中国转型经济背景的实证研究 [J]. 上海财经大学学报，16 (6)：40-49.

蒋一苇，1980. 企业本位论 [J]. 中国社会科学 (1)：21-36.

靳小翠，2018. 企业社会责任会影响社会资本吗？：基于市场竞争和法律制度的调节作用研究 [J]. 中国软科学 (2)：129-139.

康德，1960. 纯粹理性批判 [M]. 蓝公武，译. 北京：商务印书馆.

孔东民，刘莎莎，陈小林，2015. 个体沟通、交易行为与信息优势：基于共同基金访问的证据 [J]. 经济研究 (11)：106-119，182.

李彬，郭菊娥，马晨，2019. 母子公司距离、实际活动盈余管理与公司价值 [J]. 管理工程学报，33 (1)：13.

李彬，郑雯，2018. 母子公司距离、风险承担与公司效率 [J]. 经济管理，40 (4)：19.

李方一，刘思佳，程莹，等，2017. 出口增加值对中国区域产业结构高度化的影响［J］.地理科学,37（1）:9.

李光泗,沈坤荣,2011.中国技术引进、自主研发与创新绩效研究［J］.财经研究（11）:39-49.

李国平,韦晓茜,2014.企业社会责任内涵、度量与经济后果:基于国外企业社会责任理论的研究综述［J］.会计研究（8）:33-40.

李兰冰,2020.中国区域协调发展的逻辑框架与理论解释［J］.经济学动态（1）:14.

李维安,徐业坤,2013.政治身份的避税效应［J］.金融研究（3）:114-129.

李小云,李淳,马吉兰,2020.走出困局:我国西部地区农村集体经济发展中的公共治理［J］.政治经济学季刊（4）:187-220.

李扬,2019.2019企业社会责任蓝皮书:中国企业社会责任研究报告（2019）［M］.北京:社科文献出版社.

梁志峰,2021.邓小平共同富裕思想:要义·价值·遵循［J］.邓小平研究（1）:12-26.

廖祖君,郭晓鸣,2015.中国农业经营组织体系演变的逻辑与方向:一个产业链整合的分析框架［J］.中国农村经济（2）:13-21.

林伟鹏,冯保艺,2022.管理学领域的曲线效应及统计检验方法［J］.南开管理评论（1）:10.

刘柏,卢家锐,2018.“顺应潮流”还是“投机取巧”:企业社会责任的传染机制研究［J］.南开管理评论（4）:182-194.

刘鹤,2022.把实施扩大内需战略同深化供给侧结构性改革有机结合起来［N］.人民日报-11-04.

刘计含,王建琼,2017.中国传统文化视角下的企业社会责任行为研究［J］.管理世界（3）:2.

刘耀彬,郑维伟,2022.新时代区域协调发展新格局的战略选择［J］.华东经济管理,36（2）:11.

卢锐,2008.管理层权力、薪酬与业绩敏感性分析:来自中国上市公司的经验证据［J］.当代财经（7）:6.

陆正飞,何捷,窦欢,2015.谁更过度负债:国有还是非国有企业?［J］.经济研究,50（12）:14.

路丽梅，2003. 汉语辞海［M］. 北京：北京教育出版社.

罗进辉，黄泽悦，朱军，2017. 独立董事地理距离对公司代理成本的影响［J］. 中国工业经济（8）：20.

罗胤晨，谷人旭，2014. 1980—2011 年中国制造业空间集聚格局及其演变趋势［J］. 经济地理，34（7）：8.

罗竹风，1992. 汉语大词典［J］. 上海：汉语大词典出版社.

吕卫国，2012. 等待解决方案［J］. 人类居住（1）：4.

孟晓俊，肖作平，曲佳莉，2010. 企业社会责任信息披露与资本成本的互动关系：基于信息不对称视角的一个分析框架［J］. 会计研究（9）：5.

牛若峰，2002. 中国农业产业化经营的发展特点与方向［J］. 中国农村经济（11）：16-19.

潘文卿，2012. 中国的区域关联与经济增长的空间溢出效应［J］. 经济研究（1）：12.

潘越，翁若宇，刘思义，2017. 私心的善意：基于台风中企业慈善捐赠行为的新证据［J］. 中国工业经济（5）：133-151.

乔海曙，陈力，2009. 金融发展与城乡收入差距"倒 U 型"关系再检验：基于中国县域截面数据的实证分析［J］. 中国农村经济（7）：10.

阮荣平，2010. 中国农村"宗教热"缘何兴起：基于社会保障和公共文化视角的分析［D］. 北京：中国人民大学.

沈洪涛，陈涛，黄楠，2016. 身不由己还是心甘情愿：社会责任报告鉴证决策的事件史分析［J］. 会计研究（3）：79-86，96.

沈志渔，刘兴国，周小虎，2008. 基于社会责任的国有企业改革研究［J］. 中国工业经济（9）：9.

史向前，2004. 道教的人生追求与环境保护［J］. 安徽大学学报（哲学社会科学版）（4）：15-18.

舒展，曾耀岚，2022. 发展新型农村集体经济：现实困境与可能路径［J］. 哈尔滨工业大学学报：社会科学版（5）：144-152.

宋铁波，吴小节，汪秀琼，2016. 制度差异、企业跨区域经营经验与市场进入模式［J］. 管理评论，28（4）：12.

唐亮，林钟高，郑军，等，2018. 非正式制度压力下的企业社会责任抉择研究：来自中国上市公司的经验证据［J］. 中国软科学（12）：165-177.

唐鹏程, 2018. 地理位置对中国企业社会责任投入及其价值的影响研究 [D]. 北京: 中国地质大学.

唐鹏程, 杨树旺, 2016. 企业社会责任投资模式研究: 基于价值的判断标准 [J]. 中国工业经济 (7): 109-126.

唐松, 胡威, 孙铮, 2011. 政治关系、制度环境与股票价格的信息含量: 来自我国民营上市公司股价同步性的经验证据 [J]. 金融研究 (7): 182-195.

陶勋花, 2022. 让农村集体资产"多"起来、"明"起来、"活"起来 [N]. 人民网-3-8.

王方兵, 吴瑞君, 2015. 上海人口郊区化与产业郊区化协同发展研究 [J]. 生态经济, 31 (1): 7.

王清刚, 徐欣宇, 2016. 企业社会责任的价值创造机理及实证检验: 基于利益相关者理论和生命周期理论 [J]. 中国软科学 (2): 14.

王士红, 2016. 所有权性质, 高管背景特征与企业社会责任披露: 基于中国上市公司的数据 [J]. 会计研究 (11): 8.

王永进, 盛丹, 2013. 地理集聚会促进企业间商业信用吗? [J]. 管理世界 (1): 101-114.

吴良镛, 2008. 历史名城的文化复萌 [J]. 城市与区域规划研究 (3): 6.

习近平, 2014. 习近平谈治国理政 [M]. 北京: 中国外文出版社.

习近平, 2022. 高举中国特色社会主义伟大旗帜, 为全面建设社会主义现代化国家而团结奋斗 [N]. 人民日报-10-26.

肖浩辉, 1995. 研究区域经济的成功之作: 评《走向开放的区域经济》 [J]. 湖南社会科学 (2): 2.

肖红军, 2014. 相关制度距离会影响跨国公司在东道国的社会责任表现吗? [J]. 数量经济技术经济研究 (4): 50-67.

肖红军, 2020. 共享价值式企业社会责任范式的反思与超越 [J]. 管理世界, 36 (5): 30.

肖红军, 阳镇, 2018. 共益企业: 社会责任实践的合意性组织范式 [J]. 中国工业经济 (7): 19.

肖红军, 阳镇, 2018. 中国企业社会责任40年: 历史演进, 逻辑演化与未来展望 [J]. 经济学家 (11): 10.

肖金成，2019. 区域发展战略的演变与区域协调发展战略的确立：新中国区域发展 70 年回顾 [J]. 企业经济，38 (2)：8.

辛宇，李新春，徐莉萍，2016. 地区宗教传统与民营企业创始资金来源 [J]. 经济研究，51 (4)：13.

邢斐，陈诗英，蔡嘉瑶，2022. 企业集团，产业生命周期与战略选择 [J]. 中国工业经济 (6)：19.

徐细雄，李万利，陈西婵，2020. 儒家文化与股价崩盘风险 [J]. 会计研究 (4)：8.

徐现祥，刘毓芸，肖泽凯，2015. 方言与经济增长 [J]. 经济学报 (2)：32.

许克琪，屈远卓，2011. 模因论研究 30 年 [J]. 江苏外语教学研究 (2)：5.

许政，陈钊，陆铭，2010. 中国城市体系的"中心-外围模式" [J]. 世界经济 (7)：144-160.

许志勇，邓超，2019. 利益冲突视角下金融化对企业社会责任信息披露的影响研究 [J]. 中国软科学 (5)：168-176.

彦晶，2014. 上市公司社会责任信息披露对于公司经营绩效的影响研究 [D]. 北京：北京交通大学.

杨明洪，2002. 农业产业化经营组织形式演进：一种基于内生交易费用的理论解释 [J]. 中国农村经济 (10)：11-15，20.

杨鑫，2009. 我国上市公司融资偏好问题研究 [D]. 长春：吉林大学.

殷格非，2012. 中国首份按照 ISO26000 标准编制的报告：兼评中国铝业公司第六份社会责任报告 [J]. WTO 经济导刊 (7)：76-77.

尹志华，2003. 道教旅游指南 [M]. 北京：宗教文化出版社.

余丽娟，2021. 新型农村集体经济：内涵特征，实践路径，发展限度：基于天津，山东，湖北三地的实地调查 [J]. 农村经济 (6)：17-24.

余玮，郑颖，辛琳，2017. 企业社会责任报告披露的影响因素研究：基于控股股东和外资股东视角 [J]. 审计与经济研究，32 (2)：78-87.

张晨必，2014. 浅论宏观经济政策与微观企业行为的关系 [J]. 现代营销：学苑版 (3)：4-5.

张会丽，吴有红，2011. 企业集团财务资源配置、集中程度与经营绩效：

基于现金在上市公司及其整体子公司间分布的研究 [J]. 管理世界（2）：9.

张建君，2013. 竞争—承诺—服从：中国企业慈善捐款的动机 [J]. 管理世界（9）：118-129，143.

张杰，2020. 政府创新补贴对中国企业创新的激励效应：基于 U 型关系的一个解释 [J]. 经济学动态（6）：18.

张杰，吴书凤，金岳. 中国金融扩张下的本土企业创新效应：基于倒 U 型关系的一个解释 [J]. 金融研究，2021（4）：18.

张可，2019. 产业集聚与区域创新的交互影响：基于高技术产业的实证 [J]. 财经科学（1）：12.

张兆国，靳小翠，李庚秦，2013. 低碳经济与制度环境实证研究：来自我国高能耗行业上市公司的经验证据 [J]. 中国软科学（3）：12.

张正勇，吉利，毛洪涛，2012. 公司治理影响社会责任信息披露吗？：来自中国上市公司社会责任报告的经验证据 [J]. 经济经纬（6）：5.

赵颖，2016. 中国上市公司高管薪酬的同群效应分析 [J]. 中国工业经济，33（2）：114-129.

郑棣，2022. "共富企业"推进农村集体经济创新发展研究：以成都市温江区寿安镇为例 [J]. 中国西部（6）：11.

郑棣，雷蕾，张琳悦，2021. 地理分散化与企业社会责任 [J]. 财经科学（1）：14.

郑棣，严予若，雷蕾，2019. 商业银行流动性风险的溢出效应：基于动态 CoVaR 的方法 [J]. 财经科学（1）：13.

郑棣，2022. 地域特征对企业社会责任的影响研究 [D]. 成都：西南财经大学.

钟马，徐光华，2017. 社会责任信息披露、财务信息质量与投资效率：基于"强制披露时代"中国上市公司的证据 [J]. 管理评论，29（2）：234-244.

钟田丽，张天宇，2017. 我国企业资本结构决策行为的"同伴效应"：来自深沪两市 A 股上市公司面板数据的实证检验 [J]. 南开管理评论，20（2）：58-70.

周浩，汤丽荣，2015. 市场竞争能倒逼企业善待员工吗？：来自制造业企业的微观数据研究 [J]. 管理世界（11）：135-144.

周黎安, 2007. 中国地方官员的晋升锦标赛模式研究 [J]. 经济研究 (7): 36-50.

周中胜, 何德旭, 李正, 2012. 制度环境与企业社会责任履行: 来自中国上市公司的经验证据 [J]. 中国软科学 (10): 10.

朱晟君, 王翀, 2018. 制造业重构背景下的中国经济地理研究转向 [J]. 地理科学进展 (7): 865-879.

朱熹, 2008. 四书章句集注 [J]. 长沙: 岳麓书社.

朱艳丽, 陆雪艳, 林志帆, 2021. 中国企业研发决策同群效应的空间计量分析 [J]. 科技进步与对策, 38 (18): 10.

竺李乐, 吴福象, 李雪, 2021. 民营企业创新能力: 特征事实与作用机制: 基于民营企业引入国有资本的"逆向混改"视角 [J]. 财经科学 (1): 76-90.

邹国平, 郭韬, 任雪娇, 2017. 区域环境因素对科技型企业规模的影响研究: 组织学习和智力资本的中介作用 [J]. 管理评论, 29 (5): 12.

邹昭晞, 2010. 我国制造业的低端产业举证及其困境摆脱 [J]. 改革 (8): 11.

AHUJA G, KATILA R, 2004. Where do resources come from? The role of idiosyncratic situations [J]. Strategic management journal, 25 (8/9) 887-907.

AKERLOF G A, MAIN B, 1980. Maximum likelihood estimation with pooled observations: an example from labor economics [J]. International economic review, 21 (3): 507-515.

ALCHIAN A A, DEMSETZ H, 1972. Production, information costs, and economic organization [J]. American economic review, 62 (2): 777-795.

AUDIA P G, SORENSON O, HAGE J, 2001. Tradeoffs in the organization of production: Multiunit firms, geographic dispersion and organizational learning [J]. Advances in strategic management, 18 (18): 75-105.

BALL M, 2014. Reinventing state capitalism: leviathan in business, brazil and beyond [J]. Harvard business review, 15 (4): 936-938.

BARKER, RICHARD G, 1998. The market for information-evidence from finance directors, analysts, and fund managers [J]. Accounting and business research, 29 (1): 3-20.

BARON D P, 2001. Private politics, corporate social responsibility, and integrated strategy [J]. Social science electronic publishing, 10 (1): 7-45.

BECK M, GUNN J L, HALLMAN N, 2019. The geographic decentralization of audit firms and audit quality [M]. Social science electronic publishing.

BEHRMAN J R, MITCHELL O S, SOO C K, et al, 2012. How financial literacy affects household wealth accumulation [J]. American economic review, 102 (3): 300-304.

BLAU F D, KAHN L M, 2017. The gender wage gap: extent, trends, and explanations [J]. Journal of economic literature, 55 (3): 786-865.

BODNARUK A, 2009. Proximity always matters: local bias when the set of local companies changes [J]. Social science electronic publishing, 13 (4): 629-656.

BOWEN B, WOKES F, 1953. Fluorescence of solutions [M]. Longmans, Green.

BRAAKMANN N, WAGNER J, 2011. Product diversification and profitability in German manufacturing firms [J]. Jahrbücher für Nationalökonomie und Statistik, 231 (3): 326-335.

BRAMMER S, PAVELIN S, 2004. Building a good reputation [J]. European management journal, 22 (6): 704-713.

BRANDT L, LI H, ROBERTS J, 2004. Why do governments privatize [A]. Discussion papers (07), Chinese University of Hong Kong, Department of Economics.

BRUMMER M E, MERSEREAU R M, EISNER R L, et al, 1991. Automatic detection of brain contours in MRI data sets [C]. Proceedings. Springer Berlin Heidelberg.

CALLEN J L, FANG X, 2015. Religion and stock price crash risk [J]. Journal of financial & quantitative analysis, 50 (1-2): 169-195.

CARROLL A B, 1979. A three-dimensional conceptual model of corporate performance [J]. Academy of management Review, 4 (4): 479-505.

COASE R H , 1937. The nature of the firm [J]. Economica, 4 (16): 386-405.

COLPAN A M, 2008. Are strategy-performance relationships contingent on macroeconomic environments? Evidence from Japan's textile industry [J]. Asia pacific journal of management, 25 (4): 635–665.

COOPER I, KAPLANIS E, 1994. Home bias in equity portfolios, inflation hedging, and international capital market e – quilibrium [J]. Review of financial studies, 7 (1): 45–60.

COVAL J D, MOSKOWITZ J T, 2001. The geography of investment: informed trading and asset prices [J]. Journal of political economy, 109 (4): 811–841.

CRANE R B V W, 1921. The colonization of North America [J]. American historical review, 26 (3): 540–542.

CUMMING D, DAI N, 2010. Local Bias in Venture Capital Investments. Journal of Empirical Finance, 17 (3): 362–380.

DANIEL, FERNÁNDEZ-KRANZ, JUAN, et al, 2010. When necessity becomes a virtue: the effect of product market competition on corporate social responsibility [J]. Journal of economics & management strategy, 19 (2): 453–487.

DAWKINS R, 1976. The selfish gene [J]. Evolution, 1978, 32 (1): 220–221.

DEACON D, ELIAS L R, MADEY J, et al, 1977. first operation of a free-electron laser [J]. Science news, 111 (17): 260–260.

DECLERCK, DUPIRE M, M´ZALI B, 2012. Product market ccompetition and corporate social responsibility [D]. University Lille Nord de France.

DEGRYSE, ONGENA S, 2005. Distance, lending relationships, and competition [J]. The journal of finance, 60 (1): 231–266.

DIMAGGIO P, MULLEN L A, 2000. Enacting community in progressive America: Civic rituals in national music week, 1924 [J]. Poetics, 27 (2–3): 135–162.

DONALDSON T, DUNFEE T W, 1999. When ethics travel: the promise and peril of global business ethics [J]. California management review, 41 (4): 45–63.

DOUGAL C, PARSONS C A, TITMAN S, 2015. Urban vibrancy and corporate growth [J]. The journal of finance, 70 (1): 163–210.

DUANMU J, BU M, PITTMAN R, 2018. Does market competition dampen environmental performance? Evidence from China [J]. Strategic management journal, 39 (11): 3006–3030.

DYRENG S D, MAYEW W J, WILLIAMS C D, 2012. Religious social norms and corporate financial reporting [J]. Journal of business finance & accounting, 39 (7-8): 845-875.

ELANGO B, MA Y, POPE N, 2008. An Investigation into the diversification-performance relationship in the U. S. property-liability insurance company [J]. The journal of risk and insurance (753): 567-591.

ELKINGTON J, 1998. Accounting for the triple bottom line [J]. Measuring business excellence, 2 (3): 18-22.

EMERSON T, CONROY S J, 2004. Have ethical attitudes changed? An intertemporal comparison of the ethical perceptions of college students in 1985 and 2001 [J]. Journal of business ethics, 50 (2): 167-176.

FACCIO M, 2006. Politically-connected firms: can they squeeze the state? [J]. Social science electronic publishing, 96 (1): 369-386.

FELDMAN H A, GOLDSTEIN I, HATZICHRISTOU D G , et al, 1994. Impotence and its medical and psychosocial correlates: results of theMassachusetts male aging study [J]. J Urol, 151 (1): 54-61.

FESTRÉ A, 2010. Incentives and social norms: a motivation - based economic analysis of social norms [J]. Journal of economic surveys, 24 (3): 511-538.

FRENCH K R, POTERBA J M, 1991. Were Japanese stock prices too high? [J]. Journal of financial economics, 29 (2): 337-363.

FRIEDMAN B I, MARTINEZ J S, DONALD J, 1966. Radioisotope attitude control engine, US3280568 [P].

GABORA L, 2004. Ideas are not replicators, but minds are [J]. ArXiv e-prints, 19 (1): 127-143.

GAO W, NG L, WANG Q, 2008. Does geographic dispersion affect firm valuation? [J]. Journal of corporate finance, 14 (5): 674-687.

GARCÍA D, NORLI O, 2012. Geographic dispersion and stock return [J]. Journal of financial economics, 106 (3): 547-565.

GATHERER D, 2001. Modelling the effects of memetic taboos on genetic homosexuality [J]. Journal of memetics, 4 (2): 22-40.

GEREFFI G, 2009. Global value chains, industrial upgrading and jobs in large emerging economies: a comparison of China, India, and Mexico [A]. In Global Value Chains and Development: Redefining the Contours of 21st Century Capitalism (Development Trajectories in Global Value Chains, pp. 343 – 380). Cambridge: Cambridge University Press.

GIROUD X, 2013. Proximity and investment: evidence from plant-level data. The quarterly journal of economics, 128 (2): 861–915.

GODDARD N D R, KEMP R M J, LANE R, 1997. An overview of smart technology [J]. Packaging technology and science, 10 (3): 129–143.

HAANS R F J, PIETERS C, HE Z L, 2016. Thinking about U: Theorizing and testing U and inverted U-shaped relationship strategy research [J]. Strategic management journal, 37 (7): 1177–1195.

Hartshorne R D. Perspective on the Nature ofGeography [M]. 1959. Assn of Amer Geographers.

IEBERMAN M B, ASABA S, 2006. Why do firms imitate each other [J]. Academy of management review, 31 (2): 366–385.

JENKINS H, YAKOVLEVA N, 2006. Corporate social responsibility in the mining industry: Exploring trends in social and environmental disclosure [J]. Journal of cleaner production, 14 (3/4): 271–284.

JENSEN M C, MECKLING W H, 1976. Theory of the firm: managerial behavior, agency costs and ownership structure – ScienceDirect [J]. Journal of financial economics, 3 (4): 305–360.

JIANG F, JIANG Z, KIM K A, et al, 2015. Family- firm Risk- taking: Does Religion Matter? [J]. Journal of corporate finance (33): 260–278.

JO H, SONG M H, TSANG A, 2015. Corporate social responsibility and stakeholder governance around the world [J]. Global finance journal (27): 42–69.

JO H, NA H, 2012. Does CSR reduce firm risk? Evidence from controversial industry sectors [J]. Journal of business ethics (110): 441–456.

KARNANI A, 2010. Generic competitive strategies—An analytical approach [J]. Strategic management journal, 5 (4): 367–380.

KARNANI, ANEEL, 2010. The case against corporate social responsibility [J]. Wall street journal eastern edition, 256 (45): 1–4.

KING A, 2007. Cooperation between corporation and environmental groups: a transaction cost perspective [J]. Academy of management review, 32 (3): 889-900.

LANDIER V B, NAIR J, WULF, 2009. Tradeoffs in staying close: corporate decision-making and geographic dispersion [J]. The Review of financial studies, 22 (3): 1119-1148.

LEI L, ZHENG D, CHEN X, 2022. Corporate social responsibility and corporate financialization-Based on information effect and reputation insurance effec [J]. PLoS ONE, 17 (7): 1-18.

LEPOUTRE J, HEENE A, 2006. Investigating the impact of firm size on small business social responsibility: a critical review [J]. Journal of business ethics, 67 (3): 257-273.

LEUNG T, SNELL R S, 2017. Attraction or distraction? Corporate social responsibility in macao's gambling industry [J]. Journal of business ethics, 145 (3): 1-22.

LEUNG, ALICIA, S, et al, 2014. Corporate social responsibility, firm reputation, and firm performance: The role of ethical leadership [J]. Asia Pacific journal of management: APJM, 31 (4): 925-947.

LI Y, PENG M W, MACAULAY C D, 2013. Market political Ambidexterity During Institutional Transitions [J]. Strategic Organization, (09).

LIJT, YAOFK. The role of reference groups in international investment decisions by firms from emerging economies [J]. Journal of international management, 2010, 16 (2): 143-153.

LIND J T, MEHLUM H, 2010. With or without U? The appropriate test for a U-shaped relationship [J]. Oxford bulletin of economics and statistics, 72 (1): 109-118.

LYS T, NAUGHTON J P, WANG C, 2015. Signaling through Corporate Accountability Reporting [J]. Journal of accounting and economics, 21 (2): 56-72.

MALLOY C, 2005. The geography of equity analysis [J]. Journal of Finance, 60 (2): 719-755.

MANKELOW G, QUAZI A, 2015. Socially responsible practices ofAustralian smes: a marketing perspective [M]. Springer International Publishing.

MANSKIC F, 1993. Identification of endogenous social efects: the reflection problem [J]. The Review of economic studies, 60 (3): 531-542.

MARTEN D, 2003. Stakeholder framework for analyzing and evaluating corporate social performance [J]. Academy of management review, 20 (1): 92-118.

CLARKSONM, 1995. A Stakeholder Framework for Analyzing and Evaluating Corporate Social Performance [J]. The Academy of management review, 20 (1): 92-117.

MATTEN S R, HEAD G P, QUEMADA H D, 2008. How governmental regulation can help or hinder the integration ofBt crops within IPM programs [J]. Progress in biological control. In: Romeis, J., Shelton, A. M., Kennedy, G. G. (eds) Integration of Insect-Resistant Genetically Modified Crops within IPM Programs. Progress in Biological Control, vol 5.

MCELHERAN K, 2015. Do market leaders lead in business process innovation? the case (s) of e-business adoption [J]. Management science: Journal of the Institute of Management Sciences, 61 (6): 1197-1216.

MEGGINSON W L, NETTER J M, 2001. From state to market: a survey of empirical studies on privatization [J]. Journal of economic literature, 39 (2): 321-389.

MERTON, ROBERT C, 1987. A simple model of capital market equilibrium with incomplete information [J]. The journal of finance, 42 (3): 483-510.

MEYER K E, 2006. Asian management research needs more self-confidence [J]. Asia pacific journal of management, 23 (2): 119-137.

MILETKOV M K, POULSEN A, WINTOKI M B. 2017. Foreign independent directors and the quality of legal institutions [J]. Journal of international business studies, 48 (2): 267-292.

MILLER M C, 2000. Religion makes a difference: clerical and lay cultures in the courts of Northern Italy, 1000-1300 [J]. American historical review, 105 (4): 1095-1130.

MOIR, LANCE, 2001. What do we mean by corporate social responsibility? [J]. Corporate governance international journal of business in society, 1 (2).

OYVIND, NORLI, DIEGO, et al, 2012. Geographic dispersion and stock returns [J]. Journal of financial economics, 106 (3): 547-565.

OZDEMIR O, 2017. The effect of geographic dispersion on the initial and long-run IPO performance [J]. Journal of hospitality & tourism research, 41 (7): 869-897.

PARNELL M M, 1992. Family dynamics in China: a life table analysis [J]. Social forces, 21 (1): 68-69.

PETERSEN M A, RAJAN R G, 2002. Does distance still matter? the information revolution in small business lending [J]. Journal of finance, 57 (6): 2533-2570.

PHENE T A, 2007. Leveraging knowledge across geographic boundaries [J]. Organization science, 18 (2): 252-260.

PIRINSKY C, WANG Q, 2006. Does corporate headquarters location matter for stock returns [J]? Journal of finance, 61 (4): 1991-2015.

POMFRET J, 2005. Does international research and development increase patent output? An analysis of Japanese pharmaceutical firms [J]. Strategic management journal, 26 (2): 121-140.

RENNEBOOG, CHRISTOPHE, et al, 2012. Religion, economic attitudes, and household finance [J]. Oxford economic papers, 64 (1): 103-127.

SASABUCHI S, 1980. A test of a multivariate normal mean with composite hypotheses determined by linear inequalities [J]. Biometrika, 67 (2): 429-439.

SCOTT W R, 1995. Institutions and organizations [M]. Thousand Oaks: Sage.

SHELDON O, 1924. The philosophy of management [M]. London: Sir. Isaac. Pitman and Sons Ltd.

SHEN J, BENSON J, 2016. When CSR is a social norm: how socially responsible human resource management affects employee work behavior [J]. Journal of management, 42 (6): 1723-1746.

SHI G, SUN J, LUO R, 2015. Geographic dispersion and earnings management [J]. Journal of accounting & public policy, 34 (5): 490-508.

SHI G, SUN J, LUO R, 2015. Geographic dispersion and earnings management [J]. Journal of accounting and public policy (34): 490-508.

SMITH A, 2010. The theory of moral sentiments [M]. London: Penguin Classics.

SUI Y, WANG H, KIRKMAN B L, et al, 2015. Understanding the curvilinear relationships between LMX differentiation and team coordination and performance [J]. Personnel psychology, 69 (3): 559-597.

SUN X, LIU X, LI F, et al, 2015. Comprehensive evaluation of different scale cities´ sustainable development for economy, society, and ecological infrastructure in China [J]. Journal of Cleaner Production, 163 (1): 329-337.

SUN Y, LIU F, 2014. New trends in Chinese innovation policies since 2009 - a system framework of policy analysis [J]. International journal of technology management, 65 (1/2/3/4): 6-23.

TAKEUCHI K, ELMQVIST T, HATAKEYAMA M, et al, 2014. Using sustainability science to analyse social - ecological restoration in NE Japan after the great earthquake and tsunami of 2011 [J]. Sustainability science, 9 (4): 513-526.

TIAN Q, ROBERTSON J L, 2019. How and when does perceived CSR affect employees´ engagement in voluntary pro-environmental behavior? [J]. Journal of business ethics, 155 (2): 399-412.

TOURIGNY L, HAN J, BABA V V, et al, 2019. Ethical leadership and corporate social responsibility in China: a multilevel study of their effects on trust and organizational citizenship behavior [J]. Journal of business ethics, 158 (2): 427-440.

WANG H, QIAN C, 2011. Corporate philanthropy and financial performance: the roles of social expectations and political access [J]. The Academic of management journal, 54 (6): 1159-1181.

WANG J, SHI Y, ZHANG J, 2017. Energy efficiency and influencing factors analysis on Beijing industrial sectors [J]. Journal of cleaner production (167): 653-664.

Weber M. The protestant ethic and the spirit of capitalism [M]. China Social Sciences Publishing House, 1905.

WEI, ZUO, M S, Wu Y J. 2017. Institutional forces affecting corporate social responsibility behavior of the Chinese food industry [J]. Business & Society, 56

(5): 705-737.

WOOD D J. 1991. Corporate social performance revisited [J]. Academy of management review, 16 (4): 691-718.

WULF J, 2009. Influence and inefficiency in the internal capital market [J]. Journal of economic behavior & organization, 72 (1): 305-321.

XAVIER G, 2013. Proximity and investment: evidence from plant-level data [J]. Quarterly journal of economics (2): 861-915.

XU K, TIHANYI L, HITT M A, 2017. Firm resources, governmental power and privatization [J]. Journal of management, 43 (4): 998-1024.

YAN C, WANG J, WANG Z, CHAN K C. Awe culture and corporate social responsibility: evidence from aborting rates in China [J]. Accounting & Finance, 2022 (1).

ZHENG Q, LUO Y, WANG S L, 2014. Moral degradation, business ethics, and corporate social responsibility in a transitional economy [J]. Journal of business ethics, 120 (3): 405-421.

ZHOU K Z, GAO G Y, ZHAO H, 2017. State ownership and firm innovation in china: an integrated view of institutional and efficiency logics [J]. Administrative science quarterly, 62 (2): 375-404.